财政部规划教材
全国高等院校应用型会计系列教材

会计学基础

李伯兴　周建龙　主编

中国财政经济出版社

图书在版编目（CIP）数据

会计学基础/李伯兴，周建龙主编．—北京：中国财政经济出版社，2010.5
财政部规划教材．全国高等院校应用型会计系列教材
ISBN 978－7－5095－2170－0

Ⅰ．会…　Ⅱ．①李…②周…　Ⅲ．会计学－高等学校－教材　Ⅳ．F230

中国版本图书馆 CIP 数据核字（2010）第 062683 号

责任编辑：张　铮　　　　责任校对：黄亚青
封面设计：陈　瑶　　　　版式设计：汤广才

中国财政经济出版社出版
URL：http：//www.cfeph.cn
E－mail：cfeph@cfeph.cn

社址：北京市海淀区阜成路甲 28 号　邮政编码：100142
发行处电话：88190406　财经书店电话：64033436
涿州市新华印刷有限公司印刷　各地新华书店经销
787×1092 毫米　16 开　13.75 印张　329 000 字
2010 年 6 月第 1 版　2012 年 7 月涿州第 3 次印刷
定价：24.00 元
ISBN 978－7－5095－2170－0/F·1718
（图书出现印装问题，本社负责调换）
本社质量投诉电话：010－88190744

序言

在当今社会，各国经济从社会化到国际化、全球化，是一种必然趋势。在这种趋势下，各种经济活动、各类经济联系及经济现象越来越复杂化。面对这纷繁复杂的经济现象，如何才能从理论上进行更为透彻的理解和把握，进而科学地解释并有效地解决，这是现在和未来的经济管理工作者需要认真面对的重要任务。经济的发展，促进了我国教育的发展；经济发展面临的问题，又丰富了我国教育的内容，促进了我国教育改革向纵深发展。

我国教育改革的目标是使教育发展更加符合经济发展的需要，更加贴近经济发展的实际情况，从而培养出应用型的高级经济管理人才。培养应用型高级经济管理人才，就是以培养学生实际应用能力为主要特色，以能力培养为中心，以职业岗位为目标，以培养技术应用能力为主线，设计人才培养方案，培养出适应经济社会发展需要的高级经济管理人才。为了适应应用型本科专业人才的培养，财政部根据《国家教育事业发展“十一五”规划纲要》（国发［2007］14号）文件的精神，启动了《财政部2009—2011年学历教材建设计划》，组织专家学者编写应用型本科学历教材。其中，应用型本科会计专业系列教材共10种，包括《会计学基础》、《中级财务会计》、《成本会计》、《财务管理》、《税务会计》、《会计综合实训》、《审计学》、《政府与非营利组织会计》、《管理会计》和《会计信息系统》。

这套系列教材具有以下几个方面的特色：

第一，突出应用性。培养应用型人才是本系列教材的出发点，整套教材始终贯彻“理论够用，实务讲透”的原则。本系列教材基本上看不到过去的概念、意义、作用等影子，取而代之的是给出理论知识点，强化会计实务的内容。本系列教材着重从学生的实际动手能力方面进行知识介绍和技能训练，学生通过学习可以很快地掌握知识要领，提高实际应用的能力，从而突出了应用性的特点。

第二，具有创新性。创新是科学研究方法的特性。本系列教材在知识体系介绍过程中，始终贯彻科学的态度和创新观点，做到既保持传统的、优秀的知识和方法体系，又从创新角度去发展和开拓。基于此，本系列教材中每一种教材的体例除了第一章之外，其他各章基本上都是以实务内容来命名，各章的每一节基本上都是只涉及“理论知识”和“实务应用”两个方面的内容，这种章节结构安排突出了创新性的特点。

第三，体现时代性。新时代下的新知识体系的构成是一门学科的重要组成部分，知识结构推陈出新是学科发展的一个标志。本系列教材一方面结合当前财经工作发展中的新形势、新问题，将新知识内容融入教材当中；另一方面通过知识链接方式，引导读者掌握新知识的内容，从而突出了新知识的特点。

第四，注重实践性。本系列教材除了主教材外，为了加强对知识的实践训练，每种教材还配套编写了习题集，供读者学习时使用。这些练习题模拟实际会计工作可能发生的各类业务，使学生边学边练，从而体现了实践性的特点。

本系列教材定位于高等财经教育应用型本科会计专业的教学，主要作为普通高等财经院校相关课程的选用教材，亦可作为各层次会计教育和企业会计培训教材，也适合广大财经从业人员作为学习参考用书。

本系列教材在编写过程中得到有关专家和企业的支持和帮助，在此一并表示感谢。由于编写时间仓促，加上编写水平所限，书中有不足之处在所难免，恳请广大读者提出宝贵的意见和建议，以日臻完善。

财政部应用型本科教材编委会

2010年1月

编写说明

本书是财政部规划教材，由财政部教材编审委员会组织编写并审定，作为全国高等院校财经类教材。

进入21世纪后，我国会计的核算模式和会计准则的框架已经与国际会计非常接近，充分表明在全球经济一体化的过程中，在现代经济主体的经济活动中，会计充当了生成和提供会计信息的重要角色。本教材为了实现这个目标，突出对会计确认、会计计量、会计记录和会计报告的基本理论、基本方法和基本实务的阐述，侧重会计核算基本业务的训练，除第一章概论外，将会计核算的基本方法分章进行阐述，从第二章开始的每节中分理论知识和实务应用两个方面的内容进行介绍，强化了实务应用的训练内容。在编写结构上，不仅吸收了国内外同类教材的精华，而且严格遵循会计核算实际工作的周期规律性，形成了独特新颖的教材构成体系，具体由概论、会计要素与会计等式、账户设置、复式记账、借贷记账法在制造业中的应用、账户分类、会计凭证、会计账簿、成本计算、财产清查、会计报表与分析利用和账务处理程序等内容构成。由此可见，本教材与同类教材比较具有以下两个方面的显著特点：

1. 教材结构新颖。本教材与同类教材相比，在结构体例上进行了大胆的创新。一是大量减少了理论知识的论述与分析，教材除第一章概论外，其他各章都取消了过去开头设概述一节的理论内容，取而代之的是采用给出理论知识要点、实务应用目标和引导词的方法来实现；二是对每节的内容作了很大的简化，每节基本上是以会计的主要载体作为名称，看到节名就会对内容一目了然，在每节中只介绍理论知识和实务应用两个方面的版块，对理论知识要点只作简单分析阐述，而对于实务内容通过大量实例的方式进行强化。由此可见，本教材的结构体系是目前同类教材中独一无二的。

2. 教材应用性强。一是本教材在编写过程中始终贯彻了“理论够用，实务讲透”的应用型本科专业教学目标要求，以方便教师组织课堂教学和学生容易掌握知识内容为核心；二是本教材通过列举大量的实务应用案例内容，解释会计的基本技能，帮助读者理解会计的基本理论知识；三是本教材所列举的案例，是一个公司完整的简单经济业务内容，介绍了从经济业务发生开始，到填制记账凭证，登记账簿，编制会计报表，对会计报表信息分析利用的整个会计核算过程，学生学习后，就可以懂得会计核算工作的全过程；四是本教材除了主教材外，还编写了配套练习题，供读者选择使用，通过完成练习，以达到对会计工作亲临其境的目的。

本教材主要是为普通高等教育经济管理类应用型本科专业教学而编写的，也可以作为从事实际经济管理工作人员的培训教材使用。但在组织使用时，可以根据专业的培养目标对本教材的内容进行有针对性的选择，如在讲授借贷记账法在制造业中的应用时，可以将成本计算的内容结合进行教学；又如会计学、审计学和财务管理专业，可以把成本计算和会计报表分析两个部分的内容略去不讲，将其放到相关的专业课程中讲授。

本教材由广西财经学院李伯兴、铜陵学院周建龙两位老师任主编。具体编写分工是：李伯兴负责整个教材的设计和大纲的编写，并编写第四、七、十二章；周建龙编写第一、二、八章；广西财经学院潘洁玲编写第五、十一章；湖南文理学院刘春晖编写第三、六章；广东外语外贸大学财经学院李国秀编写第九、十章，最后由李伯兴总纂、修改和定稿。本教材由广东外语外贸大学陈德萍教授主审。

为了加强对教学内容的理解和实践训练，我们还编写了配套的《会计学基础习题集》。用书学校任课老师若需要习题答案及本教材的电子课件，请登录如下网址：http：//www. zgcjjy. com（或 www. 中国财经教育网 . com），进入“下载专区”即可。

本教材的出版，得到了广大专家、学者和同仁的大力支持和关怀，也参阅了有关文献和同类教材，吸收了部分先进成果，在此一并表示谢意。教材建设始终是处于不断完善之中，没有穷尽。我们珍视读者的意见和建议，在您的支持下本教材会得到不断的完善。

编　者

2010 年 3 月

目录

第一章 DIYIZHANG

概　　论

【理论知识目标】

☐ 了解会计的概念与特点
☐ 明确会计的职能、对象、目标、任务
☐ 熟悉会计的基本假设与会计基础
☐ 掌握企业资金运动过程、会计方法体系与会计循环

【实务应用目标】

☐ 会描述会计的概念、职能、对象、目标、任务
☐ 会运用权责发生制和收付实现制确定会计期间的收入、费用

第一节　会计含义与会计目标

一、会计含义与特征

（一）会计的概念

会计的本质是会计本身所固有的、决定其性质和发展的根本属性。在中外会计界，人们对会计本质的认识历来存在分歧。综合起来，主要有以下几种观点：（1）管理工具论，认为会计是管理经济活动的一种工具；（2）艺术论，认为会计是一种记录、分类和总结企业的交易并报告和解释其结果的艺术；（3）信息系统论，认为会计是一个以提供财务信息为主的经济信息系统；（4）管理活动论，认为会计是一种经济管理活动，其本身具有管理的职能。

我们认为，将“会计”界定为“会计工作”，将会计视为一种经济管理活动，反映了会计的本质，有助于推动会计工作的发展。因此，我们倾向于选择“会计管理活动论”。在这种观点下，我们认为会计的定义可以表述为：**会计是以货币作为主要计量单位，运用一系列专门的方法和程序，对企事业、机关单位或其他经济组织的经济活动进行连续、系统、全面、综合地反映和监督，旨在提供经济信息和提高经济效益的一项经济管理活动，是经济管理的重要组成部分。**

（二）会计的特点

会计的特点是指会计和其他经济核算的不同点。由于会计核算是会计的基本环节，会计的特点主要体现在会计核算方面：

1. 以货币作为主要计量单位。会计要反映和监督会计内容，需要运用多种计量单位，包括实物量（如千克、吨、件等）、劳动量（如工时、工日等）和货币量等，而以货币量为主。运用实物量和劳动量能够具体反映各项财产、物资的增减变动和生产过程中的劳动消耗，对核算和经济管理都是必要的，但这两种量度都不能综合反映会计的内容，而综合是会计的一个主要特点。会计以货币作为综合计量单位，通过会计的记录就可以全面地、系统地反映和监督企业、行政单位和事业单位的财产物资财务收支、生产过程中的劳动消耗和成果，并计算出最终财务成果。所以，在会计核算过程中已经运用了实物量和劳动量进行记录的，还必须以货币量综合地加以反映。

2. 会计核算具有连续性、系统性、全面性和综合性的特点。会计具有一套科学的专门方法，能对经济活动进行连续、系统、全面和综合的核算与监督。连续性是指对各种经济业务应按其发生的时间，顺序地、不间断地进行记录和核算；系统性是指对会计记录要按一定要求进行科学的分类、整理和汇总，为经营管理提供系统的、有用的会计信息；全面性是指会计核算对属于会计对象的全部经济业务都必须加以记录，不允许遗漏其中的任何一项；综合性是指会计对各项经济业务以统一货币为计量单位进行综合汇总，为经营管理提供总括的价值指标。

3. 会计核算以凭证为依据，并严格遵循会计规范。会计记录和会计信息讲求真实性和可靠性，这就要求企业、行政单位和事业单位发生的一切经济业务，都必须取得或填制合法的凭证，以凭证为依据进行核算。在会计核算的各个阶段都必须严格遵循会计规范，包括会计准则和会计制度，以保证会计记录和会计信息的真实性、可靠性和一致性。

二、会计职能与会计目标

（一）会计职能

会计职能是会计在经济管理活动中所具有的功能。**会计核算和会计监督是会计的基本职能。**

1. 会计核算。会计核算是指会计以货币作为主要计量单位，通过确认、计量、记录和报告等环节，反映特定会计主体的经济活动，向有关各方提供会计信息。会计核算是会计的首要职能。任何经济实体要进行经济活动，都需要会计提供相关而可靠的信息，从而要求会计对过去发生的经济活动进行确认、计量、记录和报告等工作，形成综合反映各单位经济活动情况的会计资料。

会计核算包括四个环节：

（1）确认：通过一定的标准或方法来确定所发生的经济活动是否应该或能够进行会计处理。

（2）计量：以货币为单位对已确定可以进行会计处理的经济活动确定其应记录的金额。

（3）记录：通过一定的会计专门方法按照上述确定的金额将发生的经济活动在会计特有的载体上进行登记的工作。

（4）报告：通过编制财务报告的形式向有关方面和人员提供会计信息。

2. 会计监督。会计监督是指会计人员在进行会计核算的同时，对特定主体经济活动的合法性、合理性进行审查。会计监督具有两个方面的特点：（1）主要通过价值指标进行。会计监督的主要依据是会计核算经济活动的过程及其结果所提供的价值指标。由于单位的经济活动一般同时伴随着价值运动，表现为价值量的增减和价值形态的转化，因此，会计监督与其他监督相比是一种更为有效的监督。（2）对企业的经济活动的全过程进行监督，包括事后监督、事中监督及事前监督。事后监督是对已发生的经济活动及其相应核算资料进行的审查和分析；事中监督是对正在发生的经济活动过程及其核算资料进行审查，并据此纠正经济活动过程中的偏差与失误，促使有关部门合理组织经济活动，使其按照预定的目标与要求进行，发挥控制经济活动进程的作用；事前监督是在经济活动开始前进行的监督，即审查未来的经济活动是否符合有关法令、政策的规定，在经济上是否可行。

一般认为，会计除了会计核算、会计监督两个基本职能之外，还有分析经济情况、预测经济前景、参与经济决策、控制经营过程等多种职能。

（二）会计目标

会计目标，也称"财务报告的目标"。是指在一定社会经济环境下，人们通过会计实践活动期望达到的要求和目的。我国《企业会计准则》首次将我国企业财务报告的目标定义为：向财务报告使用者提供与企业财务状况、经营成果和现金流量等有关的会计信息，反映企业管理层受托责任履行情况，有助于财务报告使用者作出经济决策。可以看出我国企业财务报告目标，主要包括以下两个方面：

1. 向财务报告使用者提供决策有用的信息。企业编制财务报告的主要目的是满足财务报告使用者的信息需要，有助于财务报告使用者作出经济决策。因此，向财务报告使用者提供决策有用信息是会计的基本目标。

2. 反映企业管理层受托责任的履行情况。现代企业制度强调企业所有权和经营权相分离，企业管理层是受委托人之托经营管理企业及其各项资产，负有受托责任。即企业管理层经营管理的各项企业资产基本上均是由投资者投入的资本（或者留存收益作为再投资）或者向债权人借入的资金所形成的，企业管理层有责任妥善保管并合理、有效运用这些资产。企业投资者和债权人等需要及时或者经常性地了解企业管理层保管、使用资产的情况，以评价企业管理层的责任情况和业绩情况，并决定是否需要调整投资或者信贷政策，是否需要加强企业内部控制和其他制度建设，是否需要更换管理层等。因此，财务报告应当反映企业管理层受托责任的履行情况，以有助于外部投资者和债权人等评价企业的经营管理责任和资源使用的有效性。

第二节 会计对象与会计任务

一、会计对象

会计对象是指会计核算和监督的内容，即会计工作的客体。由于会计需要以货币为主要计量单位，对特定会计主体的经济活动进行核算和监督，因而会计并不能核算和监督社会再生产过程中的所有经济活动，而只能核算和监督社会再生产过程中能够用货币表现的各项经济活动。即凡是特定主体能够以货币表现的经济活动，都是会计核算和监督的内容，也就是会计对象。以货币表现的经济活动通常又称为价值运动或资金运动。由于单位的组织形式和经济活动的内容不同，所以不同单位的会计对象有不同的特点。

当今最典型的现代会计是企业会计，企业会计的对象就是企业的资金运动。但即使都是企业，工业、农业、商业、交通运输业、建筑业和金融业等不同行业的企业，其资金运动均有各自的特点，会计对象的具体内容也不尽相同，其中最具代表性的是制造企业。下面以制造企业为例，说明企业会计的对象。

制造企业是从事工业产品生产和销售的营利性经济组织，其再生产过程是以生产过程为中心的供应、生产和销售过程的统一。为了从事生产经营活动，企业必须拥有一定数量的资金，用于建造厂房、购买机器设备、购买原材料、支付职工工资、支付经营管理过程中各种必要的开支等，生产出的产品经过销售后，收回的货款还要补偿生产经营过程中垫付的资金、偿还有关债务、上缴税金等。在生产经营过程中，资金的存在形态不断地发生变化，构成了企业的资金运动。企业的资金运动包括资金的投入、资金的循环与周转（即资金的运用）和资金的退出三个基本环节。

1. 资金的筹集。制造企业要进行生产经营活动，首先必须筹集一定数量的经营资金，这些资金主要来自于所有者投入的资金和债权人投入的资金。企业筹集到一定数量的资金一部分构成流动资产（如货币资金、原材料等），另一部分构成非流动资产（如厂房、机器设备等）。资金的筹集是企业资金运动的起点。

2. 资金的循环与周转。制造企业将资金运用于生产经营过程，就形成了资金的循环与周转。它又分为供应过程、生产过程、销售过程三个阶段。

随着生产经营活动的进行，企业的资金从货币资金形态开始，依次经过供应过程、生产过程和销售过程三个阶段，分别表现为储备资金、生产资金、成品资金等不同的存在形态，最后又回到货币资金形态，这种运动过程称为资金的循环。资金周而复始地不断循环，称为资金周转。

3. 资金的退出。制造企业在生产经营过程中，为社会创造了一部分新价值，因此，企业收回的货币资金一般要大于投入的资金，这部分增加额就是企业的利润。企业实现的利润，按规定应以税金的形式上缴一部分给国家，还要按照有关合同或协议偿还各项债务，另外，还要按照企业章程或董事会决议向投资者分配股利或利润。这样，企业收回的货币资金中，用于缴纳税金、偿还债务和向投资者分配股利或利润的这部分资金就退出了企业的资金循环与周转，剩余的资金则留在企业，继续用于企业的再生产过程。

总之，能够用货币表现的经济活动，就是制造企业会计所要核算和监督的内容，这是企业会计对象的一般表述。

二、会计任务

会计任务是指会计在经济管理中发挥其职能作用所要达到的目的和要求。在市场经济条件下，会计的根本任务是：按照国家的财经法规、会计准则、会计制度进行会计核算，提供以财务数据为主的经济信息，帮助企业外部和内部的信息使用者进行经营决策，借以提高经济效益。具体地说，会计的基本任务：一是根据会计核算规范要求，及时正确地反映经济情况，提供会计信息；二是严格执行国家的方针政策和财务制度，加强会计监督，保护国家利益、社会公众利益和所有者的权益；三是加强计划和预算，合理和节约使用资金，改善经营管理；四是检查分析企业经营业绩，参与企业的预测和决策，增强企业活力，提高企业经济效益。

第三节 会计基本假设与会计基础

一、会计基本假设

会计假设是指为保证会计工作的正常进行和会计信息的质量，对会计核算的范围、内容、基本程序和方法所作的基本假定。企业在组织会计核算时，应遵循的会计假设包括：会计主体假设、持续经营假设、会计分期假设和货币计量假设。

（一）会计主体

会计主体是指会计工作服务的特定单位，是企业会计确认、计量和报告的空间范围。为了向财务报告使用者反映企业财务状况、经营成果和现金流量，提供与其决策有用的信息，会计核算和财务报告的编制应当集中于反映特定对象的活动，并将其与其他经济实体区别开来，才能实现财务报告的目标。

在会计主体假设下，企业应当对本身发生的交易或者事项进行会计确认、计量和报告，反映企业所从事的各项生产经营活动。明确界定会计主体是开展会计确认、计量和报告工作的重要前提。

首先，明确会计主体，才能划定会计所要处理的各项交易或事项的范围。在会计工作中，只有那些影响企业经济利益的各项交易或事项才能加以确认、计量和报告，那些不影响企业经济利益的各项交易或事项则不能加以确认、计量和报告。会计工作中通常所讲的资产、负债的确认，收入的实现，费用的发生等，都是针对特定会计主体而言的。

其次，明确会计主体，才能将会计主体的交易或者事项与会计主体所有者的交易或者事项以及其他会计主体的交易或者事项区分开来。例如，企业所有者的经济交易或者事项是企业所有者主体发生的，不应纳入企业会计核算的范围，但是企业所有者投入企业的资本或者企业向所有者分配的利润，则属于企业主体发生的交易或者事项，应当纳入企业会计核算的范围。

会计主体不同于法律主体。一般来说，法律主体必然是一个会计主体。例如，一个企业作为一个法律主体，应当建立财务会计系统，独立反映其财务状况、经营成果和现金流量。但是，会计主体不一定是法律主体。例如，一个母公司拥有若干子公司，子公司虽然不是法律主体，但子公司独立核算，要反映子公司的财务状况、经营成果和现金流量，因此子公司虽然不是法律主体，但却是会计主体。

（二）持续经营

持续经营是指会计主体的生产经营活动将无限期持续下去，在可以预见的将来不会倒闭进行清算。企业会计确认、计量和报告应当以持续经营为基本前提。在这个基本前提下，会计便可认定企业拥有的资产将会在正常的经营过程中被合理地支配和耗用，企业的债务也将在持续经营中得到有序的补偿。

企业是否持续经营，在会计原则、会计方法的选择上有很大差别。一般情况下，应当假定企业将会按照当前的规模和状态继续经营下去。明确这个基本假设，就意味着会计主体将按照既定用途使用资产，按照既定的合约条件清偿债务，会计人员就可以在此基础上选择会计原则和会计方法。如果判断企业会持续经营，就可以假定企业的固定资产会在持续经营的生产经营过程中长期发挥作用，并服务于生产经营过程，固定资产就可以根据历史成本进行记录，并采用折旧的方法，将历史成本分摊到各个会计期间或相关产品的成本中。如果判断企业不会持续经营，固定资产就不应采用历史成本进行记录并按期计提折旧。

如果一个企业在不能持续经营时还假定企业能够持续经营，并仍按持续经营基本假设选择会计确认、计量和报告原则与方法，就不能客观地反映企业的财务状况、经营成果和现金流量，会误导会计信息使用者的经济决策。

（三）会计分期

会计分期是指将会计主体持续不断的经营活动人为划分为相等的、较短的会计期间，以便分期考核其经营活动的成果。会计分期的目的，在于通过会计期间的划分，将持续经营的生产经营活动划分成连续、相等的期间，据以结算盈亏，按期编报财务报告，从而及时向财务报告使用者提供有关企业财务状况、经营成果和现金流量的信息。

在会计分期假设下，企业应当划分会计期间，分期结算账目和编制财务报告。会计期间通常分为年度和中期。中期是指短于一个完整的会计年度的报告期间。

根据持续经营假设，一个企业将按当前的规模和状态持续经营下去。但是，无论企业的生产经营决策还是投资者、债权人等的决策都需要及时的信息，都需要将企业持续的生产经营活动划分为一个个连续的、长短相同的期间，分期确认、计量和报告企业的财务状况、经营成果和现金流量。明确会计分期假设意义重大，由于会计分期，才产生了当期与以前期间、以后期间的差别，才使不同类型的会计主体有了记账的基准，进而出现了折旧、摊销等会计处理方法。

（四）货币计量

货币计量是指在会计核算中以假定价值不变的货币作为基本计量单位，反映会计主体的生产经营活动。在会计的确认、计量和报告过程中之所以选择货币为基础进行计量，是由货币的本身属性决定的。货币是商品的一般等价物，其他计量单位，如重量、长度、容积、台、件等，只能从一个侧面反映企业的生产经营情况，无法在量上进行汇总和比较，不便于会计计量和经营管理，只有选择货币尺度进行计量才能充分反映企业的生产经营情况，所以，基本准则规定，会计确认、计量和报告选择货币作为计量单位。

上述会计核算的四项基本假设相互依存、相互补充。会计主体确立了会计核算的空间范围，持续经营与会计分期确立了会计核算的时间长度，而货币计量则为会计核算提供了必要手段。

二、会计核算基础

（一）收付实现制

收付实现制亦称“现收现付制”。它以款项是否实际收到或付出作为确定本期收入和费用的标准。凡是本期实际收到款项的收入和付出款项的费用，不论是否归属于本期，都作为本期的收入和费用处理；反之，凡本期没有实际收到款项和付出款项，即使应归属于本期，也不作为本期收入和费用处理。由于款项的收付实际上以现金收付为准，所以一般称为“现金制”。它主要适用于行政、事业单位。

（二）权责发生制

权责发生制亦称“应收应付制”，是指企业按收入的权利和支出的义务是否归属于本期来确认收入、费用的标准，而不是按款项的实际收支是否在本期发生，也就是以应收应付为标准。在权责发生制下，凡是属于本期实现的收入和发生的费用，不论款项是否实际收到或实际付出，都应作为本期的收入和费用入账；凡是不属于本期的收入和费用，即使款项在本期收到或付出，也不作为本期的收入和费用处理。它主要适用于企业。

为了进一步说明问题，下面以列表的方式举例对两种原则加以比较（见表1－1）。

表1－1　权责发生制与收付实现制的比较　　单位：元

经济业务	权责发生制			收付实现制		
	本月收入	本月费用	说　明	本月收入	本月费用	说　明
1. 收到上月的销售货款3 000元	0	—	已作为上月收入	3 000	—	本月收到现金作为本月收入
2. 销售产品5 000元未收到货款	5 000	—	作为本月实现的收入	5 000	—	收到现金作为本月收入
3. 销售产品4 000元货款暂未收到	4 000	—	作为本月实现的收入	0	—	未收到现金不能作为本月收入
4. 预付下月房租1 000元	—	0	不能作为本月费用	—	1 000	已支付现金作为本月费用
5. 支付本月办公费2 000元	—	2 000	本月费用由本月负担	—	2 000	已支付现金作为本月费用
6. 负担上月已付的保险费500元	—	500	应由本月负担的费用	—	0	未支付现金不能作为本月费用
合　计	9 000	2 500	—	8 000	3 000	—

可见，两种不同的处理方法，将影响到各个期间收入、费用和利润的确认。而由于权责发生制比较真实、合理地反映企业的财务状况和经营成果，故广泛用于经营性企业，而收付实现制处理方法相对简单，显然对各期收益的确定不够合理，主要用于不需要核算损益的行政事业单位。

第四节　会计计量与会计信息质量要求

一、会计计量

对任何一种经济活动的核算和记录，都必须应用一定的计量单位，否则就无法进行数量反映。而会计上的主要计量单位就是货币。采用货币计量时主要有以下几种方法：

（一）历史成本

历史成本，又称为“实际成本”，就是取得或制造某项财产物资时实际支付的现金或者其他等价物。在历史成本计量下，资产按照购置时支付的现金或者现金等价物的金额，或者按照购置资产时付出的对价的公允价值计量。负债按照其因承担现时义务而实际收到的款项或者资产的金额，或者承担现时义务的合同金额，或者按照日常活动中为偿还负债预期需要支付的现金或者现金等价物的金额计量。

（二）重置成本

重置成本，又称“现行成本”，是指按照当前市场条件，重新取得同样一项资产需要支付的现金或现金等价物金额。在重置成本计量下，资产按照现在购买相同或者相似资产需要支付的现金或者现金等价物的金额计量。负债按照现在偿付该项债务需要支付的现金或者现金等价物的金额计量。

（三）可变现净值

可变现净值是指在正常生产经营过程中以预计售价减去进一步加工成本和销售必需的预计税金、费用后的净值。在可变现净值计量下，资产按照正常对外销售能够收到现金或者现金等价物的金额扣减该资产至完工时估计将要发生的成本、估计的销售费用以及相关税金后的金额计量。

（四）现值

现值是指对未来现金流量以恰当的折现率进行折现后的价值，是考虑货币时间价值因素的一种计量属性。在现值计量下，资产按照预计从其持续使用和最终处置中所产生的未来净现金流入量的折现金额计量。负债按照预计期限内需要偿还的未来净现金流出量的折现金额计量。

（五）公允价值

公允价值是指在公平交易中，熟悉情况的交易双方自愿进行资产交换或者债务清偿的金额。在公允价值计量下，资产和负债按照在公平交易中，熟悉情况的交易双方自愿进行资产交换或者债务清偿的金额计量。

二、会计信息质量要求

会计信息质量要求是对企业财务报告中所提供会计信息质量的基本要求，是使财务报告中所提供会计信息对投资者等使用者决策有用应具备的基本特征，主要包括可靠性、相关性、可理解性、可比性、实质重于形式、重要性、谨慎性和及时性等。

（一）可靠性

企业应当以实际发生的交易或者事项为依据进行会计确认、计量和报告，如实反映符合确认和计量要求的各项会计要素及其他相关信息，保证会计信息真实可靠、内容完整。

可靠性原则有四方面的含义：（1）真实性，指提供的会计信息应如实反映企业的财务状况、经营成果和现金流量状况；（2）客观性，指对经济业务的确认、计量和报告应不偏不倚，以事实为依据，不受主观意志左右；（3）可验证性，指有可靠的凭据，以供复查其数据来源和信息提供过程；（4）信息完整，如收入大幅提高是由于国家政策所致时，只用报表提供收入信息是不够的，还应披露国家政策的影响。

（二）相关性

企业提供的会计信息应当与财务报告使用者的经济决策需要相关，有助于财务报告使用者对企业过去、现在或者未来的情况作出评价或者预测。

会计信息是否有用，是否具有价值，关键是看其与使用者的决策需要是否相关，是否有助于决策或者提高决策水平。相关的会计信息应当有助于使用者评价企业过去的决策，证实或者修正过去的有关预测，因而具有反馈价值。相关的会计信息还应当具有预测价值，有助于使用者根据财务报告所提供的会计信息预测企业未来的财务状况、经营成果和现金流量。例如，区分收入和利得、费用和损失，区分流动资产和非流动资产、流动负债和非流动负债以及适度引入公允价值等，都可以提高会计信息的预测价值，进而提升会计信息的相关性。

（三）可理解性

可理解性原则是指会计核算和编制的财务报告应当清晰明了，便于财务报告使用者理解和使用。会计信息的价值在于对信息利用者的决策有用，因而必须使信息利用者理解会计记录乃至财务报告编报语言、方法的含义和用途。

（四）可比性

企业提供的会计信息应当具有可比性，可比性有两个方面的含义。

1. 同一企业纵向可比。同一企业不同时期发生的相同或者相似的交易或者事项，应当采用一致的会计政策，不得随意变更。确需变更的，应当在附注中说明。如企业将存货计价从先进先出法改为加权平均法，会对存货发出成本和留存存货价值产生不同的影响，附注中应该说明。

2. 不同企业横向可比。不同企业发生的相同或者相似的交易或者事项，应当采用规定的会计政策，确保会计信息口径一致、相互可比。企业经营的好坏，资产情况如何，依靠企业间会计报表信息的相互比较来反映，如果企业记账都口径一致，无疑可比性增强。可比性原则以客观性原则为基础，并不意味着不能有任何选择，只要这种选择仍然可以进行有意义的比较。如为了如实反映应收账款的风险，可以根据实际情况选择计提坏账准备的比例。

（五）实质重于形式

企业应当按照交易或者事项的经济实质进行会计确认、计量和报告，不应仅以交易或者事项的法律形式为依据。企业发生的交易或事项在多数情况下，其经济实质和法律形式是一致的。但在有些情况下，会出现不一致。例如，以融资租赁方式租入的资产虽然从法律形式来讲企业并不拥有其所有权，但是由于租赁合同中规定的租赁期相当长，接近于该资产的使用寿命，租赁期结束时承租企业有优先购买该资产的选择权；在租赁期内承租企业有权支配资产并从中受益等。因此，从经济实质来看，企业能够控制融资租入资产创造的未来经济利益，在会计确认、计量和报告上就应当将以融资租赁方式租入的资产视为企业的资产，列入企业的资产负债表。

如果企业的会计核算仅仅按照交易或事项的法律形式或人为形式进行，而其法律形式或人为形式又未能反映其经济实质和经济现实，那么，会计核算的结果不仅不会有利于会计信息使用者的决策，反而会误导会计信息使用者的决策。

（六）重要性

企业提供的会计信息应当反映与企业财务状况、经营成果和现金流量等有关的所有重要交易或者事项。企业的会计核算应当遵循重要性原则，在会计核算过程中对交易或事项应当区别其重要性程度，采用不同的核算方法。对资产、负债、损益有较大影响，并进而影响财务报告使用者据以作出合理判断的重要会计事项，必须按照规定的会计方法和程序进行处理，并在财务报告中予以充分、准确地披露；对于次要的会计事项，在不影响会计信息真实性和不至于误导财务报告使用者作出正确判断的前提下，可适当简化处理。如某项资产过少可不单独在会计报告中列报，而在财务报告中合并反映。重要性原则与会计信息成本效益直接相关，坚持重要性原则能使提供会计信息的收益大于成本。

（七）谨慎性

企业对交易或者事项进行会计确认、计量和报告应当保持应有的谨慎，不应高估资产或者收益、低估负债或者费用。谨慎性原则是指会计人员对存在不同会计处理程序和方法的某些经济业务或会计事项，应在不影响合理反映的前提下，尽可能选择不虚增利润和夸大所有者权益的会计处理程序和方法进行会计处理。当有多种会计方法选择时，应当遵循谨慎性原则的要求，既不多计资产或收益，也不少计负债和费用，也不得计提秘密准备。

（八）及时性

企业对于已经发生的交易或者事项，应当及时进行会计确认、计量和报告，不得提前或者延后。及时性原则是指企业的会计核算应当及时进行，以保证会计信息的时效性。及时性原则包含两层含义：一是及时收集和处理会计信息，即在经济交易或者事项发生后，及时收集整理各种原始单据或者凭证，并按照会计准则的规定，及时对经济交易或者事项进行确认或者计量，最后编制出财务报告；二是将会计信息及时输送给相关使用者，迟报信息将影响相关使用者对企业的判断以至决策。因此，记账、算账、报账都不得提前或延后。

知识链接

美国会计信息质量要求

美国财务会计准则委员会（FASB）发布的财务会计概念公告第2号——《会计信息质量特征》中，提出了“会计信息必须能够帮助用户预测过去、现在和将来事项的结局，或者去证实或纠正先前的预期，从而具有影响决策的能力”才视为相关性，其构成要素包括“预测价值、反馈价值和及时性”。同时，将可靠性定义为“确保信息合理地免于差错、偏见，并能忠实反映其意欲反映事项的信息质量”，并认为构成要素包括“反映忠实、可验证性、中立性”。

第五节　会计方法与会计循环

一、会计方法

（一）会计方法体系

会计方法是实现会计职能、发挥会计作用和达到会计目的的手段和措施。现代会计具有核算、监督、预测、决策、控制和分析的职能。因此，现代会计方法体系是由会计核算方法、会计预测方法、会计监督方法、会计决策方法、会计控制方法和会计分析方法组成的。

（二）会计核算具体方法

会计核算方法是指以统一的货币单位为量度标准，连续、系统、完整地对会计对象进行计量、记录、计算和核算的方法。它主要包括：设置会计科目和账户、复式记账、填制凭证、登记账簿、成本计算、财产清查和编制会计报表等七种专门方法。

1. 设置会计科目。设置会计科目是对会计对象的具体内容分类进行核算的方法。所谓会计科目，就是对会计对象的具体内容进行分类核算的项目。设置会计科目就是在设计会计制度时事先规定这些项目，然后根据它们在账簿中开立账户，分类地、连续地记录各项经济业务，反映由于各经济业务的发生而引起的各会计要素的增减变动情况和结果，为经济管理提供各种类型的会计指标。

2. 复式记账。复式记账是与单式记账相对称的一种记账方法。这种方法的特点是对每一项经济业务都要以相等的金额，同时记入两个或两个以上的有关账户。通过账户的对应关系，可以了解有关经济业务内容的来龙去脉；通过账户的平衡关系，可以检查有关业务的记录是否正确。

3. 填制和审核凭证。会计凭证是记录经济业务、明确经济责任的书面证明，是登记账簿的依据。凭证必须经过会计部门和有关部门审核。只有经过审核并认为正确无误的会计凭证，才能作为记账的根据。填制和审核会计凭证，不仅为经济管理提供真实可靠的数据资料，也是实行会计监督的一个重要方面。

4. 登记账簿。账簿是用来全面、连续、系统地记录各项经济业务的簿籍，是保存会计数据资料的重要工具。登记账簿就是将会计凭证记录的经济业务，序时、分类地记入有关簿籍中设置的各个账户。登记账簿必须以凭证为依据，并定期进行结账、对账，以便为编制会计报表提供完整而系统的会计数据。

5. 成本计算。成本计算是指在生产经营过程中，按照一定对象归集和分配发生的各种费用支出，以确定该对象的总成本和单位成本的一种专门方法。通过成本计算，可以确定材料的采购成本、产品的生产成本和销售成本，可以反映和监督生产经营过程中发生的各项费用是否节约或超支，并据以确定企业经营盈亏。

6. 财产清查。财产清查是指通过盘点实物、核对账目，保持账实相符的一种方法。通过财产清查，可以查明各项财产物资和货币资金的保管和使用情况，以及往来款项的结算情况，监督各类财产物资的安全与合理使用。在清查中如发现财产物资和货币资金的实有数与账面结存数额不一致，应及时查明原因，通过一定审批手续进行处理，并调整账簿记录，使账面数额与实存数额保持一致，以保证会计核算资料的正确性和真实性。

7. 会计报表及分析利用。会计报表是根据账簿记录定期编制的、总括反映企业和行政事业单位特定时点（月末、季末、年末）和一定时期（月、季、年）财务状况、经营成果以及成本费用等的书面文件。会计报表提供的资料，不仅是分析考核财务成本计划和预算执行情况及编制下期财务成本计划和预算的重要依据，也是进行经济决策和国民经济综合平衡工作必要的参考资料。

在会计核算方法体系中，就其工作程序和过程来说，主要是三个环节：填制和审核凭证、登记账簿、编制会计报表。在一个会计期间所发生的经济业务，都要通过这三个环节进行会计处理，将大量的经济业务转换为系统的会计信息。这个转换过程，即从填制和审核凭证到登记账簿，直至编出会计报表周而复始的变化过程，就是一般所说的“会计循环”。其基本内容是：经济业务发生后，经办人员要填制或取得原始凭证，经会计人员审核整理后，按照设置的会计科目，运用复式记账法，编制记账凭证，并据以登记账簿；要依据凭证和账簿记录对生产经营过程中发生的各项费用进行成本计算，并依据财产清查对账簿记录加以核实，在保证账实相符的基础上，定期编制会计报表，最后对会计报表资料进行分析利用。

二、会计循环

企业的经济业务发生后，从取得原始凭证到会计项目的确认、计量、分类、记账直至向会计信息使用者报告财务状况和经营成果，有一个依次完成的过程，而且在连续的会计期间，这些工作周而复始地不断循环进行。人们把企业将一定时期发生的所有经济业务，依据一定的步骤和方法，加以记录、分类、汇总直至编制会计报表的会计处理全过程叫做会计循环。具体地说，会计循环包括以下几个环节：

（一）确认经济业务

是指会计机构、会计人员对经济活动有关的信息数据进行筛选、确定的过程。企业经济活动产生的信息和数据能否进入及何时进入会计核算系统均由会计确认这一程序决定。会计确认还包括各个会计要素在财务会计报告中的列示方法，因此，会计确认还直接影响到所揭示和呈报的会计信息质量。

一般说来，会计确认的基本标准有四项：

- 符合会计要素的定义，被确认的项目应符合财务会计报告的某个要求；
- 可计量，被确认的项目具有足够可靠的相关的可计量性；
- 可靠，被确认的项目信息是如实的、可验证的和不偏不倚的；
- 被确认的项目信息是与决策有关的。

（二）编制会计分录

在每一项经济业务发生后，首先应编制会计分录，也就是分析该业务对哪些账户（两个或两个以上）有影响，影响的数量是多少，影响的方式如何（增加还是减少了该账户的余额），等等。在实际工作中一般是根据原始凭证来编制记账凭证的。

（三）过账

根据记账凭证将每笔会计分录确定的应借应贷金额，分别过入总分类账与明细分类账的各有关账户。

（四）试算平衡

一般在月末，根据总分类账中的发生额和余额，编制试算平衡表，用以检查会计分录和过账的正确性。

（五）账项调整

在将已经发生的经济业务全部登记账户的基础上，根据权责发生制原则，划清应归属和不应归属本期的收入和费用，进行账项调整，编制调整分录，过入相应的分类账，以便正确计算当期损益。

（六）结账

当试算平衡和账项调整之后，企业就可以结账。结账就是在月末编制结账分录，将各临时性账户的余额转入永久性账户，以便进行下一个会计程序的工作。

（七）编制会计报表

在结账程序结束后，就可以进行会计报表的编制工作。会计报表是会计信息系统对企业会计信息的输出，企业外部各界人士主要是通过会计报表来了解企业情况的。

主要概念

会计　会计职能　会计目标　会计对象　会计基本假设　会计基础　会计方法

问题与思考

1. 会计的本质是什么？你比较倾向于哪种观点？为什么？
2. 会计核算方法有哪些？并简要阐述它们之间的关系。
3. 会计的对象是什么？制造企业资金运动过程是怎样的？
4. 比较说明权责发生制与收付实现制的异同。

第二章 DIERZHANG

会计要素与会计等式

【理论知识目标】

☐ 了解会计要素及其分类

☐ 明确会计要素的定义、特征及其构成

☐ 掌握会计等式

【实务应用目标】

☐ 会判断会计要素的不同类型

☐ 会判断企业经济业务的类型

☐ 会分析经济业务发生对会计等式的影响

第一节　会计要素

一、理论知识

（一）会计要素的含义

会计要素是对会计对象的具体内容按其经济特征所作的基本分类，是会计对象的具体化，是构成会计报表的基本要素。我国《企业会计准则》将会计要素划分为资产、负债、所有者权益、收入、费用、利润六个要素。其中，资产、负债和所有者权益三项会计要素侧重于反映企业的财务状况，构成资产负债表要素；收入、费用和利润三项会计要素侧重于反映企业的经营成果，构成利润表要素。

（二）会计要素的种类及特征

1. 资产。

（1）资产的特征。**资产是指企业过去的交易或者事项形成的，由企业拥有或者控制的，预期会给企业带来经济利益的资源。**根据定义，资产具有以下几个方面的特征：

①资产预期会给企业带来经济利益。是指资产直接或者间接导致现金和现金等价物流入企业的潜力。这种潜力可以来自企业日常的生产经营活动，也可以是非日常活动；带来的经济利益可以是现金或者现金等价物，或者是可以转化为现金或者现金等价物的形式，或者是

可以减少现金或者现金等价物流出的形式。

资产预期能否会为企业带来经济利益是资产的重要特征。例如，企业采购的原材料、购置的固定资产等可以用于生产经营过程，制造商品或者提供劳务，对外出售后收回货款，货款即为企业获得的经济利益。如果某一项目预期不能给企业带来经济利益，就不能将其确认为企业的资产。前期已经确认为资产的项目，如果不能再为企业带来经济利益的，也不能再确认为企业的资产。

②资产应为企业拥有或者控制的资源。资产作为一项资源，应当由企业拥有或者控制，具体是指企业享有某项资源的所有权，或者虽然不享有某项资源的所有权，但该资源能被企业控制。

企业享有资产的所有权，通常表明企业能够排他性地从资产中获取经济利益。通常在判断资产是否存在时，所有权是考虑的首要因素。在有些情况下，资产虽然不为企业所拥有，即企业并不享有其所有权，但企业控制了这些资产，同样表明企业能够从资产中获取经济利益，符合会计上对资产的定义。如果企业既不拥有也不控制资产带来的经济利益，就不能将其作为资产予以确认。

例如，某企业以融资租赁方式租入一项固定资产，尽管企业并不拥有所有权，但如果租赁合同规定的租赁期相当长，接近于该资产的使用寿命，企业控制了该资产的使用及其能够带来的经济利益，就应当将其作为企业资产予以确认、计量和报告。

③资产是由企业过去的交易或者事项形成的。资产应当由企业过去的交易或者事项形成，过去的交易或者事项包括购买、生产、建造行为或者其他交易或事项。换句话说，只有过去的交易或者事项才能产生资产，企业预期在未来发生的交易或者事项不形成资产。例如，企业有购买某存货的意愿或者计划，但是购买行为尚未发生，就不符合资产的定义，不能因此而确认存货资产。

（2）资产的构成。企业的资产按其流动性的不同可以划分为流动资产和非流动资产。

①流动资产是指可以在1年或者超过1年的一个营业周期内变现或者耗用的资产，主要包括库存现金、银行存款、应收及预付款项、存货等。

②非流动资产是指在1年或者超过1年的一个营业周期以上才能变现或者耗用的资产，主要包括长期股权投资、固定资产、无形资产等。

2. 负债。

（1）负债的特征。**负债是指企业过去的交易或者事项形成的，预期会导致经济利益流出企业的现时义务。**根据定义，负债具有以下几个方面的特征：

①负债是企业承担的现时义务。负债必须是企业承担的现时义务，这是负债的一个基本特征。其中，现时义务是指企业在现行条件下已承担的义务。未来发生的交易或者事项形成的义务，不属于现时义务，不应当确认为负债。

这里所指的“义务”可以是法定义务，也可以是推定义务。

- **法定义务：**是指具有约束力的合同或者法律法规规定的义务，通常在法律意义上需要强制执行。例如，企业购买原材料形成应付账款，企业向银行贷入款项形成借款，企业按照税法规定应当缴纳的税款等，均属于企业承担的法定义务，需要依法予以偿还。

- **推定义务：**是指根据企业多年来的习惯做法、公开的承诺或者公开宣布的政策而导致企业将承担的责任，这些责任也使有关各方形成了企业将履行义务解脱责任的合理预期。例如，某企业多年来制定有一项销售政策，对于售出商品提供一定期限内的售后保修服务，预期将为售出商品提供的保修服务就属于推定义务，应当将其确认为一项负债。

②负债预期会导致经济利益流出企业。预期会导致经济利益流出企业也是负债的一个本质特征，只有企业在履行义务时会导致经济利益流出企业的，才符合负债的定义，如果不会导致企业经济利益流出的，就不符合负债的定义。在履行现时义务清偿负债时，导致经济利益流出企业的形式多种多样，例如，用现金偿还或以实物资产形式偿还；以提供劳务形式偿还；部分转移资产、部分提供劳务形式偿还；将负债转为资本等。

③负债是由企业过去的交易或者事项形成的。负债应当由企业过去的交易或者事项所形成。换句话说，只有过去的交易或者事项才形成负债，企业将在未来发生的承诺、签订的合同等交易或者事项，不形成负债。

例如，某企业向银行借款 1 300 万元，即属于过去的交易或者事项所形成的负债。企业同时还与银行达成了两个月后借入 2 500 万元的借款意向书，该交易就不属于过去的交易或者事项，不应形成企业的负债。

（2）负债的构成。负债通常是按照流动性进行分类的。这样分类的目的在于了解企业流动资产和流动负债的相对比例，大致反映出企业的短期偿债能力，从而向债权人揭示其债权的相对安全程度。负债按照流动性不同，可以分为流动负债和非流动负债。

①流动负债是指将在 1 年（含 1 年）或者超过 1 年的一个营业周期内偿还的债务，包括短期借款、应付及预收款项、预提费用等。

②非流动负债是指偿还期在 1 年或者超过 1 年的一个营业周期以上的债务，包括长期借款、应付债券、长期应付款等。

3. 所有者权益。

（1）所有者权益的特征。**所有者权益是指企业资产扣除负债后，由所有者享有的剩余权益。**公司的所有者权益又称为“股东权益”。所有者权益是所有者对企业资产的剩余索取权，它是企业资产中扣除债权人权益后应由所有者享有的部分，既可反映所有者投入资本的保值增值情况，又体现了保护债权人权益的理念。所有者权益有如下特点：

①所有者权益实质上是所有者在某个企业所享有的一种财产权利。包括所有者对投入资产的所有权、使用权、处置权和收益分配权。但所有者权益是一种剩余权益，只有负债的要求权得到清偿后，所有者权益才能够被清偿。

②所有者权益是一种权利，但这种权利来自于投资者投入的可供企业长期使用的资源。

③所有者权益具有长期特性。所有者权益作为剩余权益，并不存在确切的、约定的偿付期限。

④所有者权益计量的间接性。所有者权益除了投资者投入资本能够直接计量外，在企业存续期内任一时点都不是直接计量的，而是通过计量资产和负债来间接计量的。

知识链接

所有者权益与负债的区别

所有者权益和负债虽然同为企业的权益，都体现企业的资金来源，但两者之间却有着本质的不同，具体表现为：

- 负债是企业对债权人所承担的经济责任，企业负有偿还的义务；而所有者权益则是企业对投资人所承担的经济责任，在一般情况下是不需要归还给投资者的。

● 债权人只享有按期收回利息和债务本金的权利，而无权参与企业的利润分配和经营管理；投资者既可以参与企业的利润分配，也可以参与企业的经营管理。

● 在企业清算时，负债拥有优先求偿权；所有者权益只能在清偿了所有的负债以后，才返还给投资者。

(2) 所有者权益的构成。所有者权益的来源包括所有者投入的资本、直接计入所有者权益的利得和损失、留存收益等，通常由股本（或实收资本）、资本公积（含股本溢价或资本溢价、其他资本公积）、盈余公积和未分配利润构成。商业银行等金融企业在税后利润中提取的一般风险准备，也构成所有者权益。

①所有者投入的资本是指所有者所有投入企业的资本部分，既包括构成企业注册资本或者股本部分的金额，也包括投入资本超过注册资本或者股本部分的金额，即资本溢价或者股本溢价，这部分投入资本在我国企业会计准则体系中被计入了资本公积，并在资产负债表中的资本公积项目下反映。

②直接计入所有者权益的利得和损失，是指不应计入当期损益、会导致所有者权益发生增减变动的、与所有者投入资本或者向所有者分配利润无关的利得或者损失。其中，利得是指由企业非日常活动形成的、会导致所有者权益增加的、与所有者投入资本无关的经济利益的流入。损失是指由企业非日常活动所发生的、会导致所有者权益减少的、与向所有者分配利润无关的经济利益的流出。直接计入所有者权益的利得和损失主要包括可供出售金融资产的公允价值变动额、现金流量套期中套期工具公允价值变动额（有效套期部分）等。

③留存收益是企业历年实现的净利润留存于企业的部分，主要包括累计计提的盈余公积和未分配利润。

4. 收入。

(1) 收入的特征。**收入是指企业在日常活动中形成的、会导致所有者权益增加的、与所有者投入资本无关的经济利益的总流入。**根据定义，收入具有以下几方面的特征：

①收入是企业在日常活动中形成的。日常活动是指企业为完成其经营目标所从事的经常性活动以及与之相关的活动。例如，工业企业制造并销售产品、商业企业销售商品、保险公司签发保单、咨询公司提供咨询服务、软件企业为客户开发软件、安装公司提供安装服务、商业银行对外贷款、租赁公司出租资产等，均属于企业的日常活动。明确界定日常活动是为了将收入与利得相区分，因为企业非日常活动所形成的经济利益的流入不能确认为收入，而应当计入利得。

②收入是与所有者投入资本无关的经济利益的总流入。收入应当会导致经济利益的流入，从而导致资产的增加。例如，企业销售商品，应当收到现金或者在未来有权收到现金，才表明该交易符合收入的定义。但是在实务中，经济利益的流入有时是所有者投入资本的增加导致的，所有者投入资本的增加不应当确认为收入，应当将其直接确认为所有者权益。

③收入会导致所有者权益的增加。与收入相关的经济利益的流入应当会导致所有者权益的增加，不会导致所有者权益增加的经济利益的流入不符合收入的定义，不应确认为收入。例如，企业向银行借入款项，尽管也导致了经济利益的流入，但该流入并不导致所有者权益的增加，反而使企业承担了一项现时义务。企业对于因借入款项所导致的经济利益的增加，不应确认为收入，应当确认为一项负债。

（2）收入的构成。

①按照企业从事日常活动的性质，可将收入分为销售商品收入、提供劳务收入、让渡资产使用权收入、建造合同收入等。

②按照企业从事日常活动在企业的重要性，可将收入分为主营业务收入、其他业务收入等。

5. 费用。

（1）费用的特征。**费用是指企业在日常活动中发生的、会导致所有者权益减少的、与向所有者分配利润无关的经济利益的总流出。**根据定义，费用具有以下几方面的特征：

①费用是企业在日常活动中形成的。费用必须是企业在日常活动中形成的，这些日常活动的界定与收入定义中涉及的日常活动的界定相一致。因日常活动产生的费用通常包括销售成本（营业成本）、职工薪酬、折旧费、无形资产摊销费等。将费用界定为日常活动形成的，目的是为了将其与损失相区分，企业非日常活动形成的经济利益的流出不能确认为费用，而应当计入损失。

②费用是与向所有者分配利润无关的经济利益的总流出。费用的发生应当会导致经济利益的流出，从而导致资产的减少或者负债的增加（最终也会导致资产的减少）。其表现形式包括现金或者现金等价物的流出，存货、固定资产和无形资产等的流出或者消耗等。鉴于企业向所有者分配利润也会导致经济利益的流出，而该经济利益的流出显然属于所有者权益的抵减项目，不应确认为费用，应当将其排除在费用的定义之外。

③费用会导致所有者权益的减少。与费用相关的经济利益的流出应当会导致所有者权益的减少，不会导致所有者权益减少的经济利益的流出不符合费用的定义，不应确认为费用。

例如，某企业用银行存款900万元购买生产用原材料，该购买行为尽管使企业经济利益流出了900万元，但并不会导致企业所有者权益的减少，它使企业增加了另外一项资产（存货），在这种情况下，就不应当将该经济利益的流出确认为费用。

（2）费用的构成（见图2－1）。费用按用途不同分为生产费用和期间费用。

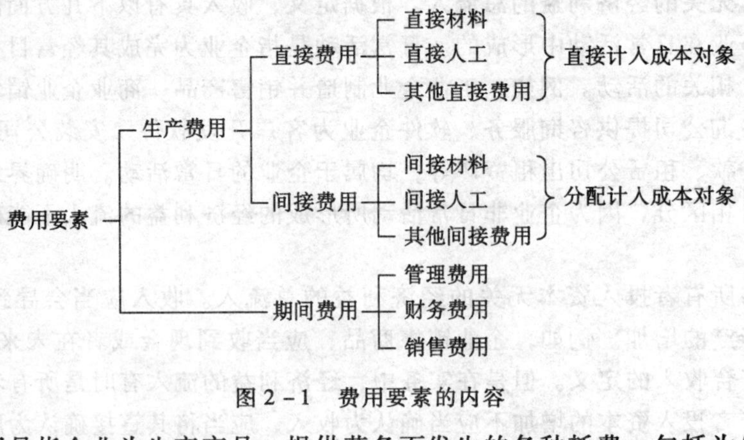

图2－1　费用要素的内容

①生产费用是指企业为生产产品、提供劳务而发生的各种耗费，包括为生产产品、提供劳务而发生的直接材料费用、直接人工费用和各种间接费用。生产费用按照计入产品成本的方式可分为直接费用和间接费用两种。

• 直接费用是指生产产品和提供劳务发生的，能直接计入产品成本的各项费用，包括直接材料、直接人工和其他直接费用等。

• 间接费用是指生产车间为组织和管理生产经营活动而发生的共同费用和不能直接计入产品成本的各项费用。这些费用应按一定标准分配计入产品成本，包括间接材料、间接人工和其他间接费用等。

②期间费用是指企业行政管理部门为组织和管理生产经营活动而发生的管理费用，为筹集生产经营所需资金支付利息等而发生的财务费用，以及为销售商品而发生的销售费用等。这些费用应在一定会计期间内汇总后直接计入当期损益。

6. 利润。

(1) 利润的特征。**利润是企业在一定会计期间的经营成果。**影响企业利润的因素有营业活动和非营业活动，其中营业活动是主要因素。利润往往是评价企业管理层业绩的一项重要指标，也是投资者等财务报告使用者进行决策时的重要参考。

利润具有以下特点：

①利润是企业一定时期的最终财务成果；

②利润是按配比性原则计量的，是一定时期的收入与费用相减的结果；

③影响利润的因素较复杂，利润的计算含有较大的主观判断成份，其结果可能因人而异，因此具有可操纵性。

(2) 利润的来源构成。利润包括收入减去费用后的净额、直接计入当期利润的利得和损失等。其中收入减去费用后的净额反映的是企业日常活动的业绩，直接计入当期利润的利得和损失反映的是企业非日常活动的业绩。直接计入当期利润的利得和损失，是指应当计入当期损益、最终会引起所有者权益发生增减变动的、与所有者投入资本或者向所有者分配利润无关的利得或者损失。企业应当严格区分收入和利得、费用和损失之间的区别，以更加全面地反映企业的经营业绩。

知识链接

美国财务会计准则委员会（FASB）在其发布的第3号财务会计概念公告《财务报表要素》中，将会计要素分为：资产、负债、权益（净资产）、业主投资、派给业主款、综合收益、营业收入、费用、利得或称溢余、损失十大类。

国际会计准则委员会（IASC）将会计要素分为：资产、负债、权益、收益、费用五大类。

二、实务应用

1. 财务状况要素的应用。

【例2－1】 确定表2－1中各项目归属的会计要素，并分别加计资产、负债及所有者权益金额合计数，验证资产和权益是否相等。

表2－1　　会计要素确定表

项　目	资产（元）	权益（元）	
		负债	所有者权益
1. 库存现金600元	600		
2. 存放在银行的货币资金48 000元	48 000		
3. 生产车间厂房80 000元	80 000		

续表

项　　目	资产（元）	权益（元）	
		负债	所有者权益
4. 各种机器设备 30 000 元	30 000		
5. 运输车辆 50 000 元	50 000		
6. 库存产品 5 000 元	5 000		
7. 车间正在加工中的产品 6 500 元	6 500		
8. 库存材料 5 000 元	5 000		
9. 投资人投入的资本 80 000 元			80 000
10. 应付的购料款 42 000 元		42 000	
11. 尚未交纳的税金 6 570 元		6 570	
12. 向银行借入的短期借款 72 000 元		72 000	
13. 应收产品的销货款 15 000 元	15 000		
14. 采购员出差预借差旅费 2 000 元	2 000		
15. 商标权 50 000 元	50 000		
16. 发行的企业债券 30 000 元		30 000	
17. 预付购货款 5 000 元	5 000		
18. 盈余公积结余 8 530 元			8 530
19. 发行股票溢价收入 26 000 元			26 000
20. 未分配利润 32 000 元			32 000
合　　计	297 100	150 570	146 530

2. 经营成果要素的应用。

【例 2-2】 确定表 2-2 中各项目归属的会计要素，并分别计算收入、费用及利润总额。

表 2-2　　　　会计要素确定表

项　　目	收入（元）	费用（元）	利润（元）
1. 销售 A 产品货款 19 000 元	19 000		19 000
2. 销售丙材料货款 6 200 元	6 200		6 200
3. 已销 A 产品生产成本 12 000 元		12 000	-12 000
4. 已销丙材料成本 4 500 元		4 500	-4 500
5. 发生广告费支出 1 300 元		1 300	-1 300
6. 发生银行借款利息支出 1 200 元		1 200	-1 200
7. 发生行政管理费 2 500 元		2 500	-2 500
8. 应交城市维护建设税、教育费附加合计 2 600 元		2 600	-2 600
9. 盘盈 1 台设备，其价值 18 000 元			18 000
10. 发生税收滞纳金 3 000 元			-3 000
11. 公益性捐赠支出 6 000 元			-6 000
合　　计	25 200	24 100	10 100

第二节　会 计 等 式

一、理论知识

（一）会计等式的概念

会计等式是反映会计要素之间内在联系的数学表达式，又称为“会计恒等式”。它是各会计主体设置账户、进行复式记账和编制会计报表的理论依据。

（二）会计等式的种类

1. 静态会计等式。企业的资产来源渠道有两种：一是由债权人提供，二是由所有者提供。既然企业的债权人和所有者为企业提供了全部资产，就应该对企业的资产享有要求权，这种对企业资产的要求权在会计上总称为“权益”。其中属于债权人的部分，是债权人权益，通常简称“负债”；属于所有者的部分，称为“所有者权益”。

可见，资产表明企业拥有什么经济资源和拥有多少经济资源；权益则表明是谁提供了这些经济资源，谁对这些经济资源拥有要求权。资产与权益，实际上是同一价值运动的两个方面，一个是来龙，一个是去脉。从数量上看，有一定数额的资产，就必定有相同数额的对该资产的要求权；反之有一定数额的权益，则必然存在相等数额的资产与其相对应。也就是说，一个企业的资产总额与权益（负债和所有者权益）总额必定彼此相等。这种关系可以用以下数学表达式表示：

资产＝权益

＝债权人权益＋所有者权益

＝负债＋所有者权益

“资产＝负债＋所有者权益”会计等式体现了企业资金运动过程中某一时点上会计要素之间的数量关系，是资金运动的静态表现形式，称为“静态会计等式”。这一等式表明，在某一时点企业所拥有的经济资源的数额，以及债权人和企业所有者对这些资源所拥有的要求权。

“资产＝负债＋所有者权益”是反映企业生产经营的最基本会计等式，它是各会计主体设置账户、进行复式记账、编制会计报表的理论依据。所以这个基本会计等式是会计核算的基石，具有极其重要的意义。

2. 动态会计等式。随着经济活动的进行，企业运用债权人和投资者提供的资产，经过生产经营而获取收入，并以支付费用为代价。企业赚得收入，标志着企业资产的增加；企业发生费用，标志着资产的减少。若收入大于费用，则产生利润；若收入小于费用，则产生亏损。因此，收入的取得、费用的发生、利润的形成，使收入、费用、利润三个会计要素产生以下相互关系：

收入－费用＝利润（或亏损）

这一会计等式是企业资金运动的动态表现形式，又称为“动态会计等式”。

3. 综合会计等式。当我们从某一会计期间的起点上观察时，企业的全部资金处于相对静止状态，会计要素之间的关系表现为“资产 = 负债 + 所有者权益”。随着生产经营活动的进行，会不断地发生费用并取得收入，并引起资产、负债、所有者权益发生数量的变化。到了会计期末，若收入大于费用，则实现了利润。利润是企业经营所得，归投资者所有。因此，会计期末时企业的资产总额与权益总额就会比期初的资产总额与权益总额增加一个数量，这个数量恰恰等于本会计期间实现的利润。由此可见，在会计期末，反映会计要素之间内在关系式就表现为以下形式：

期末资产 =（期初负债 + 期初所有者权益）+（收入 − 费用）

=（期初负债 + 期初所有者权益）+ 利润

企业实现的利润要按国家有关规定提取用于积累的盈余公积和向投资者分配利润。企业从利润中提取的盈余公积构成企业所有者权益的新内容；企业按规定向投资者分配的利润在未支付以前又构成企业的新负债。这样，在会计期末，会计要素之间的关系式又回复到会计期初的形式：

资产 = 负债 + 所有者权益

必须指出，上述的期末会计等式与期初会计等式不同的是等号左右两边各会计要素的金额以及总金额都发生了或增或减的变化。

二、实务应用

企业在生产经营过程中不断地发生各种经济业务。从企业经济业务对资产、负债和所有者权益的影响来看，可概括为九种基本类型，这些类型经济业务的发生会导致会计要素发生增减变化，却不会破坏基本会计等式的恒等关系。下面举例予以说明会计等式的应用。

永丰公司 7 月 1 日的资产、负债和所有者权益的状况如表 2 − 3 所示。

表 2 − 3　　资产、负债及所有者权益变动表　　单位：元

资产		负债		所有者权益	
库存现金	5 000	短期借款	25 000	实收资本	220 000
银行存款	60 000	应付账款	30 000	盈余公积	25 000
原材料	55 000			利润分配	20 000
固定资产	200 000				
总　计	320 000 =		55 000 +		265 000

该公司 7 月份发生了如下业务：

1. 资产类科目等额的一增一减。

【例 2 − 3】 7 月 9 日公司从银行提取现金 1 万元，以备零用。

分析： 这笔经济业务发生后，永丰公司库存现金增加了 1 万元，同时公司的银行存款减少了 1 万元，在企业资产项目中出现了相同数字的一增一减，企业的资产总额没有发生变化（见表 2 − 4）。

表 2－4　　资产、负债及所有者权益变动表　　单位：元

资产		负债		所有者权益	
库存现金	5 000＋10 000	短期借款	25 000	实收资本	220 000
银行存款	60 000－10 000	应付账款	30 000	盈余公积	25 000
原材料	55 000			利润分配	20 000
固定资产	200 000				
总　计	320 000＝		55 000＋		265 000

2. 负债类科目等额的一增一减。

【例 2－4】 7 月 15 日公司开出商业汇票抵付应付账款 8 000 元。

分析： 这笔经济业务发生后，永丰公司应付账款减少了 8 000 元，同时公司的应付票据增加了 8 000 元，即企业负债项目中出现了相同数字的一增一减，企业的负债总额没有发生变化（见表 2－5）。

表 2－5　　资产、负债及所有者权益变动表　　单位：元

资产		负债		所有者权益	
库存现金	15 000	短期借款	25 000	实收资本	220 000
银行存款	50 000	应付账款	30 000－8 000	盈余公积	25 000
原材料	55 000	应付票据	＋8 000	利润分配	20 000
固定资产	200 000				
总　计	320 000＝		55 000＋		265 000

3. 所有者权益类科目等额的一增一减。

【例 2－5】 7 月 20 日公司经批准将盈余公积 1 万元转增实收资本。

分析： 这笔经济业务发生后，永丰公司盈余公积减少了 1 万元，同时公司的实收资本增加了 1 万元，即公司所有者权益项目中出现了相同数字的一增一减，企业的所有者权益总额没有发生变化（见表 2－6）。

表 2－6　　资产、负债及所有者权益变动表　　单位：元

资产		负债		所有者权益	
库存现金	15 000	短期借款	25 000	实收资本	220 000＋10 000
银行存款	50 000	应付账款	22 000	盈余公积	25 000－10 000
原材料	55 000	应付票据	8 000	利润分配	20 000
固定资产	200 000				
总　计	320 000＝		55 000＋		265 000

4. 负债与所有者权益等额的一增一减。

【例 2－6】 7 月 20 日公司董事会决定向投资者分配股利 1.5 万元。

分析： 这笔经济业务发生后，永丰公司属于所有者权益的利润减少了 1.5 万元，同时公司的应付利润增加了 1.5 万元，即在公司的所有者权益项目和负债项目中出现了相同数字的一增

一减，没有破坏会计等式的平衡关系（见表2-7）。

表2-7　　资产、负债及所有者权益变动表　　单位：元

资产		负债		所有者权益	
库存现金	15 000	短期借款	25 000	实收资本	230 000
银行存款	50 000	应付账款	22 000	盈余公积	15 000
原材料	55 000	应付票据	8 000	利润分配	20 000 -15 000
固定资产	200 000	应付利润	+15 000		
总计	320 000 =		70 000 +		250 000

5. 负债与所有者权益等额的一减一增。

【例2-7】 7月21日，经批准将应付某单位账款1万元转为对本单位的投资。

分析：这笔经济业务发生后，永丰公司应付账款减少了1万元，同时公司的实收资本增加了1万元，即在公司的所有者权益项目和负债项目中出现了相同数字的一增一减，没有破坏会计等式的平衡关系（见表2-8）。

表2-8　　资产、负债及所有者权益变动表　　单位：元

资产		负债		所有者权益	
库存现金	15 000	短期借款	25 000	实收资本	230 000 +10 000
银行存款	50 000	应付账款	22 000 -10 000	盈余公积	15 000
原材料	55 000	应付票据	8 000	利润分配	5 000
固定资产	200 000	应付利润	15 000		
总计	320 000 =		60 000 +		260 000

6. 资产与负债同数额增加。

【例2-8】 7月22日公司购入机器设备一台价值2万元，款项未付。

分析：这笔经济业务发生后，永丰公司固定资产增加了2万元，同时公司的应付账款也增加了2万元，即在公司的资产项目和负债项目中出现了相同数字的增加，没有破坏会计等式的平衡关系（表2-9）。

表2-9　　资产、负债及所有者权益变动表　　单位：元

资产		负债		所有者权益	
库存现金	15 000	短期借款	25 000	实收资本	240 000
银行存款	50 000	应付账款	12 000 +20 000	盈余公积	15 000
原材料	55 000	应付票据	8 000	利润分配	5 000
固定资产	200 000 +20 000	应付利润	15 000		
总计	340 000 =		80 000 +		260 000

7. 资产和所有者权益同数额增加。

【例2-9】 7月25日公司收到国家投入的资本5万元，款项已存入银行。

分析：这笔经济业务发生后，永丰公司银行存款增加了5万元，同时公司的实收资本也增加了5万元，即在公司的资产项目和所有者权益项目中出现了相同数字的增加，没有破坏会计等式的平衡关系（见表2-10）。

表 2－10　　资产、负债及所有者权益变动表　　单位：元

资产		负债		所有者权益	
库存现金	15 000	短期借款	25 000	实收资本	240 000＋50 000
银行存款	50 000＋50 000	应付账款	32 000	盈余公积	15 000
原材料	55 000	应付票据	8 000	利润分配	5 000
固定资产	220 000	应付利润	15 000		
总　计	390 000＝		80 000＋		310 000

8. 资产与负债同数额减少。

【例 2－10】　7 月 26 日，公司以银行存款归还前欠某单位的货款 9 000 元。

分析：这笔经济业务发生后，永丰公司银行存款减少了 9 000 元，同时公司的应付账款也减少了 9 000 元，即在公司的资产项目和负债项目中出现了相同数字的减少，没有破坏会计等式的平衡关系（见表 2－11）。

表 2－11　　资产、负债及所有者权益变动表　　单位：元

资产		负债		所有者权益	
库存现金	15 000	短期借款	25 000	实收资本	290 000
银行存款	100 000－9 000	应付账款	32 000－9 000	盈余公积	15 000
原材料	55 000	应付票据	8 000	利润分配	5 000
固定资产	220 000	应付利润	15 000		
总　计	381 000＝		71 000＋		310 000

9. 资产和所有者权益同数额减少。

【例 2－11】　7 月 30 日投资者李某投资期满，收回投资 5 万元，公司用银行存款支付。

分析：这笔经济业务发生后，永丰公司银行存款减少了 5 万元，同时公司的实收资本也减少了 5 万元，即在公司的资产项目和所有者权益项目中出现了相同数字的减少，没有破坏会计等式的平衡关系（见表 2－12）。

表 2－12　　资产、负债及所有者权益变动表　　单位：元

资产		负债		所有者权益	
库存现金	15 000	短期借款	25 000	实收资本	290 000－50 000
银行存款	91 000－50 000	应付账款	23 000	盈余公积	15 000
原材料	55 000	应付票据	8 000	利润分配	5 000
固定资产	220 000	应付利润	15 000		
总　计	331 000＝		71 000＋		260 000

通过以上各例我们可以看出，企业发生的经济业务尽管纷繁复杂，但归纳起来都无外乎为以下九种类型：

（1）资产项目此增彼减，增减金额相等，故等式保持平衡。

（2）负债项目此增彼减，增减金额相等，故等式保持平衡。

(3) 所有者权益项目此增彼减，增减金额相等，故等式保持平衡。

(4) 负债增加，所有者权益减少，但增减金额相等，故等式保持平衡。

(5) 所有者权益增加，负债减少，但增减金额相等，故等式保持平衡。

(6) 资产与负债同时增加相同金额，故等式保持平衡。

(7) 资产与所有者权益同时增加相等金额，故等式保持平衡。

(8) 资产与负债同时减少相同金额，故等式保持平衡。

(9) 资产与所有者权益同时减少相同金额，故等式保持平衡。

上述九种类型的变化还可以进一步概括为四种类型：

- 会计等式两边项目同时等额地增加；
- 会计等式两边项目同时等额地减少；
- 会计等式左边（资产）有关项目等额地一增一减；
- 会计等式右边（负债及所有者权益）有关项目等额地一增一减。

由上所述，可得出如下两点规律性的结论：其一，经济业务引起会计等式中有关项目的变化都是双重性的，或是等式两边等额的增加，或是等式两边等额的减少，或是等式一边内部项目之间等额的一增一减；其二，经济业务引起会计等式的变化是多种多样的，但变化的结果都不会破坏等式两边的总额平衡关系。

主要概念

资产　负债　所有者权益　收入　费用　利润　会计等式

问题与思考

1. 什么是会计要素？六大会计要素各自的概念、基本特征及构成内容是什么？

2. 何谓会计等式？会计等式的表现形式主要有哪几种？

3. “资产＝负债＋所有者权益”与“收入－费用＝利润”这两个会计等式的相互关系如何？为什么？

4. 企业经济业务有哪几种基本类型？各类经济业务的发生对会计等式会产生怎样的影响？

第三章 DISANZHANG

账户设置

【理论知识目标】

□ 掌握会计账户的基本结构和格式

□ 理解会计科目与会计账户之间的关系

□ 了解常用会计科目的核算内容

【实务应用目标】

□ 会根据基本经济业务确认和设置会计科目

□ 会设置和运用常见的会计账户

第一节 会计科目

一、理论知识

（一）会计科目的意义

会计要素是对会计对象所划分的大类，它虽然将会计对象具体化了，但口径仍然太宽，无法满足向企业内外的利益相关者提供有用会计信息的需要，因此，会计要素需要进一步明确化、具体化为会计科目。

1. 会计科目的概念。会计科目是对会计要素内部性质相同或相近的内容进行归类而形成的具体项目，即按照经济业务的内容和经济管理的要求，对会计要素的具体内容进行分类核算的科目。它反映了同一会计要素内部的差异性。图 3－1 反映了会计对象、会计要素和会计科目之间的关系。

图 3－1　会计对象、会计要素和会计科目的关系

2. 会计科目的意义。会计科目的设置对于会计核算和会计报表编制有着重要意义。首先，它使会计要素进一步明确化与具体化，便于进行会计上的反映和控制，并为会计信息使用者提供有关企业财务状况、经营成果的更为全面、系统、准确的信息。其次，会计科目是

复式记账与编制记账凭证的基础。会计科目的合理设置是运用借贷记账法编写会计分录、设置会计账户与账簿、编制记账凭证的前提。最后，会计科目既为成本核算及财产清查提供了前提条件，也为编制会计报表提供了方便。资产负债表、利润表上列示的项目基本上都是会计科目。可以这样说，如果说会计报表是“房子”，那么会计科目就是“砖块”。

（二）常用会计科目的设置

根据我国财政部《企业会计准则——应用指南》（财会［2006］18号）中的附录，我国目前将会计科目划分为资产类、负债类、所有者权益类、共同类、成本类和损益类六大类，涉及具体会计科目156个。其中，共同类会计科目主要用来核算那些兼具资产与负债属性金融工具；成本类科目则是费用类账户的一个子类，主要适用于制造业企业；损益类则包括了收入类账户和一部分费用类账户。我们将一般制造业常用的五大类会计科目整理出来（见表3－1），供学习时参考。

表3－1　常用会计科目表

会计科目编号	会计科目名称	会计科目编号	会计科目名称
	一、资产类	2211	应付职工薪酬
1001	库存现金	2221	应交税费
1002	银行存款	2231	应付利息
1012	其他货币资金	2232	应付股利
1101	交易性金融资产	2241	其他应付款
1121	应收票据	2501	长期借款
1122	应收账款	2502	应付债券
1123	预收账款	2701	长期应付款
1131	应收股利		三、所有者权益类
1132	应收利息	4001	实收资本
1221	其他应收款	4002	资本公积
1231	坏账准备	4101	盈余公积
1401	材料采购	4103	本年利润
1402	在途物资	4104	利润分配
1403	原材料		四、成本类
1405	库存商品	5001	生产成本
1511	长期股权投资	5101	制造费用
1531	长期应收款	5202	劳务成本
1601	固定资产		五、损益类
1602	累计折旧	6001	主营业务收入
1604	在建工程	6051	其他业务收入
1605	工程物资	6111	投资收益
1606	固定资产清理	6301	营业外收入
1701	无形资产	6401	主营业务成本
1702	累计摊销	6402	其他业务成本
1801	长期待摊费用	6403	营业税金及附加
1901	待处理财产损溢	6601	销售费用
	二、负债类	6602	管理费用
2001	短期借款	6603	财务费用
2201	应付票据	6711	营业外支出
2202	应付账款	6801	所得税费用
2203	预收账款	6901	以前年度损益调整

按照变现能力或者流动性，会计科目还可以进一步的划分。例如，资产类科目可以进一步划分为流动资产、非流动资产等；负债类科目可以进一步划分为流动负债、非流动负债等；所有者权益可以进一步划分为投入资本、留存收益等。根据经济内容对会计科目进行的分类，我们还将在第六章结合账户分类进一步介绍。

在实际工作中，除了上述分类标准，会计科目还可以根据企业经营管理的需要进一步划分为一级科目、二级科目、三级科目等层次。一级科目又称为“总账科目”，它是对会计要素的具体内容进行总括分类而形成的会计科目，列示在资产负债表、利润表上的会计科目一般都是一级科目。表 3－1 所列会计科目即为一级科目。二级科目是对一级科目进一步分类的结果，又称“子目”；三级科目则是二级科目的下属科目，又称“细目”；二级科目和三级科目统称“明细科目”。从一级科目到二级科目再到三级科目，上一级科目统驭着下一级科目，下一级科目是对上一级科目的具体化。例如，原材料种类、规格繁多的企业，在“原材料”一级科目之下，可以按照原材料的种类分别设置“原料及主要材料”、“辅助材料”、“燃料”等二级科目；在二级科目以下，还可根据材料的具体名称设置三级科目；通过为原材料设置三个层次的会计科目并展开分类核算，企业就可以随时掌握各类原材料的具体数量和金额，从而加强对原材料的管理。此外，企业在不违反《企业会计基本准则》中确认、计量和报告的前提下，可以根据本单位的实际情况，对应用指南中的156个会计科目分拆、增设或不设某些科目。

二、实务应用

（一）一级（总账）会计科目的核算内容

根据财政部颁布的《企业会计准则——应用指南》规定，我们按照表 3－1 中所列会计科目五大类的顺序，将其中运用得较多的部分会计科目的核算内容具体介绍如下：

1. 资产类科目的核算内容。

（1）库存现金：核算企业的库存现金。企业内部周转使用的备用金，可以单独设置“备用金”科目核算。

（2）银行存款：核算企业存入银行或其他金融机构的各种款项。外埠存款、银行本票存款、银行汇票存款、信用卡存款、信用证保证金存款、存出投资款等，在“其他货币资金”科目核算。

（3）其他货币资金：核算企业的外埠存款、银行汇票存款、银行本票存款、信用卡存款、信用证保证金存款、存出投资款等各种其他货币资金。

（4）交易性金融资产：核算企业为交易目的所持有的以公允价值计量且其变动计入当期损益的金融资产，包括债券投资、股票投资、基金投资等和直接指定为以公允价值计量且其变动计入当期损益的金融资产。

（5）应收票据：核算企业因销售商品、产品、提供劳务等而收到的商业汇票，包括银行承兑汇票和商业承兑汇票。

（6）应收账款：核算企业因销售商品、产品、提供劳务等经营活动应收取的款项。

（7）其他应收款：核算企业除存出保证金、买入返售金融资产、应收票据、应收账款、预付账款、应收股利、应收利息、应收代位追偿款、应收分保账款、应收分保合同准备金、长期应收款等以外的其他各种应收及暂付的款项。

(8) 坏账准备：核算企业应收款项的坏账准备。

(9) 材料采购：核算企业采用计划成本进行材料日常核算而购入材料的采购成本。采用实际成本进行材料日常核算而购入材料的采购成本，在“在途物资”科目核算。

(10) 在途物资：核算企业采用实际成本（或进价）进行材料（或商品）等物资的日常核算、货款已付尚未验收入库的在途物资的采购成本。

(11) 原材料：核算企业库存的各种材料，包括原料及主要材料、辅助材料、外购半成品（外购件）、修理用备件（备品备件）、包装材料、燃料等的计划成本或实际成本。

(12) 库存商品：核算企业库存的各种商品的实际成本（或进价）或计划成本（或售价），包括库存产成品、外购商品、存放在门市部准备出售的商品、发出展览的商品以及寄存在外的商品等。接受来料加工制造的代制品和为外单位加工修理的代修品，在制造和修理完成验收入库后，视同企业的产成品，通过本科目核算。

(13) 长期股权投资：核算企业持有的采用成本法和权益法核算的长期股权投资。

(14) 固定资产：核算企业持有固定资产的原价。建造承包商的临时设施，以及企业购置计算机硬件所附带的、未单独计价的软件，也通过本科目核算。

(15) 累计折旧：核算企业固定资产计提的累计折旧。

(16) 在建工程：核算企业基建、更新改造等在建工程发生的支出。

(17) 无形资产：核算企业持有的无形资产成本，包括专利权、非专利技术、商标权、著作权、土地使用权等。

(18) 待处理财产损溢：核算企业在清查财产过程中查明的各种财产盘盈、盘亏和毁损的价值。物资在运输途中发生的非正常短缺与损耗，也通过本科目核算。

2. 负债类科目的核算内容。

(1) 短期借款：核算企业向银行或其他金融机构等借入的期限在 1 年以下（含 1 年）的各种借款。

(2) 应付票据：核算企业购买材料、商品和接受劳务供应等开出、承兑的商业汇票，包括银行承兑汇票和商业承兑汇票。

(3) 应付账款：核算企业因购买材料、商品和接受劳务供应等经营活动应支付的款项。

(4) 应付职工薪酬：核算企业根据有关规定应付给职工的各种薪酬。外商投资企业按规定从净利润中提取的职工奖励及福利基金，也在本科目核算。

(5) 应交税费：核算企业按照税法规定计算应缴纳的各种税费，包括增值税、消费税、营业税、所得税、资源税、土地增值税、城市维护建设税、房产税、土地使用税、车船使用税、教育费附加、矿产资源补偿费等。企业代扣代缴的个人所得税，也通过本科目核算。企业不需要预计应交数而缴纳的税金，如印花税、耕地占用税等，不在本科目核算。

(6) 长期借款：核算企业向银行或其他金融机构借入的期限在 1 年以上（不含 1 年）的各项借款。

(7) 应付债券：核算企业为筹集资金而发行债券的本金和利息。

3. 所有者权益科目的核算内容。

(1) 实收资本：核算企业接受投资者投入的实收资本。股份有限公司应将本科目改为“股本”。企业收到投资者超过其在注册资本或股本中所占份额的部分，作为资本溢价或股本溢价，在“资本公积”科目核算。

(2) 资本公积：核算企业收到投资者出资超出其在注册资本或股本中所占的份额以及直接计入所有者权益的利得和损失等。

(3) 盈余公积：核算企业从净利润中提取的盈余公积。

(4) 本年利润：核算企业当年实现的净利润（或发生的净亏损）。

(5) 利润分配：核算企业利润的分配（或亏损的弥补）和历年分配（或弥补）后的积存余额。

4. 成本类科目的核算内容。

(1) 生产成本：核算企业进行工业性生产发生的各项生产成本，包括生产各种产品（产成品、自制半成品等）、自制材料、自制工具、自制设备等。

(2) 制造费用：核算企业生产车间、部门为生产产品和提供劳务而发生的各项间接费用。企业行政管理部门为组织和管理生产经营活动而发生的管理费用，在“管理费用”科目核算。

5. 损益类科目的核算内容。

(1) 主营业务收入：核算企业根据收入准则确认的销售商品、提供劳务等主营业务的收入。

(2) 其他业务收入：核算企业根据收入准则确认的除主营业务以外的其他经营活动实现的收入，包括出租固定资产、出租无形资产、出租包装物和商品、销售材料、用材料进行非货币性交换或债务重组等实现的收入。

(3) 投资收益：核算企业确认的投资收益或投资损失。

(4) 主营业务成本：核算企业根据收入准则确认销售商品、提供劳务等主营业务收入时应结转的成本。

(5) 营业税金及附加：核算企业经营活动发生的营业税、消费税、城市维护建设税、资源税和教育费附加等相关税费。房产税、车船使用税、土地使用税、印花税在“管理费用”等科目核算，不在本科目核算。

(6) 销售费用：核算企业销售商品和材料、提供劳务的过程中发生的各种费用，包括保险费、包装费、展览费和广告费、商品维修费、预计产品质量保证损失、运输费、装卸费等以及为销售本企业商品而专设的销售机构（含销售网点、售后服务网点等）的职工薪酬、业务费、折旧费等经营费用。企业发生的与专设销售机构相关的固定资产修理费用等后续支出，也在本科目核算。

(7) 管理费用：核算企业为组织和管理企业生产经营发生的管理费用，包括企业在筹建期间内发生的开办费、企业的董事会和行政管理部门在企业的经营管理中发生的或者应由企业统一负担的公司经费（包括行政管理部门职工薪酬、修理费、物料消耗、低值易耗品摊销、办公费和差旅费等）、工会经费、董事会费（包括董事会成员津贴、会议费和差旅费等）、聘请中介机构费、咨询费（含顾问费）、诉讼费、业务招待费、房产税、车船使用税、土地使用税、印花税、技术转让费、矿产资源补偿费、研究费用、排污费等。商品流通企业管理费用不多的，可不设置本科目，本科目的核算内容可并入“销售费用”科目核算。企业生产车间（部门）和行政管理部门等发生的固定资产修理费用等后续支出，也在本科目核算。

(8) 财务费用：核算企业为筹集生产经营所需资金等而发生的筹资费用，包括利息支出（减利息收入）、汇兑差额以及相关的手续费、企业发生的现金折扣或收到的现金折扣等。为购建或生产满足资本化条件的资产发生的应予资本化的借款费用，在“在建工程”、“制造费用”等科目核算，不在本科目核算。本科目应当按照费用项目进行明细核算。

（9）所得税费用：核算企业根据所得税准则确认的应从当期利润总额中扣除的所得税费用。

（二）明细会计科目的核算内容

以上分别介绍了一级会计科目的核算内容，但在会计实务中，有些会计科目的核算内容比较广泛。下面以“管理费用”会计科目为例，说明其具体的明细核算内容。“管理费用”会计科目的具体明细核算内容如下：

1. 工资：具体包括基本工资、加班费、津贴费，其中，“基本工资”是指公司管理部门的职工应得的工资扣除“加班费”、“津贴费”之外的全部工资。

2. 职工福利费：主要指管理部员工工作餐，公司组织职工体检费，食堂用厨具，燃料费，公司管理人员住房补贴，职工慰问金等。

3. 办公费：具体包括书报费、印刷费、日常办公用品费、消耗用品费、年检或审计费和其他等。其中，“书报费”指管理部门购书、资料、学习光盘、订报刊杂志的费用；“印刷费或复印费”指印名片、劳动合同、公司内部稿纸等费用；“日常办公用品费”指管理部门每月按预算标准购买的办公用品及为员工购买的小件办公品如笔、胶水、文件夹、回形针等，以及传真机、打印机、复印机用色带、墨盒、墨粉、复印纸、打印纸等费用；“消耗用品费”主要指管理部门购茶叶、纸杯、纯净水、矿泉水、纸巾、垃圾袋以及洗手间用的洗手液、消毒液、手纸等费用；“年检/审计费”指企业参加各种证照年检费、企业变更费、企业验资审计费等；“其他”包括财务部购发票费、财务报表、财务账本和封皮、刻章及不在上述核算的费用等。

4. 物料消耗：具体指购买硬盘、光盘、软盘等电脑用品，以及插座等维修零件、其他扣除“办公费——日常办公用品费”和“低值易耗品”外的办公用品。

5. 租赁费：具体指公司办公场所房租、食堂房租、会议室租赁费、职工宿舍房租、其他管理部门使用场地时发生的场地费用。

6. 邮电费：具体包括快递费、上网费、传真费。其中，“快递费”主要指管理部门日常发快件的费用（如 EMS）；“上网费”指 Internet 使用费、宽带使用费；“传真费”指发送传真件的费用。

7. 电话费：具体包括固定电话费、手机费，其中，“固定电话费”指管理部门办公室有线电话使用费；“手机费”指管理部门及管理人员移动电话使用费。

8. 董事会费：具体包括津贴费、活动经费、会议费、差旅费。其中，“津贴费”指支付给董事会成员的津贴；“活动经费”指董事会成员（主要指董事长、董事、总经理、常务副总）组织活动发生的费用，如招待餐费等：“会议费”指公司召开董事会发生的会议费；“差旅费”指董事会成员召开会议期间的住宿费、打车费和补助等。

9. 差旅费：具体包括国内、国外和市内交通费等。其中，“国内”指管理部职工国内出差发生的费用；“国外”指管理部职工国外出差发生的费用；“市内交通费”指管理部门市内办公发生的交通费等。

10. 税金：具体包括印花税、车船使用税、房产税和土地使用税。

11. 车辆费：具体包括油费、租车费、修理费、车辆维护用品费、车辆租金和其他等。其中，“油费”指管理部车辆使用汽油、机油、柴油的费用；“修理费”指管理部车辆的修理维护费；“车辆维护用品费”指管理部门为车辆购买的日常维修用具及轮胎等费用；“车辆租金”指公司租用车辆的费用；“其他”指管理部车辆过路过桥费、停车费、交通违章罚款以及车辆年审和驾驶员证件审查费用等。

此外，还包括折旧费、水电费、物业费、保险费、业务招待费、低值易耗品摊销、无形资产摊销、开办费摊销、“五险一金”（医疗保险费、失业保险费、养老保险费、生育保险费、工伤保险费、住房公积金）、工会经费、会议费、职工教育经费、劳动保护费、坏账准备、技术转让费、咨询费、研发支出等，这里就不一一说明了。

第二节 会计账户

一、理论知识

（一）会计账户的意义

一个企业的经营资金从运用方面看，是各项资产；从来源方面看，是各项负债和所有者权益。企业的资产与负债和所有者权益是企业经营资金的两个不同方面。所有这些经济业务的发生都会引起企业资产、负债和所有者权益发生增减变化，并且都要反映到企业财务报表内有关项目的记录中去。为了系统地、分门别类地、连续地记载企业的生产经营情况及其资产、负债和所有者权益的增减变化结果，便于提供完整的财务报表信息，就必须设置账户。

1. 会计账户的概念。账户是用来分门别类地记录经济业务的具有一定格式的账页。作为会计核算的一种专门方法，会计账户的设置将每一笔经济业务对于特定会计要素的影响加以连续记录，从而累积起编制会计报表所需要的数据。当经济业务的原始数据记载于会计凭证之上时，还是零散的、杂乱的，当这些原始数据按照会计账户进行归集、整理之后，它们就成为易于进行会计处理的初始会计信息。特定账户可以提供特定会计要素的某个具体项目增减变动及其结果的会计信息，而全部账户结合起来就可以反映企业财务状况、经营成果的全貌。总之，设置账户是根据经济管理的要求，按照会计要素，对企业不断发生的经济业务进行日常归类，从而反映、监督会计要素各个具体类别并提供各类动态、静态指标的一种专门方法。

每一个账户既要有明确的内容，这个内容是由会计科目决定的，又要有一定的结构和便于记载的格式。如果将性质相同或者相近的经济内容归纳为一个项目，每一个项目设置一个账户来记载，这样，每一个账户就代表某一类的经济内容。每一个账户都是根据会计科目设置的。

2. 设置会计账户的意义。企业日常发生的大量经济业务全部都要按照会计要素的分类标志——会计科目分门别类地记载在各个账户之中，并在账户之间进行清理结算。企业的财务状况和生产经营结果需要通过各个账户来反映。企业的债权、债务及所有者权益需要通过有关账户来监督以保证其财产完整无缺。所以，设置账户是做好会计工作、完成会计目标、实现会计目标的重要环节。设置账户既能按照经济管理的要求分类地记载和反映经济业务，又能为编制财务报表提供重要依据。

（二）会计账户的基本结构与格式

账户所记载的各项经济业务所引起的会计要素数量上的变动，只有增加和减少两种情况，因此，用来记录经济业务的账户也相应地划分为两个部分，以分别登记会计要素的增加额和减少额，即账户通常分为左右两方，一方记增加，另一方记减少。至于哪一方记增加，哪一方记减少，则取决于账户的性质和经济业务的类型。

经济业务对会计要素的影响是多方面的，但从量的角度来看，其影响却可以归结为两个方面：要么使会计要素的金额增加，要么使会计要素的金额减少。会计账户用来记录经济业务对会计要素的影响，因此，其基本结构至少包括两个部分：记录增加的部分和记录减少的部分。在会计学中，账户的基本结构通常可简化为T形账户（或丁字账户）表示（见图3-2）。T形账户格式分左右两方，分别用来记录经济业务发生所引起的会计要素的增加额和减少额。增加额和减少额相抵的差额，形成账户的余额，余额按表示的时点不同，分为期初余额和期末余额。因此，通过账户记录的金额可以提供期初余额、本期增加额、本期减少额和期末余额四个核算指标。本期增加额是指在一定时期内（月、季、年）记入账户增加金额的合计数，也叫本期增加发生额。本期减少额是指在一定时期内（月、季、年）记入账户减少金额的合计数，也叫本期减少发生额。本期发生额是一个期间指标，说明某类经济内容的增减变动情况。本期增加发生额与本期减少发生额相抵以后的差额，再加上期初余额，形成期末余额。余额是一个时点指标，说明某类经济内容在某一时日增减变动的结果。通常，账户的本期期末余额就是下期的期初余额。期初余额、本期增加额、本期减少额和期末余额四个核算指标，存在以下数量关系：

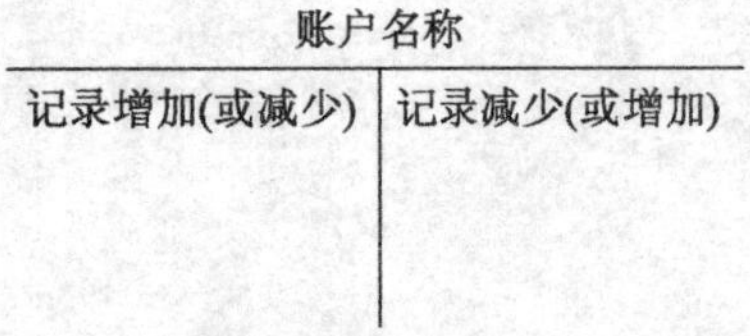

图3-2 T形账户(1)

期初余额+本期增加额-本期减少额=期末余额

其中：期初余额、本期增加额和期末余额在账户中的记录方向相同，本期减少额的记录方向则同它们相反。通过同时记录发生额和余额，账户就能同时提供某个会计要素在特定时点的静态信息和在特定会计期间增减变动的动态信息。这四个核算指标在T形账户格式如图3-3所示。

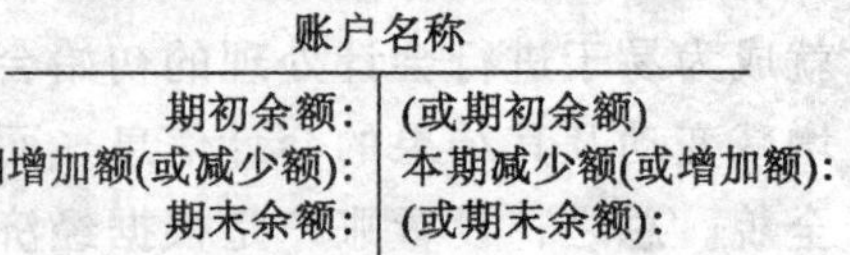

图3-3 T形账户(2)

在实际工作中，账户总是表现为具有特定格式的账页或账簿。实际使用的账户格式有许多种，如三栏式、数量金额式、多栏式等（具体可参阅第八章有关内容）。

（三）会计账户与会计科目的关系

账户是根据会计科目设置的，会计科目有总账科目和明细科目之分，会计账户相应也有总分类账户和明细分类账户之分。总分类账户，是指按照总账科目设置、提供会计要素具体内容增减变动的总括情况的账户；明细分类账户，是指按照明细科目设置、提供某个总分类账户具体内容增减变动的详细情况的账户。

会计账户是根据会计科目开设的，具有一定结构，用来系统、连续地记载各项经济业务的一种手段。会计科目是设置会计账户的依据，是会计账户的名称，会计账户是会计科目的具体运用，会计科目所反映的经济内容就是会计账户所要登记的内容。会计科目是对会计要素具体内容的分类，本身没有结构，会计账户则有相应的结构，具体反映资金活动状况，因此会计账户比会计科目分类更为明晰，内容更为丰富。此外，会计科目一般由会计制度统一规定，会计账户除了规定的外，则可根据单位实际情况自行确定。

二、实务应用

下面我们以销售商品、产品、提供劳务等经营活动应收取的款项业务为例，说明该经济业务所涉及会计总分类账户和明细账户的设置方法。

1. 总分类账户的设置。

首先，当发生因销售商品、产品、提供劳务等经营活动应收取的款项业务时，至少应设置“应收账款”和“主营业务收入”两个总分类账户，一方面反映应收账款的形成，在该账户的左方记增加，另一方面反映主营业务收入的增加，在该账户的右方记增加。

其次，当该笔款项通过银行收回时，应在“应收账款”反映，并新设“银行存款”账户，一方面反映应收账款的收回，在该账户的右方记减少，另一方面反映银行存款的增加，在该账户的左方记增加。

【例3－1】 1月3日，南阳公司向甲、乙两单位销售商品，金额分别为3 000元、4 000元（假设不考虑税），款均未收。1月20日，该公司收到银行通知，甲单位欠货款3 000元已到账。

分析：根据上述资料，首先，公司有销售商品的业务，因而公司应设置“应收账款”和“主营业务收入”等总分类账户，一方面反映企业因销售商品产生的应收货款，另一方面反映主营业务收入的增减情况。在1月3日，因发生两笔销售商品但款项未收的业务，因而应在“应收账款”账户的左方记增加7 000元，在“主营业务收入”账户的右方记增加7 000元。其次，公司还应设量“银行存款”等账户。在1月20日，通过银行收回货款时，应在“应收账款”账户中反映，一方面反映应收账款收回，在该账户的右方记减少3 000元，另一方面反映银行存款的增加，在“银行存款”账户的左方记增加3 000元。

上述应设置的总分类账户及其记录情况如图3－4所示。

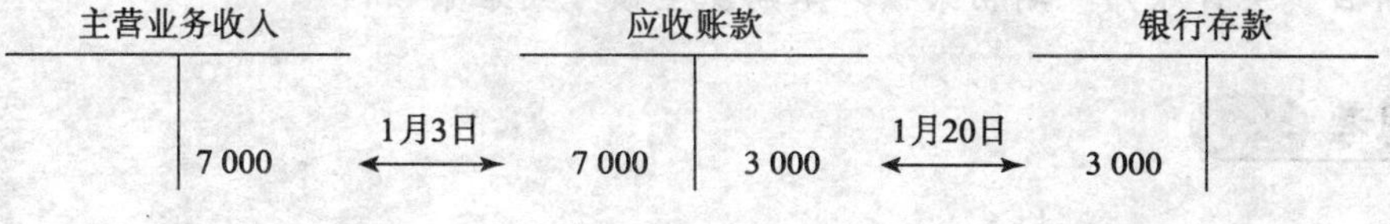

图3－4 总分类账户设置记录

2. 明细账户的设置。南阳公司以上所设总分类账户可以提供上述经济业务有关应收账款、营业收入、银行存款等方面的总括信息，但不能提供诸如具体债务人应收账款的增减变化情况等明细信息，因此，为了全面、多层次地反映经营活动，保证会计核算的准确，公司在会计核算中既要设置和登记总分类账户，进行总分类核算，又要设置和登记明细分类账户，进行明细分类核算。

由此，当公司发生因销售商品、产品、提供劳务等经营活动应收取的款项时，除按上述方法设置总分类账户外，还应当进行明细核算。这里要注意的是，明细分类账户所提供的具体资料主要是满足企业内部经营管理的需要，它是依据企业自身经济业务的具体内容设置，而各个企业的具体经济业务不同，经营管理的要求也不同，所以明细分类账户的名称、核算内容和使用方法不宜统一规定，只能由企业根据自身经营管理的要求和经济业务的具体情况自行规定。

【例3-2】 仍以例3-1的资料为例。该公司应在“应收账款”总账账户下设“甲单位”、“乙单位”等明细分类账户，提供各个具体债务人明细核算资料。1月3日的业务可以表示为“应收账款——甲单位”左方登记增加3 000元、“应收账款——乙单位”增加4 000元等。在1月20日，对于收回甲单位3 000元货款，该企业应在“应收账款——甲单位”右方登记减少3 000元。“第八章会计账簿”会详细介绍有关内容，这里不再叙述。

“应收账款”总分类账户的明细分类账户的设置及其记录情况如图3-5所示。

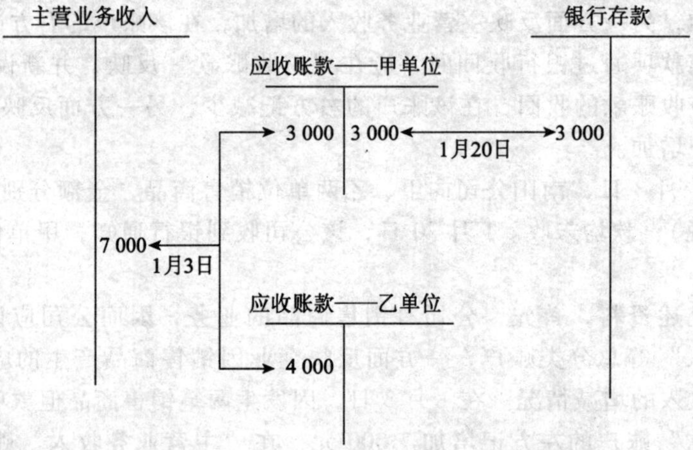

图3-5 “应收账款”明细分类账户设置及记录

主要概念

会计科目　会计账户　期初余额　本期发生额　期末余额

问题与思考

1. 如何理解设置账户的重要意义？
2. 企业一般应设置哪些总账账户，又如何合理设置明细账户？
3. 举例说明账户的基本结构。
4. 简述会计科目与会计账户的联系与区别。

第四章 DISIZHANG

复式记账

【理论知识目标】

☐ 了解会计记账方法的种类

☐ 明确复式记账法的基本原理

☐ 掌握借贷记账法的特点

【实务应用目标】

☐ 会判断各类账户的性质

☐ 会计算各类账户的本期发生额及期末余额

☐ 会运用借贷记账法编制会计分录

第一节 复式记账原理

一、理论知识

（一）复式记账法的特点

复式记账法是相对于单式记账法而言的，它是指对每一项经济业务，都要以相等的金额，同时在相互联系的两个或两个以上的账户中进行登记的一种记账方法。它的核心是要在两个或两个以上相互联系的账户同时进行登记，显然它与只在一个账户中进行登记的单式记账法有着本质的差别。例如，企业用一笔现金支付电话费用。如果用单式记账法，这笔经济业务只要求记录“库存现金”的减少就可以了。而采用复式记账法则不同，它不仅要记录“库存现金”账户的减少，同时还要记录“管理费用”账户的增加，并且要求记入“库存现金”账户减少的数额与记入“管理费用”账户增加的数额完全相等。

从上述例子可以看出，复式记账法与单式记账法相比较，其显示出来的特点在于：一是采用双重记账方式（即复式记账方式）。由于对每项经济业务都要在相互联系的两个或两个以上的账户中同时进行记录，不仅可以了解每一项经济业务的来龙去脉，而且当全部经济业务都相互联系地登记入账之后，通过账户记录，就能够全面、完整、系统地反映出经济活动的过程和结果。二是始终保持平衡记录。由于对每项经济业务都要以相等的金额分别登记入账，使全部账户借贷双方的发生额和余额的合计数达到平衡。利用这种平衡关系可以对账户记录的结果进行试算平衡，以检查账户记录是否正确和完整。三是账户体系完整科学。由于在设置的账户中既有人名账户，也有非人名账户，既有实账户，也有虚账户，因此可以通过实账户和虚账户的配合来反映利润和权益余额。

现代会计普遍使用的是复式记账法，即对每一项经济业务，都以相等的金额，同时在相互联系的两个或两个以上的账户中进行登记的方法。其典型代表就是借贷记账法，借贷记账法是我国《企业会计准则》统一规定使用的复式记账法，也是世界各国普遍使用的记账方法。

（二）复式记账法的种类

人们在会计工作的实践中，曾经使用过的复式记账法归纳起来主要有三种——借贷记账法、收付记账法和增减记账法。各种复式记账法基本上都是根据使用的记账符号来命名的。用“借”、“贷”两字作为记账符号的，称之为借贷记账法；而用“收”、“付”两字作为记账符号则叫做收付记账法（按照记账的内容不同，又分为财产收付记账法、资金收付记账法和现金收付记账法）；如果用“增”、“减”两字作为记账符号的，就是增减记账法。

经过会计理论工作者的长期研究和会计实务工作者的长期实践，得到的共识是，在上述三种复式记账法中，借贷记账法是最科学、最完善的一种复式记账法。正因为如此，目前世界各国基本上都采用借贷记账法，在我国的《企业会计准则》中也明确规定“会计记账采用借贷记账法”。

二、实务应用

学习复式记账法，关键的问题是要学会根据经济业务的发生情况，选择需要使用的账户（至少两个）。在应用过程中，初学者一般可以按照以下步骤进行：第一步，分析货会发生的经济业务内容，也就是说，分析发生的是什么样的经济业务，是付费业务？还是购货业务？或是结转业务？等等；第二步，找出经济业务涉及的账户，即经济业务需要运用哪些账户；第三步，确定账户记录的金额。下面举例说明其应用过程：

【例4-1】 南阳公司根据投资协议收到A投资者投入的资金100万元，已存入银行。

分析：这笔经济业务是公司筹集资金的业务；从使用的账户上看，它一方面涉及“银行存款”账户，另一方面涉及“实收资本”账户。公司会计人员必须在这两个账户中同时记入100万元。

【例4-2】 南阳公司根据生产经营临时需要，向银行借入期限为3个月的借款5万元存入银行。

分析：这笔经济业务属于公司筹集资金的业务；它一方面涉及“银行存款”账户，另一方面涉及“短期借款”账户。进行会计核算时，必须在这两个账户中同时记入5万元。

【例4-3】 南阳公司用银行存款购买设备一台，价值为10万元，设备已经交付使用。

分析：此项经济业务属于公司购置固定资产的业务；它一方面涉及“固定资产”账户，另一方面涉及“银行存款”账户。公司会计应当在这两个账户中同时记入10万元。

【例4-4】 南阳公司以银行存款偿还前欠B企业的购货款2万元。

分析：这项经济业务属于偿还货款的业务；它一方面涉及“银行存款”账户，另一方面涉及“应付账款”账户。会计人员应当在这两个账户分别记入2万元。

【例4-5】 南阳公司从A企业采购材料一批，价款共8万元（假设不考虑增值税），材料已经验收入库，但货款尚未支付。

分析：该项经济业务属于采购材料的业务：它一方面涉及“原材料”账户，另一方面又涉及“应付账款”账户。会计人员应当在“原材料”和“应付账款”账户中分别记入8万元。

【例4-6】 南阳公司从银行提取现金5 000元以备零星开支使用。

分析：这项经济业务属于提现业务；由于是从银行存款中把现金提出来备用，涉及的账户是“库存现金”和银行存款“两个账户。会计人员应当在这两个账户中分别记入5 000元。

第二节 借贷记账法

一、理论知识

（一）借贷记账法的含义

对于借贷记账法定义，通常可以表述为：是以“资产=负债+所有者权益”的会计平衡公式作为理论基础，用“借”、“贷”两字作为记账符号，采取“有借必有贷，借贷必相等”的记账规则，按照科学的账户体系和账户结构进行记录的一种复式记账方法。

上述定义至少指出了关于借贷记账法概念的几个基本要素：一是说明了借贷记账法的属性，它从属于复式记账法，是复式记账法中的一种；二是指出了借贷记账法的理论依据，由于不同的记账方法其会计等式是不一样的，因此借贷记账法是以“资产=负债+所有者权益”这个会计等式作为理论基础的；三是明确了借贷记账法的记账符号，定义明确了借贷记账法是用“借”、“贷”两字作为记账符号的；四是阐明了借贷记账法的记账规则，定义明确指出借贷记账法的记账规则是“有借必有贷，借贷必相等”。

（二）借贷记账法的特点

1. 记账符号。记账符号是人们公认的一种记账记号，是指明经济业务应记入账户的方向和金额增减变化的一种记号。借贷记账法的记账符号是“借”、“贷”二字。根据会计等式的平衡关系，借贷记账法用“借”表示资产和费用类账户的增加和负债、所有者权益、收入类账户的减少；用“贷”表示负债、所有者权益、收入类账户的增加和资产、费用类账户的减少。由此可见，借贷记账法的记账符号具有双重的经济含义，“借”字既表示增加（资产和费用的增加），又表示减少（负债、所有者权益和收入的减少）；“贷”字也既表示增加（负债、所有者权益和收入的增加），又表示减少（资产和费用的减少）。

2. 账户结构。账户结构，是指在每一个账户中反映经济业务增加、减少和余额的方位。每个账户的结构取决于不同的记账方法和账户的性质（类别），因此使用借贷记账法，其账户结构必须结合账户类别才能正确运用。在前面学习已经知道，账户一般按经济内容分为资产、负债、所有者权益、收入、费用五大类，同时根据需要也可以设置双重性质类别的账户。这样在借贷记账法下，账户的基本结构是：每一账户均分“借方”和“贷方”，规定账户左方为“借方”，账户右方为“贷方”。由于账户的性质（类别）不同，其“借方”和“贷方”反映经济业务的变动情况也不一样，账户结构也有所不同。下面分别说明各类账户的结构构成情况。

（1）资产类账户的结构。资产类账户的基本结构是：账户的借方记录各项资产的增加额，贷方记录各项资产的减少额。在一个会计期间，将各项资产借方发生数额加总称为借方本期发生额；将各项资产贷方发生数额加总称为贷方本期发生额；将同一会计期间某个资产账户的借方本期发生额和贷方本期发生额相抵后得到的差额称为本期发生净额，在此基础上加上期初余额就得到期末余额，资产类账户的余额（包括期初余额和期末余额）一般在借方。本期的期末余额在会计期末转入下一会计期时，则称为下一会计期的期初余额。资产类账户的期末余额计算公式为：

$$\text{资产类账户借方期末余额}=\text{借方期初余额}+\underbrace{\text{借方本期发生额}-\text{贷方本期发生额}}_{\text{本期发生净额}}$$

（2）负债及所有者权益类账户的结构。由于负债及所有者权益类账户是在会计等式的右边，恰好与资产类账户相对立，因此它们的账户结构也就与资产类账户结构正好相反。负债及所有者权益类账户的基本结构具体是：账户贷方记录各项负债及所有者权益的增加额；借方记录各项负债及所有者权益的减少额；在同一会计期间各项负债及所有者权益的贷方本期发生额与借方本期发生额相抵后的结果称为本期发生净额，将期初余额加上本期发生净额即为期末余额，负债及所有者权益类账户的余额（包括期初余额和期末余额）一般在贷方。本期期末余额转入下一会计期后，作为下一会计期的期初余额。其计算公式为：

$$\text{负债及所有者权益类账户贷方期末余额}=\text{贷方期初余额}+\underbrace{\text{贷方本期发生额}-\text{借方本期发生额}}_{\text{本期发生净额}}$$

（3）收入类账户的结构。收入类账户的基本结构与负债及所有者权益类账户的基本结构是基本相同的，具体账户结构是：账户贷方记录收入的增加数额（即取得收入的数额）；账户借方记录收入的减少和转出数额。但它与负债及所有者权益也有着比较大的区别，这就是由于收入类账户必须按照配比原则的要求，期末应当把本期增加的收入净额从借方转出，作为增加当期损益处理，因此该类账户期末结转后一般无余额。

（4）费用类账户的结构。同理，费用类账户的基本结构与资产类账户的基本结构基本上也是相同的，具体的账户结构是：账户借方记录各项费用的增加额；贷方记录各项费用的减少额或转出数额。但它与资产类账户结构不同的是，费用类账户期末必须按照配比原则的要求，把当期增加的费用净额从贷方转出，作为冲减当期损益处理，因此费用类账户期末结转后一般无余额。

从上述账户结构分析中可以看出，在借贷记账法下，不同类别的账户其借贷的经济含义是不同的，账户结构也有所区别，这就是借贷记账法基本特点的反映。为了更好地掌握账户的基本结构，把它归纳为账户结构总模式（见表4－1）。

表4－1 账户结构总模式表

账户类型	账户借方	账户贷方	账户余额
资产类账户	记录增加额	记录减少额	在借方
负债类账户	记录减少额	记录增加额	在贷方
所有者权益类账户	记录减少额	记录增加额	在贷方
收入类账户	记录减少额或转出数	记录增加额	一般无余额
费用类账户	记录增加额	记录减少额或转出数	一般无余额

3. 记账规则。借贷记账法的记账规则可以归纳为“有借必有贷、借贷必相等”。

“有借必有贷”：是指根据复式记账原理及借贷记账法下账户结构的特点，将每一笔经济业务的内容在记入一个账户的借方同时，也要记入另外一个（或几个）相关账户的贷方；或者记入一个账户的贷方和另外一个（或几个）相关账户的借方。也就是说，发生任何一项经济业务，都要记入有关账户的借方和贷方，借贷双方同时存在，缺一不可。

“借贷必相等”：是指在记账时，记入有关账户借方的金额与记入贷方的金额必须相等。

运用借贷记账法记录经济业务，账户类别之间的借贷关系如图4－1所示。

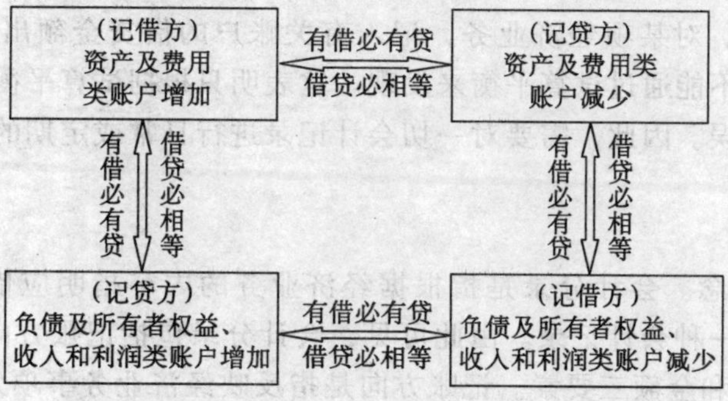

图4－1 账户类别借贷关系

4. 试算平衡。

（1）试算平衡的概念。试算平衡是指在借贷记账法下，利用借贷发生额和期末余额（期初余额）的平衡原理，检查账户记录是否正确的一种方法。在会计实务中，要运用借贷记账法将大量的经济业务记录到各种账户中，不可避免地发生这样或那样的记账错误。为了及时发现和纠正记账错误，财务人员一般都要定期或不定期地进行试算平衡。

（2）试算平衡方法。

①发生额试算平衡法。所谓发生额试算平衡法，是指利用全部账户的借贷双方发生额的

平衡关系来检查账户记录是否正确的一种方法。其计算公式如下：

$$\sum 全部账户借方发生额 = \sum 全部账户贷方发生额$$

在借贷记账法下，按照“有借必有贷，借贷必相等”的记账规则记录经济业务后，借贷两方客观上存在着平衡关系。这是因为每笔经济业务都以相等的金额按借贷相反的方向在对应账户中进行记录，这就使每一笔经济业务反映在账户中的借方发生额与贷方发生额必然相等。同样道理，在某一会计期间，按照借贷记账法的记账规则把全部经济业务都在账户中进行记录完毕后，所有账户借方发生额合计也必然等于所有账户贷方发生额合计。

②余额试算平衡法。所谓余额试算平衡法，是指利用所有账户借方期初或期末余额和贷方期初或期末余额合计数的相等关系来检查账户记录是否正确的一种方法。其计算公式如下：

$$\sum 全部账户借方期初余额 = \sum 全部账户贷方期初余额$$

$$\sum 全部账户借方期末余额 = \sum 全部账户贷方期末余额$$

余额平衡法实际上体现了会计等式的平衡原理。这是因为根据借贷记账法的账户结构原理，资产类账户的余额始终是反映在借方，而负债类账户及所有者权益类账户的余额始终反映在贷方，因此，全部账户借方余额合计实际上反映了经济主体的全部资产合计，而全部账户贷方余额合计实际上反映了经济主体全部负债和所有者权益合计。由此可见，余额平衡法实质上是会计等式“资产＝负债＋所有者权益”的另一种表现形式。

必须指出，试算平衡只是通过借贷金额是否平衡来检查账户的记录是否正确。如果借贷不平衡，可以肯定账户的记录或计算有错误。如果借贷平衡，一般说明记账是正确的，但并不能肯定记录没有错误，因为有些错误并不影响借贷双方的平衡。例如，某项经济业务在有关账户中全部被漏记或重记；又如，对某项经济业务错记账户，把应借应贷的账户互相颠倒。再如，对某项经济业务，记入有关账户的借贷金额出现多记或少记相等的金额。凡此种种，并不能通过试算平衡来发现。这表明只根据试算平衡的结果，并不足以证明账户的记录没有错误。因此，需要对一切会计记录进行日常或定期的复核，以保证账户记录的正确性。

（三）会计分录

1. 会计分录的概念。会计分录是指根据经济业务的内容指明应借、应贷账户的方向、账户名称及其金额的一种会计记录。由此可见，会计分录包括记账方向（借方或贷方）、账户名称（会计科目）和金额三要素。记账方向是指反映经济业务事项发生增减变动的方向，账户名称是用来反映经济业务事项的内容，金额是反映资金变动的数额。

在借贷记账法下，为了连续、系统地记录资产、负债和所有者权益的变化，清晰地反映各个账户之间的对应关系，应该首先分析每项经济业务性质的内容，确认应记入的账户、应记金额、应借应贷的方向，然后再记入有关分类账的各有关账户中。这种**指明每项经济业务应借、应贷账户方向、名称及其金额的记录，称为会计分录**，简称“分录”。

2. 会计分录的种类。会计分录按涉及账户的多少，可分为简单分录和复合分录两种。简单分录是指只涉及两个账户的会计分录，即一借一贷的会计分录；复合分录是指涉及两个（不包括两个）以上账户的会计分录，即一借多贷、多借一贷以及多借多贷的分录。也可以说，复合分录是由同一经济业务事项的若干个简单分录合并而成的会计分录。但为了保持账户对应关系的清楚，一般不宜把不同经济业务合并在一起，编制多借多贷的会计分录。因此，在某些特殊情况下，为了反映经济业务的全貌，可以将同一经济业务事项编制多借多贷的会计分录。

3. 会计分录的编制要求。在编写会计分录时应当注意以下要求：（1）一般是先写借方的内容后写贷方的内容；（2）借方和贷方的内容应当采取错格表示，即借方要比贷方往前一格，以表示账户之间的对应关系；（3）每个账户只能书写一行，经济业务事项涉及几个账户就应该分别写几行，不能把涉及的账户都写在同一行上。

4. 账户对应关系。在复式记账法下，要求对每一项经济业务都在两个或两个以上账户中进行登记，这样所记账户之间就形成了一定的联系，账户之间的这种相互依存关系，称为“账户的对应关系”。构成对应关系的账户，称为“对应账户”。

通过对应账户之间的相互关系，可以全面反映经济业务的来龙去脉，便于检查经济业务记录的正确性及合规性。例如，从银行提取5 000元以备零星开支，按借贷记账法的记账规则，要在“库存现金”账户的借方和“银行存款”的贷方同时记录5 000元。由于该笔经济业务涉及库存现金和银行存款两个账户，这两个账户之间存在应借应贷的对应关系。因此，在该项经济业务的记录中，将库存现金和银行存款两个账户均称为对应账户。根据对应账户可以了解该项经济业务的来龙去脉。即库存现金的增加是从银行存款提取的，是由银行存款的减少形成的。

在借贷记账法下，账户之间的对应关系取决于经济活动的性质，而通过对应账户又可以了解经济活动的内容，因此，在运用借贷记账法记录经济业务时，必须熟练掌握和分析各项经济业务发生后涉及的账户以及账户的对应关系。账户的对应关系，在教科书中一般有以下几种表示方式：

（1）业务号码表达式：是指在每个账户中的金额数字前用经济业务的序号标明，如在某个账户有某项业务号码，而在另一个或几个账户中也找到同样的业务号码，则说明这个账户与另一个或几个账户发生了对应关系。

（2）连线表达式：是指在一个账户与另一个或几个账户的金额数字之间用线条连在一起来表示账户之间对应关系的一种方法。

（3）分录表达式：是指在书写会计分录时，将借贷方向通过错格来表示账户对应关系的一种方法。通常是借方写前面，并抬头一格，贷方写下面，比借方低一格。

二、实务应用

（一）记账符号的应用

【例4-7】 12月5日南阳公司向银行借入为期3个月的借款5万元存入银行账户。

分析：这项经济业务，一方面引起“银行存款”增加5万元，“银行存款”是资产类账户，应当记在其借方，即用“借”字表示“银行存款”的增加；另一方面也引起“短期借款”增加5万元，而“短期借款”是负债类账户，其增加应当记入“短期借款”账户的贷方，即用“贷”字表示“短期借款”账户的增加。这样用记账符号表示为：“借：银行存款50 000，贷：短期借款50 000”。

提示：从上述例题分析可见，要正确使用记账符号，关键是要辨别清楚账户的性质（即账户的类别）。

（二）账户结构的应用

1. 资产类账户结构。

【例4－8】 南阳公司1月末原材料账户余额为80万元，2月10日购进入库原材料100万元，15日购进入库原材料30万元；2月20日发出原材料80万元，2月26日发出原材料10万元。则原材料账户的有关指标计算如下：

原材料账户本期借方发生额＝1 000 000＋300 000＝1 300 000（元）

原材料账户本期贷方发生额＝800 000＋100 000＝900 000（元）

原材料账户本期发生净额＝1 300 000－900 000＝40 0000（元）

原材料账户期末余额＝800 000＋1 300 000－900 000 ＝ 1 200 000（元）

或＝800 000＋400 000＝1 200 000（元）

借方	原材料 贷方
期初余额：800 000 本期增加：1 000 000 300 000	本期减少：800 000 100 000
本期发生额：1 300 000 期末余额：1 200 000	本期发生额：900 000

图4－2 “原材料”账户结构

上述结果在账户中的反映如图4－2所示。

2. 负债类账户结构。

【例4－9】 南阳公司2月份应付账款账户的期初余额为5万元，2月14日增加应付账款4万元，20日增加应付账款2万元；2月25日减少应付账款2万元，2月28日减少应付账款1万元。则计算应付账款账户有关指标如下：

应付账款本期贷方发生额＝40 000＋20 000＝60 000（元）

应付账款本期借方发生额＝20 000＋10 000＝30 000（元）

应付账款账户本期发生净额＝60 000－30 000＝30 000（元）

应付账款账户期末余额＝50 000＋60 000－30 000＝80 000（元）

或＝50 000＋30 000＝80 000（元）

上述结果在账户中的反映如图4－3所示。

借方	应付账款 贷方
本期减少：20 000 10 000	期初余额：50 000 本期增加：40 000 20 000
本期发生额：30 000	本期发生：60 000 期末余额：80 000

图4－3 “应付账款”账户结构

3. 所有者权益类账户结构。

【例4－10】 南阳公司本年利润账户的期初余额为80万元，本期贷方发生额为500万元，本期借方发生额为300万元。则本年利润账户的本期发生净额及期末余额计算如下：

本年利润账户本期发生净额＝5 000 000－3 000 000

＝2 000 000（元）

本年利润账户期末余额＝800 000＋5 000 000－3 000 000 ＝2 800 000（元）

或＝800 000＋2 000 000＝2 800 000（元）

上述结果在账户中的反映如图4－4所示。

借方	本年利润 贷方
本期减少：3 000 000	期初余额：800 000 本期增加：5 000 000
本期发生额：3 000 000	本期发生额：5 000 000 期末余额：2 800 000

图4－4 “本年利润”账户结构图

4. 收入类账户结构。

【例4－11】 南阳公司“主营业务收入”账户贷方发生额500万元，借方发生额300万元。其在账户中反映情况如图4－5所示。

5. 费用类账户结构。

【例4－12】 南阳公司“主营业务成本”账户

本期借方发生 300 万元，贷方发生 300 万元。其在账户中反映情况如图 4－6 所示。

借方 主营业务收入	贷方
本期减少：5 000 000	本期增加：5 000 000
本期发生额：5 000 000	本期发生额：5 000 000

图 4－5 “主营业务收入”结构图

借方 主营业务成本	贷方
本期增加：3 000 000	本期减少：3 000 000
本期发生额：3 000 000	本期发生额：3 000 000

图 4－6 “主营业务成本”账户结构

（三）记账规则的应用

【例 4－13】 南阳公司收到 A 客户前欠的货款 10 万元，款项已经存入银行。

分析： 此项经济业务发生，一方面使得资产类账户中的“银行存款”增加，另一方面也引起资产类账户中的“应收账款”减少。根据记账符号的经济含义，由于资产类账户增加记在借方，资产类账户减少记在贷方，因此这项经济业务，应该在“银行存款”账户借方记入 10 万元，而在“应收账款”账户贷方记入 10 万元。具体记账情况在 T 形账户中反映如图 4－7 所示。

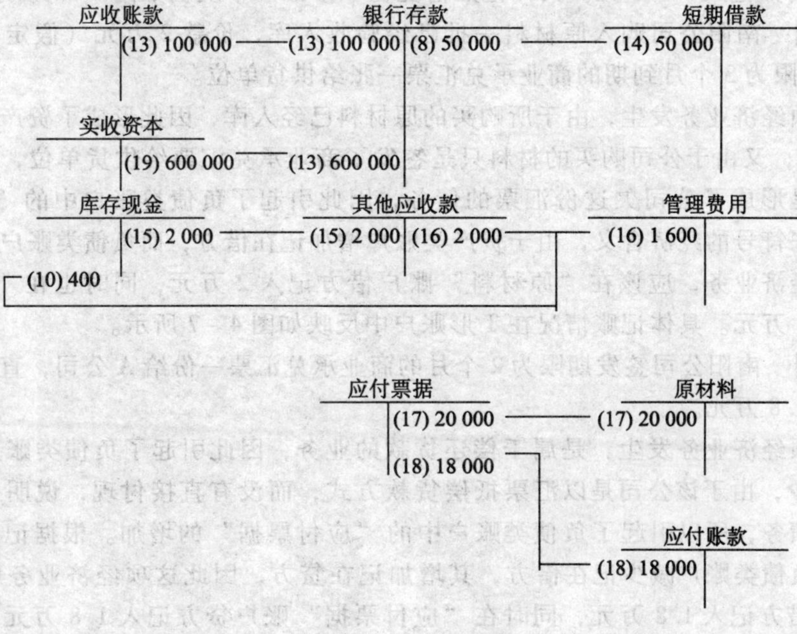

图 4－7 T 形账户

【例 4－14】 南阳公司以银行存款归还到期的短期借款 5 万元。

分析： 该项经济业务发生，首先由于是用银行存款支付债务的，因此引起了资产类账户中的“银行存款”减少，其次是由于公司所欠的债务已经偿还，因此也引起了负债类账户中的“短期借款”减少。根据记账符号的经济含义，负债类账户的减少记在借方，资产类账户的减少记在贷方，因此这项经济业务，应该在“短期借款”账户借方记入 5 万元，同时在“银行存款”账户的贷方也记入 5 万元。具体记账情况在 T 形账户中反映如图 4－7 所示。

【例 4－15】 南阳公司管理人员张三因公出差预借旅差费 2 000 元，公司出纳员以现金支付。

分析：此项经济业务发生，由于张三向公司预借旅差费，说明了张三暂欠公司的款项，就公司而言增加了应该向张三收回这笔款项的权利，因此引起了资产类账户中的“其他应收款”增加，同时由于这笔款项是公司用现金支付给张三的，因此也引起了资产类账户中的“库存现金”减少。根据记账符号的经济含义，由于资产类账户增加记在借方，资产类账户减少记在贷方，因此这项经济业务，应该在“其他应收款”账户借方记入2 000元，同时在“库存现金”账户贷方记入2 000元。具体记账情况在T形账户中反映如图4－7所示。

【例4－16】 南阳公司管理人员张三几天后出差来，持有关凭证到财务部门报账，经会计人员审核，可报销差旅费1 600元，张三将未用的400元现金交回出纳员。

分析：此项经济业务发生，由于张三报销差旅费，因此引起了费用类账户中的“管理费用”增加，又由于公司收回了张三出差未用完的现金，因此引起了资产类账户中的“库存现金”增加，另外，由于张三办结了他原来预借的款项，说明他不再欠公司的钱了，因此引起了资产类账户中的“其他应收款”减少。根据记账符号的经济含义，由于费用类账户和资产类账户增加都记在借方，资产类账户减少记在贷方，所以这项经济业务，应该在“管理费用”账户借方记入1 600元和在“库存现金”账户借方记入400元，同时在“其他应收款”账户贷方记入2 000元。具体记账情况在T形账户中反映如图4－7所示。

【例4－17】 南阳公司购入原材料一批已经验收入库，价款2万元（假定不考虑增值税），已签发期限为3个月到期的商业承兑汇票一张给供货单位。

分析：此项经济业务发生，由于所购买的原材料已经入库，因此形成了资产类账户中的“原材料”增加，又由于公司购买的材料只是签发了商业承兑汇票给供货单位，说明实际上没有付款，而是形成了公司欠这份汇票的债务，因此引起了负债类账户中的“应付票据”增加。根据记账符号的经济含义，由于资产类账户增加记在借方，而负债类账户增加记在贷方，因此这项经济业务，应该在“原材料”账户借方记入2万元，同时也在“应付票据”账户贷方记入2万元。具体记账情况在T形账户中反映如图4－7所示。

【例4－18】 南阳公司签发期限为2个月的商业承兑汇票一份给A公司，直接用以偿付前欠的购货款1.8万元。

分析：该项经济业务发生，是属于偿还货款的业务，因此引起了负债类账户中的“应付账款”的减少，由于该公司是以汇票抵偿货款方式，而没有直接付现，说明公司又重新形成了汇票的债务，所以引起了负债类账户中的“应付票据”的增加。根据记账符号的经济含义，由于负债类账户减少记在借方，其增加记在贷方，因此这项经济业务应该在“应付账款”账户借方记入1.8万元，同时在“应付票据”账户贷方记入1.8万元。具体记账情况在T形账户中反映如图4－7所示。

【例4－19】 南阳公司根据投资协议规定，收到B投资者投入的资金60万元，款项已经存入银行。

分析：这笔经济业务发生，由于公司把资金存入银行，因此引起了资产类账户中的“银行存款”增加，又由于这笔资金是投资者按照协议投入的，因此引起了所有者权益类账户中的“实收资本”增加。根据记账符号的经济含义，资产类账户增加记在借方，而所有者权益类账户增加记在贷方，所以该笔经济业务应该在“银行存款”账户借方记入60万元，同时在“实收资本”账户贷方记入60万元。具体记账情况在T形账户中反映如图4－7所示。

从上述的举例分析中可以看出，在经济业务发生后，无论涉及什么样的会计账户，也不管经济业务的性质如何，总要引起账户类别之间，或者同一账户类别不同项目之间发生增减变化。但它在记入一个账户（或几个账户）的借方同时，也必须要记入另一个账户（或几个账户）的贷方，记入借方的金额与记入贷方的金额都是相等的，这就形成了借贷记账法的“有借必有贷，借贷必相等”的记账规则。

（四）借贷记账法特点应用

1. 资料。

南阳公司8月初各账户的余额如表4－2所示。

表4－2　期初余额表

××年8月1日　　单位：元

会计科目	期初借方余额	会计科目	期初贷方余额
库存现金	8 000	短期借款	60 000
银行存款	800 000	应付票据	40 000
应收票据	50 000	应付账款	100 000
应收账款	60 000	应交税费	20 000
其他应收款	2 000	长期借款	700 000
原材料	150 000	实收资本	5 980 000
库存商品	300 000	本年利润	100 000
固定资产	5 630 000		
合　计	7 000 000	合计	7 000 000

南阳公司8月份发生的部分经济业务如下：

① 6日公司收到A投资者按合同协议交来的资金12万元，已存入银行。

② 10日公司向银行借入3个月到期的借款5万元存入银行。

③ 12日公司从银行提取现金5 000元作为备用。

④ 15日公司购买材料5万元且已验收入库，但款项尚未支付。

⑤ 16日公司签发3个月到期的商业汇票8万元抵付原欠货款。

⑥ 18日公司用银行存款6万元偿还前欠的短期借款。

⑦ 20日公司用银行存款购买机器设备168 000元已交付使用。

⑧ 22日公司购买材料5万元且已经验收入库，其中用银行存款支付4万元，其余货款尚欠。

⑨ 23日公司以银行存款偿还前欠货款2万元。

⑩ 24日公司到银行兑现到期的商业汇票金额4万元。

⑪ 25日公司收到购货单位交来的原欠货款3万元已存入银行。

⑫ 26日公司以银行存款上交所得税1万元。

⑬ 27日公司干部张立出差归来，报销差旅费1 500元，交未用现金500元。

⑭ 29日公司采购员李五预借差旅费1 000元，公司出纳以现金支付。

⑮ 31日公司期末将管理费用1 500元转入“本年利润”账户。

要求：运用借贷记账法进行账务处理。

2. 账务处理。

（1）开设账户。根据期初余额表的会计科目开设相应账户，同时将期初余额记入有关账户，如图4－8所示。

库存现金

期初余额：8 000	
（3）5 000	（14）1 000
（13）500	
本期发生额：5 500	本期发生额：1 000
期末余额：12 500	

银行存款

期初余额：800 000	
（1）120 000	（3）5 000
（2）50 000	（6）60 000
（10）40 000	（7）168 000
（11）30 000	（8）40 000
	（9）20 000
	（12）10 000
本期发生额：240 000	本期发生额：303 000
期末余额：737 000	

其他应收款

期初余额：2 000	
（14）1 000	（13）2 000
本期发生额：1 000	本期发生额：2 000
期末余额：1 000	

应收票据

期初余额：50 000	
	（10）40 000
本期发生额：0	本期发生额：40 000
期末余额：10 000	

应收账款

期初余额：60 000	
	（11）30 000
本期发生额：0	本期发生额：30 000
期末余额：30 000	

原材料

期初余额：150 000	
（4）50 000	
（8）50 000	
本期发生额：100 000	本期发生额：0
期末余额：250 000	

库存商品

期初余额：300 000	
本期发生额：0	本期发生额：0
期末余额：300 000	

固定资产

期初余额：5 630 000	
（7）168 000	
本期发生额：168 000	本期发生额：0
期末余额：5 798 000	

短期借款

	期初余额：60 000
（6）60 000	（2）50 000
本期发生额：60 000	本期发生额：50 000
	期末余额：50 000

应付票据

	期初余额：40 000
	（5）80 000
本期发生额：0	本期发生额：80 000
	期末余额：120 000

应付账款

	期初余额：100 000
（5）80 000	（4）50 000
（9）20 000	（8）10 000
本期发生额：100 000	本期发生额：60 000
	期末余额：60 000

应交税费

	期初余额：20 000
（12）10 000	
本期发生额：10 000	本期发生额：0
	期末余额：10 000

长期借款

	期初余额：700 000
本期发生额：0	本期发生额：0
	期末余额：700 000

实收资本

	期初余额：5 980 000
	（1）120 000
本期发生额：0	本期发生额：120 000
	期末余额：6 100 000

管理费用

（13）1 500	（15）1 500
本期发生额：1 500	本期发生额：1 500

本年利润

	期初余额：100 000
（15）1500	
本期发生额：1 500	本期发生额：0
	期末余额：98 500

图 4－8　账户记录

（2）编制会计分录。编写会计分录时应当按下列步骤进行：

第一步，分析经济业务所涉及的账户，即找到所涉及的账户并把账户的名称确定下来；

第二步，分析所涉及账户的类别，即确定所涉及账户是属于哪一类的账户，是资产类、负债类，还是所有者权益类账户；

第三步，观察账户的变化情况，看经济业务的发生引起了哪个账户发生了增加，哪个账户发生了减少；

第四步，根据借贷记账法的记账符号确定记账方向，即应记入账户的借方还是贷方；

第五步，按照要求写出会计分录，然后观察是否符合记账规则。

根据上述经济业务，按照上述步骤编制会计分录如下：

①借：银行存款　　120 000
　　贷：实收资本　　120 000

②借：银行存款　　50 000
　　贷：短期借款　　50 000

③借：库存现金　　5 000
　　贷：银行存款　　5 000

④借：原材料　　50 000
　　贷：应付账款　　50 000

⑤借：应付账款　　80 000
　　贷：应付票据　　80 000

⑥借：短期借款　　60 000
　　贷：银行存款　　60 000

⑦借：固定资产　　168 000
　　贷：银行存款　　168 000

⑧借：原材料　　50 000
　　贷：银行存款　　40 000
　　　　应付账款　　10 000

⑨借：应付账款　　20 000
　　贷：银行存款　　20 000

⑩借：银行存款　　40 000
　　贷：应收票据　　40 000

⑪借：银行存款　　30 000
　　贷：应收账款　　30 000

⑫借：应交税费　　10 000
　　贷：银行存款　　10 000

⑬借：管理费用　　1 500
　　　库存现金　　500
　　贷：其他应收款　　2 000

⑭借：其他应收款　　1 000
　　贷：库存现金　　1 000

⑮借：本年利润　　1 500

　贷：管理费用　　1 500

(3) 记账。根据上述会计分录登记有关账户，如图4－7所示。

(4) 结账。期末在各个总分类账户中结算出"本期发生额及期末余额"，如图4－7每个T形账户中的最后两行所示。

(5) 编制试算平衡表。根据结账结果（见图4－8）各账户的期初余额、本期发生额和期末余额编制"总分类账户试算平衡表"进行试算平衡，如表4－3所示。现将具体填制方法介绍如下：

表4－3　总分类账户试算平衡表

××年8月31日

会计科目	期初余额		本期发生额		期末余额	
	借　方	贷　方	借　方	贷　方	借　方	贷　方
库存现金	8 000		5 500	1 000	12 500	
银行存款	800 000		240 000	303 000	737 000	
应收票据	50 000			40 000	10 000	
应收账款	60 000			30 000	30 000	
其他应收款	2 000		1 000	2 000	1 000	
原材料	150 000		100 000		250 000	
库存商品	300 000				300 000	
固定资产	5 630 000		168 000		5 798 000	
管理费用			1 500	1 500		
短期借款		60 000	60 000	50 000		50 000
应付票据		40 000		80 000		120 000
应付账款		100 000	100 000	60 000		60 000
应交税费		20 000	10 000			10 000
长期借款		700 000				700 000
实收资本		5 980 000		120 000		6 100 000
本年利润		100 000	1 500			98 500
合计	7 000 000	7 000 000	687 500	687 500	7 138 500	7 138 500

第一步，填制"总分类账户试算平衡表"的各个会计科目有关数据。

①把"库存现金"账户的期初余额8 000元、借方本期发生额5 500元、贷方本期发生额1 000元和期末余额12 500元填入"总分类账户试算平衡表"的"库存现金"会计科目行的相应栏目。

②把"银行存款"账户的期初余额80万元、借方本期发生额24万元、贷方本期发生额303 000元和期末余额737 000元填入"总分类账户试算平衡表"的"银行存款"会计科目行的相应栏目。

③把"其他应收款"账户的期初余额2 000元、借方本期发生额1 000元、贷方本期发

生额2 000元和期末余额1 000元填入“总分类账户试算平衡表”的“其他应收款”会计科目行的相应栏目。

④把“应收票据”账户的期初余额5万元、贷方本期发生额4万元和期末余额1万元填入“总分类账户试算平衡表”的“应收票据”会计科目行的相应栏目。

⑤把“应收账款”账户的期初余额6万元、贷方本期发生额3万元和期末余额3万元填入“总分类账户试算平衡表”的“应收账款”会计科目行的相应栏目。

⑥把“原材料”账户的期初余额15万元、借方本期发生额10万元和期末余额25万元填入“总分类账户试算平衡表”的“原材料”会计科目行的相应栏目。

⑦把“库存商品”账户的期初余额30万元和期末余额30万元填入“总分类账户试算平衡表”的“库存商品”会计科目行的相应栏目。

⑧把“固定资产”账户的期初余额563万元、借方本期发生额168 000元和期末余额5 798 000元填入“总分类账户试算平衡表”的“固定资产”会计科目行的相应栏目。

⑨把“管理费用”账户的借方本期发生额1 500元和贷方本期发生额1 500元填入“总分类账户试算平衡表”的“管理费用”会计科目行的相应栏目。

⑩把“短期借款”账户的期初余额6万元、借方本期发生额6万元、贷方本期发生额5万元和期末余额5万元填入“总分类账户试算平衡表”的“短期借款”会计科目行的相应栏目。

⑪把“应付票据”账户的期初余额4万元、贷方本期发生额8万元和期末余额12万元填入“总分类账户试算平衡表”的“应付票据”会计科目行的相应栏目。

⑫把“应付账款”账户的期初余额10万元、借方本期发生额10万元、贷方本期发生额6万元和期末余额6万元填入“总分类账户试算平衡表”的“应付账款”会计科目行的相应栏目。

⑬把“应交税费”账户的期初余额2万元、借方本期发生额1万元和期末余额1万元填入“总分类账户试算平衡表”的“应交税费”会计科目行的相应栏目。

⑭把“长期借款”账户的期初余额70万元和期末余额70万元填入“总分类账户试算平衡表”的“长期借款”会计科目行的相应栏目。

⑮把“实收资本”账户的期初余额598万元、贷方本期发生额12万元和期末余额610万元填入“总分类账户试算平衡表”的“实收资本”会计科目行的相应栏目；

⑯把“本年利润”账户的期初余额10万元、借方本期发生额1 500元和期末余额98 500元填入“总分类账户试算平衡表”的“本年利润”会计科目行的相应栏目。

第二步，计算“总分类账户试算平衡表”中的“合计”数据。

①将“期初余额”借方栏的金额进行加总，结果是期初所有账户的借方合计为700万元，并将其填入“期初余额”的借方栏合计行中；同理，将“期初余额”贷方栏的金额进行加总，结果是期初所有账户的贷方合计也为700万元，并将其填入“期初余额”的贷方栏合计行中。

②将“本期发生额”借方栏的金额进行加总，结果是所有账户的借方本期发生额合计为687 500元，并将其填入“本期限发生额”的借方栏合计行中；同理，将“本期发生额”贷方栏的金额进行加总，其结果也是所有账户的贷方本期发生额合计为687 500元，并将其填入“本期发生额”的贷方栏合计行中。

③将“期末余额”借方栏的金额进行加总，结果是期末所有账户的借方合计为7 138 500元，并将其填入“期末余额”的借方栏合计行中；同理，将“期末余额”贷方栏的金额进行加总，结果是期末所有账户的贷方合计也为7 138 500元，并将其填入“期末余额”的贷方栏合计行中。

第三步，判断“总分类账户试算平衡表”的平衡情况。把“总分类账户试算平衡表”的数据都填写完毕后，然后对表中的数据进行观察。从表4－3中可以看出，期初余额的借方合计与贷方合计均为700万元，是平衡的，它体现了余额平衡法的基本原理；本期发生额的借方合计与贷方合计均为687 500元，也是平衡的，它体现了发生额平衡法的基本原理；期末余额的借方合计与贷方合计均为7 138 500，还是平衡的，它体现了余额平衡法的基本原理。这就初步可以确认，南方食品有限责任公司8月份部分经济业务的记账过程是正确的。

主要概念

复式记账　借贷记账法　会计分录　对应账户

问题与思考

1. 什么是复式记账法？人们使用过的复式记账法通常有哪几种？
2. 什么是借贷记账法？借贷记账法具有哪些显著特点？
3. 什么是会计分录？如何编制会计分录？
4. 试述试算平衡表的编制方法？

第五章 DIWUZHANG

借贷记账法在制造业中的应用

【理论知识目标】

☐ 了解制造业企业主要的经济业务

☐ 明确各个经营阶段业务应设的账户和每个账户核算的内容

☐ 掌握借贷记账法在制造业中的具体应用

【实务应用目标】

☐ 能根据制造业企业发生的经济业务作出正确的会计判断

☐ 会编制各经营过程中主要经济业务的会计分录

☐ 会根据有关账户资料列式计算企业当期的利润

第一节　资金筹集业务的核算

一、理论知识

企业是经济活动的主体，要进行生产经营活动必须拥有一定数量的财产、物资，其货币表现就称为资金。筹资是指企业根据其生产经营、对外投资及调整资金结构等活动对资金的需要，通过一定的渠道，采取适当的方式，获取所需资金的一种行为。对于任何一个企业而言，资金筹集的渠道主要有两种：一是吸收投资者投入资本，形成投资人的权益，这部分业务称为“所有者权益资金筹集业务”；二是从银行或其他金融机构等借入资金，形成债权人的权益，这部分业务称为“负债资金筹集业务”。

（一）资金筹集发生的主要经济业务

1. 所有者权益资金筹集业务。企业从投资人筹集到的资金形成企业所有者权益的重要组成部分，企业所有者权益的来源包括所有者投入的资本，直接计入所有者权益的利得和损失、留存收益等。在会计上通常由实收资本（或股本）、资本公积、盈余公积和未分配利润构成。在本节内容的学习中将主要阐述所有者权益中的实收资本和资本公积业务的核算，留存收益的内容将在本章第六节财务成果业务的核算中加以介绍。

2. 负债资金筹集业务。企业在生产经营过程中为了弥补资金的不足，解决临时资金的需要，除了以吸收投资等方式增加所有者资本金外，往往还需要向银行或其他金融机构借款。因此，负债也是企业筹集资金的一条重要渠道。企业从银行或其他金融机构借入的款项，按其借款时间的长短不同，可分为短期借款和长期借款两种。本节只介绍短期借款的会计核算，对于长期借款的会计核算将在“财务会计”课程中予以介绍。

（二）资金筹集核算应设置的主要账户

企业在核算资金筹集业务时主要设置和运用“实收资本”、“资本公积”、“短期借款”、“财务费用”、“应付利息”等账户。

1. “实收资本”（或“股本”）账户。该账户属于所有者权益类账户；主要用来核算企业实际收到投资者投入资本的增减变动情况。该账户的贷方登记实收资本的增加额，借方登记实收资本的减少额；期末余额在贷方，反映企业期末实收资本的实有数额。该账户应按照投资者设置明细账户，进行明细核算。

2. “资本公积”账户。该账户属于所有者权益类账户。主要用来核算企业取得的资本公积变动情况。该账户的贷方登记资本公积的增加数，如企业投资者投入企业资本中超过注册资本的溢价（或股本溢价）等；借方登记按法定程序资本公积转增注册资本或其他减少资本公积的数额；期末余额在贷方，表示企业资本公积的期末结余数。企业应按照资本公积形成的类别，如“资本溢价”、“其他资本公积”设置明细账户，进行明细核算。

3. “短期借款”账户。该账户属于负债类账户。主要是用来核算企业向银行或其他金融机构借入的期限在一年以下（含一年）的各种借款（本金）的增减变动及其结余情况。该账户贷方登记借入的各项短期借款的本金数额；借方登记归还的短期借款本金数额；期末余额在贷方，表示期末尚未归还的短期借款本金数额。企业应按照债权人名称设置明细账户，并按借款种类进行明细核算。

4. “财务费用”账户。该账户属于损益类账户。主要用来核算企业为筹集生产经营所需资金等而发生的各种筹资费用，包括利息支出、汇兑损失以及相关的手续费等。借方登记企业为筹集生产经营所需资金等而发生的费用；贷方登记发生的应冲减财务费用的利息收入、汇兑收益。期末，应将本账户的余额转入“本年利润”账户，结转后本账户应无余额。该账户应按费用项目设置明细账，进行明细核算。

5. “应付利息”账户。该账户属于负债类账户，主要用来核算企业应付而未付的利息费用，该账户的贷方登记按规定预提计入本期成本费用的各种利息；借方登记实际支付的利息；余额一般在贷方，反映企业已经预提但尚未支付的各项利息。

为了反映出资者的不同出资方式，在核算上还要涉及“库存现金”、“银行存款”、“固定资产”、“无形资产”等账户。

二、实务应用

（一）投入资本的核算

1. 实收资本的核算。实收资本（或“股本”）是指投资者按照企业章程或者合同、协议的约定实际投入企业的资本。从企业的角度来看就是企业实际收到的资本，在一般情况下无需偿还，并可长期周转使用。实收资本的构成比例即投资者的出资比例或股东的股份比例，是企业据以向投资者进行利润或股利分配的主要依据。

企业在资金筹集过程中，接受投资的形式可以有多种多样，可以是货币资产，也可以是非货币资产；可以是有形资产，也可以是无形资产。

（1）接受投入货币资产的核算。企业收到投资者货币资产投入的资本时，应按实际收到或存入企业开户银行的金额作为实收资本入账，借记“银行存款”账户，贷记“实收资本”账户。如实际收到或存入银行的金额超过投资者在企业注册资本中所占份额的部分，贷记“资本公积”账户。

【例5－1】 12月1日，南阳公司收到A企业投入的资本60万元，款项已存入银行。

分析： 这项经济业务的发生，一方面反映投入资本的增加，应记入“实收资本”账户的贷方；另一方面反映银行存款增加，应记入“银行存款 ”账户的借方；其会计分录如下：

借：银行存款　　600 000

　　贷：实收资本——法人资本（A企业）　　600 000

（2）接受实物资产投资的核算。企业收到投资者投入的原材料、房屋、建筑物、机器设备等实物资产投资时，在办理实物转移手续后，应进行相应的会计处理。

【例5－2】 12月5日，南阳公司收到B企业作为资本投入的不需安装的全新机器设备一台，双方确认的价值为15万元。

分析： 这项经济业务的发生，一方面说明B企业以固定资产作为资本投入，公司应记入“实收资本”账户的贷方；另一方面反映固定资产增加，应记入“固定资产 ”账户的借方；其会计分录如下：

借：固定资产　　150 000

　　贷：实收资本——法人资本（B企业）　　150 000

（3）接受投入无形资产的核算。企业收到投资者投入无形资产时，应按合同、协议或公司章程规定，并按投资双方确认的无形资产价值，借记“无形资产”账户，贷记“实收资本”账户。

【例5－3】 12月6日，南阳公司收到C企业投入的专利权一项，双方确认其价值为10万元。

分析： 这项经济业务的发生，一方面说明C企业以无形资产作为资本投入，应记入“实收资本”账户的贷方；另一方面反映无形资产增加，应记入“无形资产 ”账户的借方；其会计分录如下：

借：无形资产——专利权　　100 000

　　贷：实收资本——法人资本（C企业）　　100 000

值得注意的是，在股份有限公司，投资者投入的资本在“股本”账户中进行核算。

2. 资本公积的核算。资本公积是企业收到投资者的超出其在企业注册资本（或股本）中所占份额的投资，以及直接计入所有者权益的利得和损失等。资本公积包括资本溢价（或股本溢价）和直接计入所有者权益的利得和损失等。

资本公积从其形成来源看，它不是由企业实现的利润转化而来的，从本质上讲应当属于投入资本范畴，因此，它与留存收益有根本区别，因为后者是由利润转化而来的。在我国，资本公积主要用来转增资本（或股本）。

【例5－4】 12月7日，南阳公司接受个人投资者刘红的投资50万元，其中40万元作为实收资本，另10万元作为资本公积。公司收到投资款后存入银行。

分析： 这是一项接受投资而又涉及超过法定份额资本的业务，其中属于法定份额部分应记入“实收资本”账户的贷方；超过部分计入“资本公积”账户的贷方；同时反映银行存款增加，应记入“银行存款 ”账户的借方；其会计分录如下：

借：银行存款　500 000

　贷：实收资本——个人资本（刘红）　400 000

　贷：资本公积——资本溢价　100 000

（二）借入短期借款的核算

短期借款是指企业为了满足正常生产经营的需要，向银行或其他金融机构等借入的期限在1年以下（含1年）的各种借款，一般情况下企业取得短期借款是为了维持正常的生产经营活动所需要的资金或者是为了抵偿某项债务而借入的。无论借入款项的来源如何，企业均需要向债权人按期偿还借款的本金及利息。短期借款的核算主要涉及三个方面的内容：取得短期借款的核算；短期借款利息的核算；归还短期借款的核算。

1. 取得短期借款的核算。企业从银行或其他金融机构等取得短期借款并存入开户银行时，借记“银行存款”账户，贷记“短期借款”账户。

【例5-5】 南阳公司7月1日向银行借入一笔生产经营用短期借款40万元，期限为6个月，年利率为6%，根据与银行签署的借款协议，该借款的本金到期后一次归还；利息分月预提，按季支付。款项已存入开户银行。

分析：这项经济业务使企业的资产类账户“银行存款”增加了40万元，负债类账户“短期借款”增加了40万元。其会计分录如下：

借：银行存款　400 000

　贷：短期借款　400 000

2. 短期借款利息的核算。在实际工作中，银行一般是在季度末收取短期借款利息，而企业则是根据权责发生制的要求，按月份以预提的方式进行利息结算（如果利息数额较小，也可以于实际支付时直接计入财务费用）。企业分月预提利息时，按当月应负担的利息数额，借记“财务费用”账户，贷记“应付利息”账户。

【例5-6】 承例5-5，南阳公司7月末预提当月应负担的短期借款利息2 000元（$400\ 000 \times 6\% \div 12 \times 1 = 2\ 000$）。

分析：短期借款利息应计入本期损益，但因按季结算要按月预先提取，因此这项经济业务的发生，一方面要记入“财务费用”账户的借方，作为期间费用增加；另一方面要增加预提应付费用，应记入“应付利息”账户的贷方。其会计分录如下：

借：财务费用——利息支出　2 000

　贷：应付利息　2 000

8月末的会计处理同上。

3. 支付利息的核算。企业在实际支付季度利息时，应根据银行开具的利息支付凭证，借记已预提的“应付利息”账户，未预提的部分直接借记“财务费用”账户，贷记“银行存款”账户。

【例5-7】 南阳公司9月末支付本季度的短期借款利息6 000元（$400\ 000 \times 6\% \div 12 \times 3 = 6\ 000$）。

分析：企业在季度末结算短期借款利息费用，并从银行存款中支付，因此这项经济业务的发生一方面使企业的负债类账户“应付利息”减少了4 000元，要记入“应付利息”账户的借方，使企业的9月份的“财务费用”增加了2 000元，记入“财务费用”账户的借方，资产类账户“银行存款”减少了6 000元，记入“银行存款”账户的贷方。其会计分录如下：

借：应付利息　　　　4 000
　　财务费用——利息支出　　　　2 000
　贷：银行存款　　　　6 000

10月、11月末的会计处理同例5-6。

4. 还本付息的核算。短期借款到期，企业应及时向银行还本付息。对于偿还的本金，应按其本金数额借记“短期借款”账户，对于支付的利息，已预提的部分借记“应付利息”账户，未预提的部分直接借记“财务费用”账户，同时按本息之和贷记“银行存款”账户。

【例5-8】 南阳公司于12月31日以银行存款归还短期借款本金并支付该季度的利息共计40.6万元。假设12月份的利息尚未预提。

分析：这项经济业务使企业的负债类账户“短期借款”和“应付利息”分别减少了40万元和4 000元，费用类账户“财务费用”增加了2 000元，资产类账户“银行存款”减少了40.6万元。其会计分录如下：

借：短期借款　　　　400 000
　　应付利息　　　　4 000
　　财务费用　　　　2 000
　贷：银行存款　　　　406 000

第二节　资金投放业务的核算

一、理论知识

（一）投放资金发生的主要经济业务

企业筹集到资金后，应按照企业发展目标把筹集的资金投放出去，以获取最佳的经济利益。投放资金按其目的和作用不同可分为对内投资和对外投资；对内投资是指企业内部使用资金的过程，如购建固定资产、无形资产等；对外投资是指向企业外部进行投资的过程，如用于购买其他企业的股票或债券等。

（二）投放资金核算应设置的主要账户

企业在核算资金投放业务时应主要设置和运用“固定资产”、“无形资产”、“交易性金融资产”等账户。

1. “固定资产”账户。该账户属于资产类账户，用来核算企业固定资产的增减变动情况及其结果。借方登记企业增加的固定资产原价；贷方登记减少的固定资产原价；期末余额在借方，表示企业期末固定资产的账面原价。企业应当设置“固定资产登记簿”和“固定资产卡片”，按固定资产类别、使用部门和每项固定资产进行明细核算。

2. “在建工程”账户。该账户属于资产类账户，用来核算企业为进行固定资产基建、安装、技术改造和大修理等工程所发生的实际支出（包括需要安装设备的支出），并据以计算确定各该工程成本的账户。该账户的借方登记各项在建工程所发生的实际支出；贷方登记各项在建工程完工交付使用时转出的工程成本；期末余额在借方，表示未完工程的成本。该账户应按工程内容，如“建筑工程”、“安装工程”、“在安装设备”、“待摊支出”以及单项工程等设置明细账户，进行明细核算。

3.“无形资产”账户。该账户属于资产类账户，用来核算企业无形资产的增减变动情况及其结果。借方登记企业增加的无形资产的实际成本；贷方登记减少的无形资产实际成本；余额在借方，表示企业期末无形资产的价值。该账户应按无形资产类别设置明细账，进行明细核算。

4.“交易性金融资产”账户。该账户属于资产类账户，用来核算企业为交易目的所持有的债券投资、股票投资、基金投资等交易性金融资产的公允价值。企业持有的直接指定为以公允价值计量且其变动计入当期损益的金融资产也在“交易性金融资产”科目核算。“交易性金融资产”科目的借方登记交易性金融资产的取得成本、资产负债表日其公允价值高于账面余额的差额等。贷方登记资产负债表日其公允价值低于账面余额的差额，以及企业出售交易性金融资产时结转的成本和公允价值变动损益。企业应当按照交易性金融资产的类别和品种，分别设置“成本”、“公允价值变动”等明细账户进行核算。

二、实务应用

（一）购买固定资产的核算

固定资产是企业为生产商品、提供劳务、出租或经营管理而持有的使用寿命超过一个会计年度的有形资产；包括房屋、建筑物、机器设备、运输工具等。固定资产的主要特点是使用期限较长，单位价值较大，并且在使用过程中保持原有实物形态的资产，取得的目的是供生产经营中使用，而不是为了出售。固定资产作为企业的主要劳动资料，与流动资产的本质区别在于多次参加企业生产经营周转的运转，并在使用过程中不改变其实物形态，其价值随着生产经营活动的进行逐渐地、部分地磨损，通过折旧形式转移到成本费用中去。企业购买的固定资产，有的购买完成之后当即可以投入使用，也就是当即达到预定可使用状态，而有的固定资产，在购买之后，还需要经过安装过程，安装之后方可投入生产使用，这两种情况在核算上是有区别的，一般将其区分为不需要安装固定资产和需要安装固定资产分别进行核算。

【例5-9】 南阳公司购入一台不需安装即可投入使用的设备，取得的增值税发票注明的设备价款为3万元，增值税额为5 100元，另支付运输费1 000元，保险费600元。全部款项均以银行存款支付。

分析：这是一台不需安装的固定资产，在购入时即可达到预定可使用状态，企业应按实际支付的买价、保险费、运输费、安装成本等作为固定资产入账价值。

该项固定资产的入账价值31 600元（30 000+1 000+600），这项经济业务的发生，使公司的资产类账户“固定资产”增加了31 600元，负债类账户“应交税费”减少了5 100元，资产类账户“银行存款”减少了36 700元。其会计分录如下：

借：固定资产	31 600	
应交税费——应交增值税（进项税额）	5 100	
贷：银行存款		36 700

【例5-10】 南阳公司购入一台需要安装的设备，该设备买价10万元，支付的增值税17 000元，另支付包装运杂费等1 000元。全部款项均以银行存款支付，设备投入安装。

分析：由于这是一台需要安装的设备，在购买之后，还需要经过安装过程，安装之后方可投入使用，在会计核算上，企业购入需安装的固定资产所支付的各种价款以及发生的安装费均应通过"在建工程"账户核算，待安装完毕，设备达到预定可使用状态时，再由"在建工程"账户转入"固定资产"账户。企业购入固定资产时，按实际支付的价款（包括买价、包装费、运输费、途中保险费等），借记"在建工程"账户，贷记"银行存款"等账户。

分析：这项经济业务的发生，一方面使得公司的在建工程支出增加10.1万元，在建工程支出的增加是资产的增加，应记入"在建工程"账户的借方，负债类账户"应交税费"减少了1.7万元，记入"应交税费"账户的借方；另一方面使得公司的银行存款减少了11.8万元，应记入"银行存款"账户的贷方。其会计分录如下：

借：在建工程	101 000	
应交税费——应交增值税（进项税额）	17 000	
贷：银行存款		118 000

【例5-11】 12月15日，企业以银行存款支付上述设备的安装费1 500元，设备投入安装。

分析：这项经济业务的发生，一方面使得公司固定资产安装工程支出增加了1 500元，应记入"在建工程"账户的借方，另一方面使得公司的银行存款减少了1 500元，应记入"银行存款"账户的贷方。其会计分录如下：

借：在建工程	1 500	
贷：银行存款		1 500

【例5-12】 12月16日，上述设备安装完毕，达到预定可使用状态，结转工程成本。

分析：工程安装完毕，交付使用，其全部工程成本102 500元（101 000＋1 500）由"在建工程"账户转入"固定资产"账户。这项经济业务的发生，一方面使得公司固定资产取得成本增加了102 500元，应记入"固定资产"账户的借方，另一方面使得公司的在建工程成本减少了102 500元，应记入"在建工程"账户的贷方。其会计分录如下：

借：固定资产	102 500	
贷：在建工程		102 500

（二）购买无形资产的核算

无形资产是指企业拥有或者控制的、没有实物形态的可辨认的非货币性资产。无形资产主要包括专利权、商标权、著作权、非专利技术、土地使用权等。企业购入无形资产时，应按实际支付的价款作为实际成本。借记"无形资产"账户，贷记"银行存款"账户。

【例5-13】 南阳公司购入一项专利权，买价和有关税费合计10万元，所有款项以银行存款支付。

分析：这项经济业务使企业的资产类账户"无形资产"增加了10万元，资产类账户"银行存款"减少了10万元。其会计分录如下：

借：无形资产——专利权	100 000	
贷：银行存款		100 000

（三）购入交易性金融资产的核算

交易性金融资产主要是指企业为了近期内出售而持有的金融资产，如企业以赚取差价为目的从二级市场购入的股票、债券、基金等。

企业取得交易性金融资产时，应当按照该金融资产取得时的公允价值作为其初始确认金额，记入“交易性金融资产——成本”账户。取得交易性金融资产所支付价款中包含了已宣告但尚未发放的现金股利或已到付息期但尚未领取的债券利息的，应当单独确认为应收项目，记入“应收股利”或“应收利息”账户。

取得交易性金融资产所发生的相关交易费用应当在发生时计入投资收益。交易费用是指可直接归属于购买、发行或处置金融工具新增的外部费用，包括支付给代理机构、咨询公司、券商等的手续费和佣金及其他必要支出。

【例5－14】 20×9年12月17日，南阳公司委托某证券公司从上海证券交易所购入中国人寿股票50 000股，并将其划分为交易性金融资产，该笔股票投资在购买日的公允价值为100万元。另支付相关交易费用金额为2 000元。

分析： 这项经济业务使企业的资产类账户“交易性金融资产”增加了100万元，损益类账户“投资收益”减少了2 000元，资产类账户“银行存款”减少了100.2万元。

其会计分录如下：

借：交易性金融资产——成本	1 000 000	
投资收益	2 000	
贷：银行存款		1 002 000

第三节　供应过程业务的核算

一、理论知识

（一）供应过程发生的主要经济业务

供应过程是制造业企业生产经营活动的第一阶段。是为生产产品采购和储备原材料的过程。在材料采购过程中，一方面是企业从供应单位购进各种材料，要计算购进材料的实际采购成本（由材料的买价和采购费用组成），另一方面企业要按照经济合同和约定的结算办法，支付材料的买价（即购货发票注明的价款）和各种采购费用（包括包装费、运输费、装卸搬运费、仓储费等），并与供应单位发生货款结算，同时，还涉及增值税进项税额的计算与处理问题。供应过程的主要经济业务有：结算支付材料价款、税款和采购费用、计算材料采购成本、将材料验收入库。

（二）供应过程业务核算应设置的主要账户

为了系统地反映和监督企业供应过程的业务，应设置以下账户：“原材料”、“在途物资”、“应付账款”、“预付账款”、“应付票据”和“应交税费”。

1. “原材料”账户。该账户的性质属于资产类，主要是用来核算企业库存原材料成本的增减变动及其结存情况的账户。其借方登记外购、自制、委托加工等途径取得并验收入库原材料的成本，贷方登记发出、领用等原材料的成本，期末余额在借方，表示库存原材料的成本。该账户应按照材料的类别或种类设置明细分类账户，进行明细分类核算。

2. “在途物资”账户。该账户的性质属于资产类，是用来核算企业已经付款但尚未到达或尚未验收入库材料实际成本的增减变动及其结余情况的账户。其借方登记已经购买但尚未到达或尚未验收入库材料的实际成本，贷方登记已验收入库材料的实际成本，期末余额在借方，表示企业已付清货款或已开出、承兑商业汇票但尚未到达或尚未验收入库材料的实际成本，即在途材料的实际成本。该账户应按供应单位或物资品种设置明细账，进行明细核算。

3. “应付账款”账户。该账户的性质属于负债类，主要是用来核算企业因购买材料物资、接受劳务供应等形成的债务的发生、偿还及结余情况的账户。贷方登记企业因购入材料等所欠的款项，借方登记偿还欠款的数额，期末贷方余额表示尚未偿还的应付账款数额。该账户应按供应单位设置明细账，进行明细核算。

4. “预付账款”账户。该账户的性质属于资产类，主要用来核算企业按照购货合同的规定预付给供货方的货款。借方登记预付货款及补付货款的数额，贷方登记收到货物时根据有关发票账单计入“原材料”等账户的数额及收回多付款项的数额，期末借方余额表示预付材料款的数额。(预付账款不多的企业，可以不设置“预付账款”账户，而将此业务在“应付账款”账户中核算)。该账户应按供应单位设置明细账，进行明细核算。

5. “应付票据”账户。该账户的性质属于负债类，主要核算企业因采购材料、物资和接受劳务供应等而签发的商业汇票（包括商业承兑汇票和银行承兑汇票）的账户。贷方登记签发给供应单位的商业汇票的票面金额，借方登记已经支付的应付票据金额，期末贷方余额表示尚未到期的应付票据的票面金额。企业应当设置“应付票据备查簿”，详细登记商业汇票的种类、号数和出票日期、票面金额、交易合同号和收款人姓名或单位名称以及付款日期和金额等资料。应付票据到期结清时，在备查簿中应予注销。

6. “应交税费”账户。该账户的性质属于负债类，主要是用来核算企业按税法规定应缴纳的各种税费的计算与实际缴纳的情况。包括增值税、消费税、营业税、所得税和城市维护建设税等。由于计算税金（或称申报税金）发生税赋的时间与企业实际缴纳税款时间不一致，因此税款在企业应缴未缴前，构成了企业的一项负债。该账户的贷方登记计算出的各种企业应缴而未缴税费的数额，借方登记企业实际缴纳的各种税费数额；期末余额在贷方，表示企业应缴未缴的税费数额。如果期末余额在借方，则表示企业多缴的税费。该账户应按税种设置明细分类账户，进行明细分类核算。

“应交税费——应交增值税”账户：是应交税费的明细账户，是用来核算企业应缴纳的增值税的账户。该账户的借方反映企业购进货物或接受劳务支付的进项税额和实际已缴纳的增值税；贷方登记销售货物应缴纳的销项税额、出口货物退税、转出已支付或分担的增值税；期末借方余额表示多上缴或尚未抵扣的增值税；期末贷方余额表示尚未缴纳的增值税。该账户中应分设“进项税额”、“销项税额”、“已交税金”、“出口退税”、“进项税额转出”等专户进行明细分类核算。

增值税是指对在我国境内销售货物、进口货物，或者提供加工、修理修配劳务的单位和个人，就其取得的货物或应税劳务销售额计算税款，并实行税款抵扣制的一种流转税。由于增值税是对商品生产或流通各个环节的新增价值或商品附加值进行征税，所以称之为增值税，它是一种价外税，采取二段征收法，分为进项税额和销项税额，当期应纳税额＝当期销项税额－当期进项税额。其中销项税额是指纳税人销售货物或应税劳务，按照销售额和规定的税率计算并向购买方收取的的增值税税额，销项税额＝销售额×增值税税率。进项税额＝购进货物或劳务价款×增值税税率。按照纳税人的经营规模及会计核算的健全程度，增值税纳税人分为一般纳税人和小规模纳税人。

二、实务应用

企业外购材料时，由于结算方式和采购地点的不同，材料入库的时间与料款的支付在时间上不一定完全同步。从本地采购的材料，通常在货款支付后就能立即收到材料；从外地采购的材料，由于材料运输时间和结算凭证的传递以及承付时间的不一致，可能会发生结算凭证已到，货款已支付，但材料尚在运输途中的情况，有时也会发生材料已到，而结算凭证尚未到达，货款也未支付的情况。因此，材料采购的具体情况不同，其账务处理也就有所不同。

（一）货款付清，同时收料

企业在本地采购的材料，通常是材料和有关的结算凭证同时到达，企业也支付了货款。这时应根据发票账单和收料单确定的材料成本，借记“原材料”账户，根据增值税专用发票上注明的税额，借记“应交税费——应交增值税（进项税额）”账户，根据实际支付款项的结算凭证，贷记“银行存款”账户（假设购货方是一般纳税企业，增值税税率为17%，材料采购按实际成本计价。下同）。为了简化核算，对于材料采购过程中发生的市内零星运杂费和采购人员的差旅费，一般不记入外购材料的实际成本，而是记入“管理费用”账户借方。

【例5－15】 南阳公司12月6日从爱华工厂购入A材料1 500千克，增值税专用发票上注明的材料货款为3万元，增值税额为5 100元，运费发票上注明供货方代垫运费为600元（为简化起见，运费不再分解增值税进项税额，下同），全部款项已用银行存款支付，同时材料已经运到，并验收入库。

分析： 这项经济业务的发生，使企业的资产类账户“原材料”增加了30 600元（材料采购成本＝30 000＋600＝30 600元），负债类账户“应交税费”减少了5 100元，资产类账户“银行存款”减少了35 700元。其会计分录如下：

借：原材料——A材料	30 600	
应交税费——应交增值税（进项税额）	5 100	
贷：银行存款		35 700

（二）付款在前，收料在后

付款在前，收料在后的情况，多数是企业向外地采购材料，结算凭证等单据已收到，并通过银行承付了款项，但材料尚在运输途中或尚未验收入库，在会计上作为在途物资处理。付款时，企业应根据结算凭证、发票账单等确定的采购成本，借记“在途物资”账户，根据增值税专用发票上注明的增值税进项税额，借记“应交税费——应交增值税（进项税额）”账户，并按实际支付的款项，贷记“银行存款”等账户。待材料到达并验收入库时，再根据材料收料单借记“原材料”账户，贷记“在途物资”账户。

【例5－16】 12月7日，南阳公司从外地红星工厂购入原材料B 2 500千克，增值税专用发票上注明价款为10万元，增值税额为1.7万元，红星工厂代垫运杂费5 000元。全部价税款及运杂费已通过银行转账支付，材料尚未运到。

分析：购买材料的有关账单已到达南阳公司且货款已支付，但材料未到，应通过"在途物资"账户进行核算。这笔经济业务的发生，一方面使南阳公司的资产类账户"在途物资"增加105 000元（100 000 + 5 000），负债类账户"应交税费"减少17 000元，另一方面使资产类账户"银行存款"减少122 000元，其会计分录如下：

借：在途物资——B材料	105 000	
应交税费——应交增值税（进项税额）	17 000	
贷：银行存款		122 000

12月10日，上述外购的B材料已全部运到并验收入库，南阳公司应根据材料"收料单"等有关原始凭证，增加"原材料"账户105 000元，减少"在途物资"账户105 000元。会计分录如下：

借：原材料——B材料	105 000	
贷：在途物资——B材料		105 000

（三）收料在前，付款在后

企业在采购材料过程中，发生材料已运到，货款暂时未能支付的业务，如果所收到的材料确属企业订购的品种，可先行办理验收入库的手续，并分别以下两种情况，进行账务处理：

1. 材料已到，发票账单也已收到，但由于企业银行存款不足而暂未付款，或购货合同定为赊购。在这种情况下，企业因购入材料而占用了供应单位的资金，形成了应付而未付供应单位的款项，包括应付账款和应付票据等。

【例5－17】 12月10日，南阳公司从西水工厂购进B材料375千克，增值税专用发票上注明价款为15 000元，增值税额为2 550元，西水工厂代垫运杂费750元。材料已运达公司并已验收入库。发票账单已到，但材料价税款及运杂费尚未支付。

分析：这笔经济业务的发生，南阳公司应根据发票账单的价款和运杂费确定购入材料的实际成本，使资产类账户"原材料"增加15 750元（15 000 + 750），负债类账户"应交税费"减少2 550元，对于款项未付形成应付西水工厂的价税款及运杂费，则使负债类账户"应付账款"增加了18 300元。其会计分录如下：

借：原材料——B材料	15 750	
应交税费——应交增值税（进项税额）	2 550	
贷：应付账款——西水工厂		18 300

应付票据是企业赊购材料、商品等为了延期付款而开出并承兑的商业汇票。它是交易双方以商品购销业务为基础而使用的一种信用凭证。开出、承兑的商业汇票在尚未到期前，构成购货企业的一项负债。按有关规定，我国商业汇票的付款期限不超过6个月，所以属于流动负债。应付票据与应付账款虽然都是由于交易而引起的流动负债，但应付账款是尚未结清的债务，而应付票据是一种期票，是延期付款的证明，有承诺付款的票据作为凭据。企业因购买材料、商品等而开出、承兑商业汇票时，应借记"原材料"、"应交税费"等账户，并按汇票面值贷记"应付票据"账户。

如果例5－17是采用商业汇票结算方式，南阳公司按协议已签发、承兑期限为2个月的商业承兑汇票 18 550 元，连同解讫通知交给西水工厂。同样一方面使“原材料”账户增加 15 750 元，“应交税费”账户减少 2 550 元，另一方面也使负债类账户“应付票据”增加了 18 300 元。其会计分录如下：

借：原材料——B 材料　　15 750
　　应交税费——应交增值税（进项税额）　　2 550
　　贷：应付票据　　18 300

如商业汇票到期，企业通过银行支付全部款项时，根据银行结算凭证作会计分录如下：

借：应付票据　　18 300
　　贷：银行存款　　18 300

2. 材料已到，但发票账单未到达，而货款暂未支付。在这种情况下，一般在月份内暂不编制会计分录，待有关发票账单到达之后再按前述情况作账务处理。如果到了月末，有关发票账单仍未到达，为了使得账实相符，应按暂估价或按合同价格入账，借记“原材料”账户，贷记“应付账款——暂估应付账款”账户，下个月的月初再用红字冲销。待有关发票账单等结算凭证到达之后，再按当月收料付款处理。

【例 5－18】 12 月 17 日，南阳公司收到兴业公司发来 B 材料 5 000 千克，材料当日已验收入库，但尚未收到发票账单等结算凭证，货款暂未支付。

分析：对于这一笔经济业务，南阳公司在当日只需根据“收料单”登记材料明细分类账的收入数量，不编制会计分录。

• 假若在 12 月 26 日，兴业公司发来 B 材料的发票账单到达南阳公司，增值税专用发票上注明价款为 20 万元，增值税额 3.4 万元，兴业公司代垫运杂费 9 500 元。全部价税款及运杂费南阳公司当即通过银行转账付清。其会计分录如下：

借：原材料——B 材料　　209 500
　　应交税费——应交增值税（进项税额）　　34 000
　　贷：银行存款　　243 500

• 如果直到月末，南阳公司仍未收到兴业公司的有关发票账单等凭证，货款无法支付。这时南阳公司就要对已验收入库的该批 B 材料按暂估价或计划价入账。假设该批 B 材料的暂估价为 21 万元，则一方面使南阳公司资产类账户“原材料”增加 21 万元，另一方面对于不能根据发票账单确定的材料价款只能以暂估的应付账款，使负债类账户“应付账款”也增加 21 万元。其会计分录如下：

借：原材料——B 材料　　210 000
　　贷：应付账款——暂估应付账款　　210 000

下个月的月初用红字冲销原暂估价，应编制如下会计分录：

借：原材料——B 材料　　[210 000]
　　贷：应付账款——暂估应付账款　　[210 000]

待有关结算凭证等到达之后，再按当月收料付款处理，编制的会计分录与例 5－15 基本相同。

（四）通过预付货款购入材料

采用预付货款的方式采购材料，应在预付原材料价款时，根据付款凭证按照实际预付的金额，借记“预付账款”账户，贷记“银行存款”账户；已经预付货款的原材料验收入库，根据收料单和发票账单上所列的价税金额，借记“原材料”、“应交税费——应交增值税（进项税额）”账户，贷记“预付账款”账户。预付款项不足，补付货款时，根据付款凭证按实际补付金额，借记“预付账款”账户，贷记“银行存款”账户；预付款项过多，收到供货方退回多余货款，根据收款凭证按实际收到的退回金额，借记“银行存款”账户，贷记“预付账款”账户。

【例 5-19】 12 月 20 日，南阳公司与五象公司签订了购销合同，购入 A 材料 4 000 千克；根据该合同规定，需向五象公司预付货款总额 8 万元的 50%，即 4 万元，已通过银行转账支付。

分析：这项经济业务的发生，一方面使南阳公司的资产类账户“预付账款”增加 4 万元，另一方面也使“银行存款”减少 4 万元。其会计分录如下：

借：预付账款——五象公司	40 000	
贷：银行存款		40 000

• 12 月 29 日，南阳公司收到五象公司发来的 A 材料，随货附来的增值税专用发票上注明价款为 8 万元，增值税额为 13 600 元，运费发票注明五象公司代垫运杂费 4 800 元。材料已验收入库，不足款项暂欠。

这项经济业务一方面使南阳公司的资产类账户“原材料”增加 84 800 元（80 000 + 4 800），负债类账户“应交税费”减少 13 600 元，另一方面也使资产类账户“预付账款”减少 98 400 元。根据收料单和发票账单作会计分录如下：

借：原材料——A 材料	84 800	
应交税费——应交增值税（进项税额）	13 600	
贷：预付账款——五象公司		98 400

这时，“预付账款”出现贷方余额 58 400 元，表示欠付五象公司的货款。

• 假设 12 月 30 日南阳公司通过银行给五象公司补付货款 58 400 元(98 400 - 40 000)，补付货款的业务使企业的资产类账户“预付账款”增加了 58 400 元，资产类账户“银行存款”减少了 58 400 元。根据付款结算凭证作会计分录如下：

借：预付账款——五象公司	58 400	
贷：银行存款		58 400

• 如果南阳公司收到五象公司发来的 A 材料的当天，立即用银行存款支付了不足部分的款项，所编制的会计分录如下：

借：原材料——A 材料	84 800	
应交税费——应交增值税（进项税额）	13 600	
贷：预付账款——五象公司		40 000（冲减原预付款）
银行存款		58 400（补付不足部分）

第四节　生产过程业务的核算

一、理论知识

（一）生产过程发生的主要经济业务

生产过程是产品制造企业生产经营活动的中心环节。它既是产品的制造过程，同时也是生产的耗费过程，为制造产品而发生的各种耗费，概括地称之为生产费用。它主要包括：耗用各种材料的费用、所使用各种固定资产的折旧费用、支付给劳动者的工资以及其他费用等。生产费用归集、分配到各种产品中去，便形成了各种产品的成本。因此，生产过程的主要经济业务有：各种耗费的发生、归集、分配、结转，核算费用，计算产品成本，产品制造完工后将产成品验收入库。

（二）生产过程业务核算应设置的主要账户

生产过程中各项业务核算，应设置以下账户："生产成本"、"制造费用"、"管理费用"、"应付职工薪酬"、"累计折旧"和"库存商品"。

1. "生产成本"账户。该账户的性质属于成本类，用来核算企业进行工业性生产，包括生产各种产品、自制材料、自制工具、自制设备等所发生的各项生产费用。借方登记企业生产各种产成品、自制半成品以及提供工业性劳务等所发生的各项费用，包括直接材料、直接人工和分配计入产品生产成本的制造费用，贷方登记已经生产完成并已验收入库的产成品以及入库的自制半成品的实际成本，期末借方余额表示尚未完工的在产品成本。该账户应按成本计算对象设置明细账，进行明细核算。

2. "制造费用"账户。该账户的性质属于成本类，用来归集和分配企业生产车间范围内为组织和管理产品的生产活动而发生的各项间接生产费用。借方登记生产车间发生的各项间接费用，如车间管理人员的工资及福利费，车间用水电费、机物料消耗，车间用房屋和机器设备的折旧费、修理费，车间办公费等，贷方登记期末分配转入"生产成本"账户的数额，期末结转后一般无余额。该账户应按不同的车间、部门设置明细账，并按费用项目设置专栏，进行明细核算。

3. "管理费用"账户。该账户的性质属于损益类，用来核算企业行政管理部门为组织和管理整个企业生产经营活动所发生的各项费用。借方登记平时所发生的各项管理费用，如管理部门一般耗用的材料费、工资及福利费、差旅费、固定资产的折旧费等，贷方登记期末转入"本年利润"账户的数额，期末结转后无余额。该账户按费用项目设置明细账，进行明细核算。

4. "应付职工薪酬"账户。该账户的性质属于负债类，用来核算企业根据有关规定应付给职工的各种薪酬。贷方登记分配转入受益对象的应付职工薪酬，借方登记企业支付的应付职工薪酬，期末可能有余额，若余额在借方，表示多发应付职工薪酬数额，若余额在贷方，表示尚未支付的应付职工薪酬数额。该账户可按"工资"、"职工福利"、"社会保险费"、"住房公积金"、"工会经费"、"职工教育经费"、"非货币性福利"、"辞退福利"、

“股份支付”等明细账户进行明细核算。

5.“累计折旧”账户。该账户的性质属于资产类，是用来核算企业固定资产已提折旧（即损耗价值）累计情况。由于它是资产类“固定资产”账户的抵减账户，反映固定资产价值因磨损而减少的价值，所以其贷方登记按月提取的折旧额（即固定资产折旧的增加数），借方登记因出售、报废、毁损的固定资产而相应转销的折旧数额（即固定资产折旧的减少数），期末余额在贷方，表示现有固定资产已提取的累计折旧额。“固定资产”账户的借方余额减去“累计折旧”账户的贷方余额，即为固定资产净值。“累计折旧”账户可按固定资产的类别或项目进行明细分类核算。

6.“库存商品”账户。该账户的性质属于资产类，主要核算库存产成品的收、发、结存情况。借方登记完工入库产成品的实际成本，贷方登记发出产成品的实际成本，期末借方余额表示库存产成品的实际制造成本。该账户应按库存产成品的种类、品种和规格设置明细账，进行明细核算。

此外，企业可能发生一些费用已经提前一次支付，受益在以后各期，按照权责发生制的要求，应在以后各期分期摊销的费用，如12月末支付明年全年的租入固定资产的租赁费等。如果金额不大的，可以直接计入当期成本费用；如果金额较大，分摊期长于一年的，可以通过“长期待摊费用”账户核算。

二、实务应用

（一）材料费用的核算

企业在生产经营过程中耗用的材料成本，应按材料的具体用途计入有关成本费用中。其中产品生产直接耗用的材料，借记“生产成本”账户；生产车间一般耗用的材料，借记“制造费用”账户；企业行政管理部门一般耗用的材料，借记“管理费用”账户；同时，按照本期耗用的材料成本总额，贷记“原材料”账户。

【例5-20】12月31日，南阳公司本月仓库发出的材料，经会计部门根据领料凭证汇总，其用途及成本如表5-1所示。

表5-1 发料凭证汇总表

××年12月

数量及金额 用途	A材料		B材料		合计（元）
	数量（千克）	金额（元）	数量（千克）	金额（元）	
制造产品领用：					
生产甲产品耗用	3 000	60 000	1 575	63 000	123 000
生产乙产品耗用	4 000	80 000	2 625	105 000	185 000
小　计	7 000	140 000	4 200	168 000	308 000
车间一般耗用			315	12 600	12 600
行政管理部门耗用			525	21 000	21 000
合　计	7 000	140 000	5 040	201 600	341 600

分析：从表5-1所列资料可以看到，这项经济业务中的材料使用于三个方面：一是直接用于产品生产的直接材料费用，甲、乙两种产品共耗用308 000元（123 000+185 000），

应记入“生产成本”账户借方；二是车间一般耗用的材料费用12 600元，应记入“制造费用”账户借方；三是企业行政管理部门耗用的材料费用21 000元，应记入“管理费用”账户借方。同时，领用材料使原材料存货减少，应记入“原材料”账户贷方。其会计分录如下：

借：生产成本——甲产品　　123 000
　　　　　　——乙产品　　185 000
　　制造费用　　12 600
　　管理费用　　21 000
　　贷：原材料——A材料　　140 000
　　　　　　　——B材料　　201 600

（二）人工费用的核算

职工为企业劳动，应从企业获得一定的报酬，每月末，企业根据职工当月工作情况，向职工支付一定的薪酬。职工薪酬包括职工工资、奖金、津贴和补贴；职工福利费；基本医疗保险、养老保险、失业保险、工伤保险和生育保险等社会保险费及住房公积金等。职工薪酬作为企业的一项支出，在实际发生时根据提供服务的受益对象不同，分别形成企业的费用成本或应计入有关资产的成本。其核算的具体程序主要包括工资结算的核算和分配结转工资费用的核算、提取并支付职工养老保险、失业保险、工伤保险、生育保险、基本医疗保险等“五险”费用环节。

1. 工资结算的核算。企业从银行存款户中提取现金备发工资时，借记“库存现金”账户，贷记“银行存款”账户。用现金实际发放工资时，借记“应付职工薪酬”账户，贷记“库存现金”账户。

【例5-21】 12月10日，南阳公司开出现金支票从银行提取现金9.1万元，以备发放工资。

分析：这项经济业务的发生，一方面使公司的资产类账户“库存现金”增加9.1万元，另一方面使资产类账户“银行存款”减少9.1万元。其会计分录如下：

借：库存现金　　91 000
　　贷：银行存款　　91 000

【例5-22】 12月10日，以现金发放本月份职工工资9.1万元。

分析：这项经济业务使公司的负债类账户“应付职工薪酬”增加了9.1万元，资产类账户“库存现金”减少了9.1万元。其会计分录如下：

借：应付职工薪酬——工资　　91 000
　　贷：库存现金　　91 000

假如企业实行由银行代发工资业务的，财会部门则每月将应实发给职工的工资数编表交给银行，由银行直接打入职工的工资存折中。其会计分录如下：

借：应付职工薪酬——工资
　　贷：银行存款

2. 分配结转工资费用的核算。工资费用的用途是不同的，有的直接用于产品的生产，有的用于管理活动等。所以，在确定本月应付职工薪酬总额时，就应该按用途分配计入有关成本费用中。其中，生产车间直接从事产品生产的工人工资，借记“生产成本”账户；不直接参与产品生产的车间管理人员的工资，借记“制造费用”账户；企业行政管理部门人员的工资，借记“管理费用”账户，等等。同时，按照应付工资总额，贷记“应付职工薪酬”账户。

【例 5－23】 12 月 31 日，南阳公司分配结转本月应付职工工资 9.1 万元。其中，制造甲产品工人工资 45 600 元，制造乙产品工人工资 22 800 元，车间管理人员工资 9 000 元，厂部管理人员工资 13 600 元。

分析：这项经济业务使企业的成本类账户“生产成本”、“制造费用”分别增加了 68 400元和 9 000 元，费用类账户“管理费用”增加了 13 600 元，负债类账户“应付职工薪酬”增加了 91 000 元。其会计分录如下：

借：生产成本——甲产品　　45 600

　　　　　　——乙产品　　22 800

　　制造费用　　9 000

　　管理费用　　13 600

贷：应付职工薪酬——工资　　91 000

3. 提取并支付职工“五险”费用的核算。按照有关规定，企业每月应按职工工资总额的一定比例计提并支付养老保险费、失业保险费、工伤保险费、生育保险费、基本医疗保险费以及住房公积金等，简称为“五险一金”。费用的列支渠道与工资费用的列支渠道一致。计提时，按照直接从事产品生产的工人工资总额计提的金额，借记“生产成本”账户；按照车间管理人员的工资总额计提的金额，借记“制造费用”账户；按照企业行政管理部门人员的工资总额计提的金额，借记“管理费用”账户；等等。同时，按照企业计提的“五险一金”总额，贷记“应付职工薪酬”账户。支付或者使用“五险一金”时，借记“应付职工薪酬”账户，贷记“银行存款”等账户。

【例 5－24】 南阳公司 12 月末按职工工资总额的 20% 计提养老保险，6% 计提失业保险，2% 计提工伤保险，1% 计提生育保险，8% 计提基本医疗保险。计提的职工“五险”费用金额计算如表 5－2 所示。

表 5－2　　**计提职工“五险”费用计算表**　　单位：元

项目	工资总额	养老保险 20%	失业保险 6%	工伤保险 2%	生育保险 1%	医疗保险 8%	合　计
生产工人——甲产品	45 600	9 120	2 736	912	456	3 648	16 872
生产工人——乙产品	22 800	4 560	1 368	456	228	1 824	8 436
车间管理人员	9 000	1 800	540	180	90	720	3 330
企业行政管理人员	13 600	2 720	816	272	136	1 088	5 032
合　计	91 000	18 200	5 460	1 820	910	7 280	33 670

分析：这项经济业务使企业的成本类账户“生产成本”、“制造费用”分别增加了 25 308元和 3 330 元，费用类账户“管理费用”增加了 5 032 元，负债类账户“应付职工薪酬

酬”增加了33 670元。其会计分录如下：

借：生产成本——甲产品　　16 872

　　　　　　——乙产品　　8 436

　　制造费用　　3 330

　　管理费用　　5 032

　　贷：应付职工薪酬——社会保险费　　33 670

【例5-25】 12月末，南阳公司以银行存款33 670元向市社会劳动保险所上缴以上所提取的各项保险费用。

分析：这项经济业务使企业的负债类账户“应付职工薪酬”减少了33 670元，资产类账户“银行存款”减少了33 670元。其会计分录如下：

借：应付职工薪酬——社会保险费　　33 670

　　贷：银行存款　　33 670

（三）制造费用的归集与分配

制造费用是产品制造企业为了生产产品和提供劳务而发生的各种间接费用。其主要内容是企业的生产部门（包括基本生产车间和辅助生产车间）为组织和管理生产活动以及为生产活动服务而发生的各项费用，包括生产车间管理人员工资及福利费、车间用固定资产的折旧费、修理费、机物料消耗、车间的办公费、水电费、劳动保护费等。

在同一车间生产多种产品的企业里，制造费用在发生时一般无法直接判定其应归属的成本核算对象（如某种产品），因而不能直接计入所生产的产品成本中，必须将这些间接费用按照发生的不同车间在“制造费用”账户中予以归集汇总，然后选用一定的标准（如生产工人工资、生产工时等），在该车间所生产的各种产品之间进行合理的分配，以便准确地确定各种产品应负担的制造费用。

1. 折旧费用的核算。固定资产在使用过程中，其自身的价值随着固定资产的使用而逐渐损耗和减少，这部分损耗和减少的价值，就称为“固定资产折旧”。固定资产折旧，应当在固定资产的有效使用年限内进行分摊，形成折旧费用，并按其不同的使用部门和用途，分别计入各期成本、费用。机器设备的折旧费虽然属于直接用于产品生产的费用，但由于一种产品的生产往往需要使用多种机器设备，而每一种机器设备也可能生产多种产品，如将折旧费直接计入产品成本，其分配计算的工作量将非常大。所以，为了简化产品成本计算工作，通常将生产车间使用固定资产所提取的折旧费列作制造费用，将企业行政管理部门使用固定资产所提取的折旧费列作管理费用。

【例5-26】 12月末，南阳公司按规定计提本月固定资产折旧28 160元。其中，生产车间用的固定资产折旧15 680元，行政管理部门用的固定资产折旧12 480元。

分析：这项经济业务，一方面使公司的成本类账户“制造费用”增加15 680元，损益类账户“管理费用”增加12 480元，另一方面使得固定资产账户的抵减账户“累计折旧”增加了28 160元（即意味着固定资产价值的减少）。其会计分录如下：

借：制造费用　　15 680

　　管理费用　　12 480

　　贷：累计折旧　　28 160

2. 修理费的核算。一般情况下，固定资产投入使用之后，由于固定资产磨损，各组成部分耐用程度不同，可能导致固定资产的局部损坏，为了维护固定资产的正常运转和使用，充分发挥其使用效能，企业将对固定资产进行必要的维护。发生固定资产维护支出只是确保固定资产的正常工作状况，它并不导致固定资产性能的改变或固定资产未来经济利益的增加。因此，应在发生时一次性直接计入当期费用。其中，生产车间用固定资产的修理费应借记“制造费用”账户，企业行政管理用固定资产的修理费应借记“管理费用”账户，同时按实际的支出，贷记“银行存款”、“原材料”等账户。

【例5－27】 12月25日，南阳公司的基本生产车间对现有的生产用机器设备进行维护保养修理，以银行存款支付修理费3 522元。

分析：这项经济业务的发生，使公司的成本类账户“制造费用”增加3 522元，使资产类账户“库存现金”减少了3 522元。其会计分录如下：

借：制造费用	3 522
贷：银行存款	3 522

3. 水电费的核算。企业的水电费一般不是在每月末支付，而是在下一个月的月初支付。按照权责发生制原则的要求，对本期已经耗用或受益，但尚未支付，应由本期负担的费用（即应计费用），应在期末调整入账。因此，企业应在月末根据不同使用部门的水、电表记录的耗用数量和不含税单价，确认当月应付的水电费，并计入有关成本、费用账户。其中，生产车间用的水电费应借记“制造费用”账户，企业行政管理用的水电费应借记“管理费用”账户，同时按计算的应付水电费（不含增值税），贷记“应付账款”账户。

【例5－28】 12月31日，根据水电部门送达的对账单，确认南阳公司本月应付陈村水厂水费1.5万元，南方电网电费1.7万元，共计3.2万元。其中，生产车间用的水电费为22 600元，企业行政管理用的水电费9 400元。

分析：这项经济业务，一方面使公司的成本类账户“制造费用”增加22 600元、损益类账户“管理费用”增加9 400元，另一方面使得负债类账户“应付账款”增加了3.2万元。其会计分录如下：

借：制造费用	22 600	
管理费用	9 400	
贷：应付账款——陈村水厂		15 000
——南方电网		17 000

下月初，南阳公司以银行存款支付这些水电费时，再根据有关的专用发票和银行付款凭证，借记“应付账款”和“应交税费——应交增值税（进项税额）”账户，贷记“银行存款”账户。

4. 其他费用的核算。在生产经营过程中，除了发生上述的材料、工资、折旧、修理等费用外，还会发生办公费、邮电费、保险费等各项其他费用。一般来说，这些费用可以在实际发生时根据受益对象直接计入有关成本费用账户中。

【例5－29】 南阳公司以现金800元购买办公用品一批，其中，交生产车间用300元，企业行政管理部门用500元。

分析：这项经济业务，一方面使公司的成本类账户“制造费用”增加300元、损益类账户“管理费用”增加500元，另一方面使资产类账户“库存现金”减少了800元。其会计分录如下：

借：制造费用 300

管理费用 500

贷：库存现金 800

5. 制造费用分配的核算。通过“制造费用”账户归集的各项间接费用，应于月末，采用一定的分配标准在车间所生产的各种产品之间进行分配，常见的分配标准有：生产工人工资、生产工时、机器工时等（具体分配方法见第九章）。将各种产品应负担的制造费用由“制造费用”账户转入“生产成本”账户，即借记“生产成本——某产品”账户，贷记“制造费用”账户。

【例5-30】 12月末，根据例5-20至例5-29的有关资料汇总，南阳公司本月共发生制造费用67 032元，按生产工人工资比例在甲、乙产品之间进行分配。经过计算，甲产品应负担制造费用44 688元，乙产品应负担制造费用22 344元。

分析：这项经济业务，使该生产车间本月发生的制造费用最终全部分配转入甲产品和乙产品的制造成本中，即一方面使公司的成本类账户“生产成本——甲产品”增加44 688元，“生产成本——乙产品”增加22 344元，另一方面使得公司成本类账户“制造费用”减少了67 032元。其会计分录如下：

借：生产成本——甲产品 44 688

——乙产品 22 344

贷：制造费用 67 032

（四）完工产品生产成本的计算与结转

在将制造费用分配计入各种产品成本后，“生产成本”账户的借方就归集了各种产品的全部制造成本，包括直接材料、直接人工和制造费用。在此基础上就可以进行产品成本的计算了（具体计算方法见第九章），经过划分完工产品和在产品成本的计算，对于已完工并验收入库的产成品，应将其实际制造成本由“生产成本”账户转入“库存商品”账户，即借记“库存商品”账户，贷记“生产成本”账户。

【例5-31】 12月末，根据例5-20至例5-30的有关资料，假设南阳公司本月投入生产的有甲、乙两种产品，在月末时甲产品全部制造完工，并已验收入库，应结转的实际生产成本为230 160元；而乙产品全部未完工。

分析：这项经济业务，使公司的资产类账户“库存商品”增加230 160元，使得公司成本类账户“生产成本——甲产品”减少了230 160元。其会计分录如下：

借：库存商品——甲产品 230 160

贷：生产成本——甲产品 230 160

结转后，“生产成本——甲产品”账户期末无余额。因为月末乙产品全部未完工，所以“生产成本——乙产品”账户期末有余额238 580元。

第五节 销售过程业务的核算

一、理论知识

(一) 销售过程发生的主要经济业务

企业经过产品生产过程，生产出符合要求、可供对外销售的产成品，接着就应该进入销售过程。企业的销售过程就是产品价值的实现过程，也是产品制造企业生产经营过程的最后一个阶段。在销售过程中，企业一方面要按合同规定向购货单位发送产品；另一方面要与购货单位办理结算，收取货款和增值税销项税额，确认收入的实现和计算确定应缴纳的相关税费，还要计算结转已销售产品的成本。此外，在销售过程中还要发生和确认产品包装费、运输费、装卸费、保险费、展览费、广告费等销售费用，应作为期间费用，在营业利润中抵扣。

同时企业在销售过程中除了发生销售商品、自制半成品以及提供工业性劳务等业务，即主营业务外，还可能发生一些其他业务，如销售材料、出租固定资产等。

(二) 销售过程业务核算应设置的主要账户

企业产品销售过程业务核算应当设置以下账户：

1. “主营业务收入”账户。该账户属于损益类账户中的收入类账户，主要用来核算企业确认的销售商品和自制半成品、提供工业性劳务等主营业务的收入。贷方登记实现的销售收入，借方登记期末转入“本年利润”账户的结转额，期末结转后无余额。该账户应按主营业务的种类设置明细账，进行明细核算。

2. “主营业务成本”账户。该账户属于损益类账户中的费用类账户，主要用来核算企业确认销售商品、提供劳务等主营业务收入时相应结转的成本。借方登记因销售商品、提供劳务而发生的实际成本，贷方登记期末转入“本年利润”账户的结转额，期末结转后无余额。该账户应按主营业务的种类设置明细账，进行明细核算。

3. “营业税金及附加”账户。该账户属于损益类账户中的费用类账户，主要用来核算企业经营活动发生的各种销售税金及附加，包括营业税、消费税、城市维护建设税、资源税和教育费附加等相关税费（不包括属于价外税的增值税）。借方登记企业按照有关的计税依据计算出的各种销售税金及附加，贷方登记期末转入“本年利润”账户的结转额，期末结转后无余额。

4. “销售费用”账户。该账户属于损益类账户中的费用类账户，主要用来核算企业销售商品和材料、提供劳务的过程中发生的各种费用，借方登记企业已实际发生、支付的产品包装费、运输费、广告费等各项销售费用，贷方登记期末转入“本年利润”账户的结转额，期末结转后无余额。该账户应按费用项目设置明细账户，进行明细核算。

5. “其他业务收入”账户。该账户属于损益类账户中收入类账户，用来核算企业确认的除主营业务活动以外的其他经营活动实现的收入，包括出租固定资产、出租无形资产、出租包装物和商品、销售材料等实现的收入。贷方登记企业取得的其他收入；借方登记期末转入“本年利润”账户的数额，期末结转后该账户应无余额。该账户应按其他业务的种类，如“材料销售”、“固定资产出租”、“无形资产出租”等设置明细账户，进行明细核算。

6.“其他业务成本”账户。该账户属于损益类账户中的费用类账户，主要用来核算企业确认的除主营业务活动以外的其他经营活动所发生的支出，包括销售材料的成本、出租固定资产的折旧额、出租无形资产的摊销额等。借方登记发生的各项其他业务成本；贷方登记期末转入“本年利润”账户的数额，结转后该账户应无余额。该账户应按其他业务的种类，如“材料销售”、“固定资产出租”、“无形资产出租”等设置明细账户，进行明细核算。

7.“应收账款”账户。该账户属于资产类，是用来核算企业因销售商品产品和提供劳务等而应向购货单位或接受劳务单位收取的价款、税款等的结算情况（结算债权）的账户。其借方登记企业由于销售商品、提供劳务等而发生的应收账款（即应收账款的增加），包括应收取商品或劳务的价款、增值税销项税额和代购货单位垫付的运杂费等，贷方登记应收账款的减少，包括已经收回的应收账款或收到购货单位开出的承兑商业汇票所抵付的应收账款等，期末余额一般在借方，表示尚未收回的应收账款；如果出现贷方余额，则表示预收的账款。“应收账款”账户应按不同的购货单位或接受劳务单位设置明细分类账户，进行明细分类核算。

8.“应收票据”账户。该账户属于资产类，用来核算企业因销售商品而收到的已承兑的商业汇票（包括银行承兑汇票和商业承兑汇票）；借方登记企业取得的商业汇票的面值；贷方登记企业到期收回、贴现的票面金额，期末余额在借方，表示企业持有的未到期的商业票据的票面金额。企业应当设置“应收票据备查簿”，逐笔登记商业汇票的种类、号数和出票日、票面金额、交易合同号和付款人、承兑人、背书人的姓名或单位名称、到期日、背书转让日、贴现日、贴现率等详细资料。应收票据到期结清票款或退票后，在备查簿中应予注销。

9.“预收账款”账户。该账户属于负债类，用来核算企业按照合同规定向购货方预先收取的款项。贷方登记预收账款的数额和补收账款的数额，借方登记企业向购货方发货后冲销的预收账款数额和退还购货方多付账款的数额，余额一般在贷方，表示已预收货款但尚未向购货方发货的数额。该账户应按照购货单位设置明细分类账户，进行明细分类核算。预收账款不多的企业，可以不设置“预收账款”账户，而将预收的款项直接记入“应收账款”账户。此时，“应收账款”账户就成为双重性质的账户。

二、实务应用

（一）主营业务收入的核算

制造业企业的主营业务收入主要包括销售商品产品、自制半成品、提供工业性劳务等取得的收入。对主营业务收入的核算是以确认销售收入的实现为前提，企业销售产品，达到收入确认条件的，应及时确认收入，并结转相关的销售成本等。按确认的收入金额与应收取的增值税税额借记“银行存款”、“应收账款”、“应收票据”等账户，按确认的收入金额，贷记“主营业务收入”账户，按应收取的增值税税额贷记“应交税费——应交增值税（销项税额）”账户。由于采用不同的销售方式和结算方式，其账务处理也有差别。现分别举例说明如下：

1. 现销方式的核算。现销方式是指以收取现款销售产品的一种方式，即销售产品既确认了收入，同时又收取了款项。当产品已经发出，货款已经收到时，应根据实际收到款项的结算凭证，借记“银行存款”账户，根据发票确定的收入，贷记“主营业务收入”账户，根据增值税专用发票上注明的税额，贷记“应交税费——应交增值税（销项税额）”账户。

【例5-32】 12月15日，南阳公司销售甲产品500件，每件售价200元，开出的增值税专用发票上注明的价款10万元，增值税税额1.7万元，价税款已全部收到并存入银行。

分析：这项经济业务的发生，一方面使得公司资产类账户“银行存款”增加11.7万元，另一方面使得损益类账户“主营业务收入”增加10万元，负债类账户“应交税费——应交增值税（销项税额）”增加17 000元。其会计分录如下：

借：银行存款	117 000	
贷：主营业务收入——甲产品		100 000
应交税费——应交增值税（销项税额）		17 000

2. 赊销方式的核算。赊销方式就是指企业先把商品产品销售给购货单位使用，但尚未收取款项的一种销售方式。在这种方式下，虽然款项在本期内尚未收取，但商品、劳务或财产使用权已提供，因此，在权责发生制下，应确认为企业本期的销售收入（即应计收入），对于尚未收回的款项，则构成企业的应收款项，包括应收账款、应收票据等。

（1）应收账款的核算。应收账款是指企业因销售商品、产品或提供劳务而形成的债权。企业因销售商品或提供劳务等而发生应收账款业务时，对全部应收取的款项（包括价款、税款和代垫的运杂费）借记“应收账款”账户，按确定的收入金额和应收取的增值税销项税额，分别贷记“主营业务收入”账户和“应交税费——应交增值税（销项税额）”账户，对于代购货单位垫付的运杂费贷记“银行存款”或“库存现金”账户。在以后收回应收账款时，再借记“银行存款”账户，贷记“应收账款”账户。

【例5-33】 12月6日，南阳公司按合同赊销给异地F公司乙产品1 000件，每件售价300元，开出的增值税发票注明价款30万元，增值税税额5.1万元，产品已发出，并以银行存款代垫运杂费2 000元，所有款项尚未收到。

分析：这项经济业务的发生，一方面使得南阳公司的资产类账户“应收账款”增加35.3万元，另一方面使得损益类账户“主营业务收入”增加30万元，负债类账户“应交税费——应交增值税（销项税额）”增加5.1万元，资产类账户“银行存款”减少2 000元。其会计分录如下：

借：应收账款——应收F公司	353 000	
贷：主营业务收入——乙产品		300 000
应交税费——应交增值税（销项税额）		51 000
银行存款		2 000

（2）应收票据的核算。应收款项的另一种形式是应收票据，与应收账款不同，应收票据需要依据在赊销业务中由债权人或债务人签发的表明债务人在约定时日应偿付约定金额的书面文件，因而受到法律的保护，具有较强的法律约束力。应收票据作为商业信用的工具，在到期前可以向银行贴现或背书转让，因而比应收账款具有更高的流动性。

企业采用商业汇票结算方式销售产品，收到经债务人或债务人开户银行承兑的商业汇票时，应按其面值借记“应收票据”账户，按产品的价款和增值税销项税额，分别贷记“主营业务收入”账户和“应交税费——应交增值税（销项税额）”等账户。以后所收到的商业汇票到期，收回款项时，再借记“银行存款”账户，贷记“应收票据”账户。

【例5-34】 12月17日，南阳公司销售给W公司甲产品1 000件，每件售价200元，开出的增值税发票注明价款20万元，增值税税额3.4万元，货已发出，收到经W公司承兑的商业汇票一张，面值为23.4万元。

分析：这项经济业务的发生，一方面使得南阳公司的资产类账户“应收票据”增加23.4万元，另一方面使得损益类账户“主营业务收入”增加20万元，负债类账户“应交税费——应交增值税（销项税额）”增加3.4万元。其会计分录如下：

借：应收票据　　234 000

　　贷：主营业务收入——甲产品　　200 000

　　　　应交税费——应交增值税（销项税额）　　34 000

【例5-35】 承例5-33，12月18日，经过与异地F公司商定，应收账款35.3万元改用商业汇票结算，南阳公司已收到异地F公司开出并承兑的商业汇票，期限3个月，面值为35.3万元。

分析：这项经济业务的发生，一方面使得南阳公司的资产类账户“应收票据”增加35.3万元，另一方面使得资产类账户“应收账款”减少35.3万元。其会计分录如下：

借：应收票据　　353 000

　　贷：应收账款——应收F公司　　353 000

3. 预收货款方式的核算。预收货款方式是指企业在销售商品或提供劳务前，根据购销合同的规定，向购货方或接受劳务方预先收取部分货款，以后再发出商品或提供劳务的一种销售方式。企业在收到款项后，应在合同规定的期限内给购货方或接受劳务方发出商品或提供劳务，否则，必须如数退还预收的款项。但预收账款的偿还一般不需要支出货币资金，而是发出商品或提供劳务。因此，在会计上，将预收账款作为负债处理。

按照权责发生制核算基础，收入的实现不是以收到货款为标准，在采用预收货款结算方式下，是在商品发出或劳务提供时，才能作为营业收入实现。因此，其账务处理应分三步进行：

第一步，预收货款时，按照实际预收的数额，借记“银行存款”账户，贷记“预收账款”账户。

第二步，企业按合同的要求发出货物，实现销售收入时，借记“预收账款”账户，贷记“主营业务收入”账户和“应交税费——应交增值税（销项税额）”账户。

第三步，如果已预收的货款小于应收账款，则在补收款项时，借记“银行存款”账户，贷记“预收账款”账户；如果已预收的账款大于应收账款，则在退还余款时，借记“预收账款”账户，贷记“银行存款”账户。

【例5-36】 12月18日，南阳公司按照合同规定，预收红豆工厂订购乙产品1 000件的货款10万元，存入银行。

分析：这项经济业务的发生，一方面使得南阳公司的资产类账户“银行存款”增加10万元，另一方面使得公司的负债类账户“预收账款”增加10万元。其会计分录如下：

借：银行存款　　100 000

　　贷：预收账款——预收红豆工厂　　100 000

【例5-37】 12月28日，南阳公司在预收账款后，向红豆工厂发出乙产品1 000件，每件售价300元。货已发出，开出的增值税发票注明的价款30万元，增值税税额5.1万元。

分析：南阳公司原预收红豆工厂的货款为 10 万元，而现在发货的价税款共计 35.1 万元，不足款项的差额为 251 000 元（351 000 - 100 000），发货当日还未收到。因此，这项经济业务的发生，一方面先作为公司的负债类账户"预收账款"减少 35.1 万元，另一方面使损益类账户"主营业务收入"增加 30 万元，负债类账户"应交税费——应交增值税（销项税额）"增加 5.1 万元。其会计分录如下：

借：预收账款——预收红豆工厂	351 000	
贷：主营业务收入——乙产品		300 000
应交税费——应交增值税（销项税额）		51 000

根据以上会计分录记账后，"预收账款——预收红豆工厂"账户出现借方余额 25.1 万元，实质上已是南阳公司应收红豆工厂的货款（即债权）。

【例 5-38】 12 月 30 日，南阳公司收到红豆工厂补付的货款 25.1 万元，存入银行。

分析：这项经济业务的发生，一方面使得南阳公司的资产类账户"银行存款"增加 25.1 万元，另一方面负债类账户"预收账款"增加 25.1 万元，至此，"预收账款——预收红豆工厂"账户无余额。其会计分录如下：

借：银行存款	251 000	
贷：预收账款——预收红豆工厂		251 000

（二）结转已售产品的制造成本

企业销售商品，一方面减少了库存的存货，另一方面作为取得主营业务收入而垫支的资金，表明企业发生了费用，这项费用称为主营业务成本（也称为商品销售成本）。将销售发出的商品成本转为主营业务成本，应遵循配比的要求，不仅主营业务成本的结转应与主营业务收入在同一会计期间加以确认，而且应与主营业务收入在数量上保持一致。结转已售产品的实际生产成本应同时减少库存商品账面价值。即：借记"主营业务成本"账户，贷记"库存商品"账户。

【例 5-39】 12 月 31 日，南阳公司结转本月已售甲产品、乙产品的销售成本。其中甲产品单位成本为 120 元，乙产品的单位成本为 180 元。

分析：经过计算确定，本月销售甲产品 1 500 件，销售乙产品 2 000 件；已销售甲产品的成本为 18 万元（1 500 × 120），已销售乙产品的成本为 36 万元（2 000 × 180）。这项经济业务的发生，一方面使公司的损益类（费用类）账户"主营业务成本"增加了 54 万元，另一方面使资产类账户"库存商品"减少了 54 万元。其会计分录如下：

借：主营业务成本——甲产品	180 000	
——乙产品	360 000	
贷：库存商品——甲产品		180 000
——乙产品		360 000

（三）其他业务收入的核算

其他业务收入是指除主营业务以外的其他业务所取得的收入，在制造企业中主要包括销售材料收入、出租固定资产收入、出租包装物收入，以及提供非工业性劳务收入等。取得相关的收入时，按实际收到或应收的款项借记"银行存款"或"应收账款"账户，按确定的收入金额和应收取的增值税，分别贷记"其他业务收入"、"应交税费——应交增值税（销项税额）"等账户。对开展其他业务活动所发生相关的成本、费用，应借记"其他业务成本”账户，贷记“原材料”、“累计折旧”等账户。

【例5-40】 12月25日，南阳公司销售A材料300千克，售价8 000元，增值税1 360元，款项已收到并存入银行。材料的实际成本为6 000元。

分析：这项经济业务的发生，一方面使得公司的资产类账户“银行存款”增加9 360元，另一方面使得公司的损益类账户“其他业务收入”增加8 000元，负债类账户“应交税费——应交增值税（销项税额）”增加1 360元。其会计分录如下：

借：银行存款　　9 360

　贷：其他业务收入　　8 000

　　应交税费——应交增值税（销项税额）　　1 360

同时，结转已销售A材料的实际成本，使得损益类账户“其他业务成本”增加6 000元，资产类账户“原材料”减少6 000元。其会计分录如下：

借：其他业务成本　　6 000

　贷：原材料——A材料　　6 000

（四）销售费用的核算

销售费用是企业在销售过程中发生的由本企业负担的产品运输费、装卸费、包装费、途中保险费、展览费、广告费，以及为销售本企业商品而专设的销售机构（含销售网点、售后服务网点等）的经营费用。

企业发生的销售费用通过“销售费用”账户核算。当企业发生各种销售费用时，应根据有关发票单据确定的费用金额，借记“销售费用”账户，贷记“银行存款”或“库存现金”等账户；月终，将归集的销售费用全部由“销售费用”账户贷方转入“本年利润”账户的借方，计入当期损益。

【例5-41】 12月25日，南阳公司以银行存款支付产品广告费15 500元。

分析：这项经济业务的发生，一方面使得公司的损益类账户“销售费用”增加15 500元，另一方面使得资产类账户“银行存款”减少15 500元。其会计分录如下：

借：销售费用　　15 500

　贷：银行存款　　15 500

（五）营业税金及附加的核算

企业在一定时期内销售产品、提供工业性劳务等取得的营业收入，要按照规定向国家税务机关缴纳各种销售税金及附加，包括消费税、城市维护建设税、资源税以及教育费附加等。这些税金及附加一般是根据当月销售额或税额，按照规定的税率计算，于下月初缴纳。其中：

应交消费税额=应税消费品的销售额×消费税税率

应交城建税额=（当期应交的增值税+消费税+营业税）×城建税税率

应交教育费附加的计算方式同于城建税，只是比例不同。由于这些税金及附加是在当月计算而在下个月初缴纳的，属于企业本期的应计费用，在上交国家之前暂时停留在企业，也就形成企业的一项负债。因而计算结转应交销售税金及附加时，应作为企业发生的一项费用支出，借记“营业税金及附加”账户，同时作为企业流动负债的增加，贷记“应交税费”账户。

【例5-42】 12月31日，假设南阳公司销售的甲产品为应税消费品，消费税税率为

5%，按本月销售收入和国家规定的税率，计算出本月应负担的消费税为 15 000 元。另外，计算出本月应缴纳的城市维护建设税 6 800 元、教育费附加 2 900 元。

分析：这项经济业务的发生，一方面使得南阳公司的损益类账户“营业税金及附加”增加 24 700 元（15 000 + 6 800 + 2 900），另一方面使得负债类账户“应交税费”增加 24 700元。其会计分录如下：

借：营业税金及附加　　24 700
　　贷：应交税费——应交消费税　　15 000
　　　　　　　　——应交城建税　　6 800
　　　　　　　　——应交教育附加费　　2 900

下月初，南阳公司以银行存款上缴这些税金及附加时，再编制以下会计分录：

借：应交税费——应交消费税　　15 000
　　　　　　——应交城建税　　6 800
　　　　　　——应交教育附加费　　2 900
　　贷：银行存款　　24 700

第六节　财务成果形成与分配业务的核算

一、理论知识

财务成果是企业在一定会计期间实现的最终经营成果，也就是企业所实现的利润或亏损总额。利润是按照配比的要求，将一定时期内存在因果关系的收入与费用进行配比而产生的结果，收入大于费用支出的差额部分为利润，反之则为亏损。

（一）利润的构成与计算

由于利润是一个综合指标，它综合了企业在经营过程中的所费与所得，是企业会计核算的重要组成部分，从其构成内容来看，既有通过生产经营活动而取得的，也有通过投资活动而取得的，还有那些与生产经营活动没有直接关系的各项收入和支出等内容。有关利润指标各个层次的计算公式表达如下：

1. 营业利润。

营业利润 = 营业收入 - 营业成本 - 营业税金及附加 - 销售费用 - 管理费用 - 财务费用 - 资产减值损失 + 公允价值变动收益（ - 公允价值变动损失） + 投资收益（ - 投资损失）

其中：营业收入是指企业经营业务所确认的收入总额，包括主营业务收入和其他业务收入。

营业成本是指企业经营业务所发生的实际成本总额，包括主营业务成本和其他业务成本。

资产减值损失是指企业计提的各项资产减值准备所形成的损失。（本教材暂不涉及）

公允价值变动收益（或损失）是指企业交易性金融资产等公允价值变动形成的应计入

当期损益的利得（或损失）。（本教材暂不涉及）

投资收益（或损失）是指企业以各种方式对外投资所取得的收益（或发生的损失）。

2. 利润总额。

利润总额 = 营业利润 + 营业外收入 − 营业外支出

其中，营业外收入是指企业取得的与日常经营活动无直接关系的各项利得。营业外支出是指企业发生的与日常经营活动无直接关系的各项损失。

3. 净利润。

净利润 = 利润总额 − 所得税费用

其中，所得税费用是指企业确认的应从当期利润总额中扣除的所得税费用。

知识链接

利润指标计算方法

按照我国会计准则的要求，企业一般应当按月核算利润，按月核算利润有困难的，经批准，也可以按季或按年核算利润。企业计算确定本期利润总额、净利润和本年累计利润总额、累计净利润的具体方法有“账结法”和“表结法”两种。其中账结法是在每个会计期末（一般指月末）将各损益类账户净发生额全部转入“本年利润”账户，通过“本年利润”账户借、贷方的记录结算出本期损益总额和本年累计损益额，在这种方法下需要在每个会计期末通过编制结账分录，结清各损益类账户（本教材采用此法）。表结法是在每个会计期末（月末）各损益类账户余额不作结转至“本年利润”账户的处理，而是通过编制利润表进行利润的结算，根据损益类项目的本期净发生额、本年累计数额填报利润表，在利润表中直接计算确定损益额，即利润总额、净利润。年终，在年度会计决算时再用账结法，将各损益类账户全年累计发生额通过编制结账分录转入“本年利润”账户，“本年利润”账户集中反映了全年累计净利润的实现或亏损的发生情况。

（二）财务成果核算应设置的主要账户

为了反映和监督企业的利润形成和分配，除了前面已介绍过的部分损益类账户之外，还要设置以下账户：

1.“营业外收入”账户。该账户属于损益类账户中的收入类账户，用来核算企业发生的与生产经营无直接关系的各项收入，主要包括非流动资产处置利得、非货币性资产交换利得、债务重组利得、政府补助、盘盈利得、捐赠利得等。贷方登记企业发生的各项营业外收入，借方登记转入“本年利润”账户的结转额，期末结转后应无余额。该账户应按收入项目设置明细账，进行明细核算。

2.“营业外支出”账户。该账户属于损益类账户中的损失类账户，用来核算企业发生的与生产经营无直接关系的各项支出，包括非流动资产处置损失、非货币性资产交换损失、债务重组损失、公益性捐赠支出、非正常损失、盘亏损失等。借方登记企业发生的各项营业外支出，贷方登记转入“本年利润”账户的结转额，期末结转后应无余额。该账户应按支出项目设置明细账，进行明细核算。

3.“投资收益”账户。该账户属于损益类账户，用来核算企业对外投资所取得的收益或发生的损失。贷方登记企业对外投资取得的收益；借方登记企业投资发生的亏损；期末该账户如为贷方余额，表示企业对外投资取得的净收益；如为借方余额，表示企业对外投资发生的净损失。期末将该账户余额转入“本年利润”账户，结转后该账户无余额。该账户应按投资收益种类设置明细账，进行明细核算。

4.“所得税费用”账户。该账户属于损益类账户中的费用类账户，用来核算企业确认的应从当期利润总额中扣除的所得税费用。借方登记按纳税所得额计算的应纳所得税额所确认的当期所得税费用和调整增加的所得税费用，贷方登记调整减少的所得税费用以及期末转入“本年利润”账户的结转额，期末结转后应无余额。

5.“本年利润”账户。该账户属于所有者权益类账户，是用来核算企业会计年度实现的净利润（或发生的净亏损）。在各月末，该账户借方登记从损益类账户转入的各类支出、费用、损失，贷方登记损益类账户转入的各类收入、收益、利得；结转后，该账户年内期末余额如果在贷方，表示自本年初开始累计实现的净利润；期末余额如果在借方，则表示自本年初开始累计发生的净亏损。年末，应将该账户的余额（即全年实现的净利润或全年发生的亏损额）转入“利润分配——未分配利润”账户，经过结转之后，该账户年末无余额。

6.“利润分配”账户。该账户属于所有者权益类账户，用来核算企业一定时期内净利润的分配或亏损的弥补以及历年结存的未分配利润（或未弥补亏损）情况的账户。其借方登记本年实际分配的利润额，包括提取的盈余公积金和分配给投资者的利润等，以及年末自“本年利润”账户转入的全年累计亏损额，贷方登记其他转入和年末自“本年利润”账户转入的全年实现的净利润额。为了核算利润分配的具体情况，“利润分配”账户还要按利润分配的内容设置“提取法定盈余公积”、“应付现金股利”、“转作资本（或股本）的普通股股利”、“未分配利润”等明细分类账户，进行明细分类核算。这里需要注意的是，在年度终了，“利润分配”账户所属的“未分配利润”明细账户与其他明细账户要进行结转，即应将其他各个明细账户的余额在年度终了时全部转入“未分配利润”明细账户中，经过结转之后，其他明细账户均没有余额，只有“未分配利润”明细账户有余额，这个余额如果在贷方，表示企业历年积存的未分配利润，如果在借方，则表示企业历年积存的未弥补亏损。

7.“盈余公积”账户。该账户属于所有者权益类账户，用来核算企业从净利润中按规定比例提取的盈余公积金。贷方登记按规定从税后利润中提取的盈余公积数额，借方登记用盈余公积弥补企业亏损或用盈余公积转增资本的数额；期末余额在贷方，表示盈余公积的结余数。该账户应按盈余公积的种类设置明细账，进行明细核算。

8.“应付利润”账户。该账户属于负债类账户，用来核算企业给投资者分配的现金股利或利润。贷方登记企业应付给投资者的利润额，借方登记企业已实际支付给投资者的利润额；期末余额在贷方，表示企业应付未付的利润额。该账户按投资者进行明细核算。

二、实务应用

（一）期间费用的核算

期间费用是指企业本期发生的、但不能直接或间接归入某种产品成本的、直接计入当期损益的各项费用。它是企业在经营过程中随着时间的推移而不断地发生、与产品生产活动的管理和销售有一定的关系，但与产品的制造过程没有直接关系的各种费用。由于这些费用难以确定其直接的负担者，也很难与各类收入直接配比，所以，不能计入产品制造成本，而应当在它们的发生期内确认为费用，并按其实际发生额从当期损益中予以扣除。期间费用主要包括管理费用、销售费用和财务费用。有关销售费用和财务费用的核算已在前面的内容中阐述，这里只对部分管理费用的核算作介绍。

管理费用是企业行政管理部门为组织和管理整个企业生产经营活动所发生的各种费用，包括企业行政管理部门发生的管理人员的薪酬、办公费、差旅费、水电费、业务招待费、劳动保险费、管理部门用固定资产折旧费和修理费等。企业发生的管理费用在“管理费用”账户中核算，即发生管理费用时借记该账户，贷记“库存现金”、“银行存款”、“其他应收款”等账户。月终，将借方归集的管理费用减去贷方发生额（如原材料盘盈）后的差额全部由该账户的贷方转入“本年利润”账户的借方，计入当期损益。

【例5-43】 12月10日，南阳公司总经理助理刘鸣出差归来报销差旅费1 980元（原预借2 000元），余款已退回现金。

分析：这项经济业务的发生，一方面使得公司的损益类账户“管理费用”增加1 980元，资产类账户“库存现金”增加20元，另一方面使得资产类账户“其他应收款”减少2 000元。应根据差旅费报销单等凭证。其会计分录如下：

借：管理费用	1 980	
库存现金	20	
贷：其他应收款——应收刘鸣		2 000

【例5-44】 12月10日，南阳公司用现金1 000元购买办公用品一批，已交公司办公室使用。

分析：这项经济业务的发生，一方面使得公司的损益类账户“管理费用”增加1 000元，另一方面使得资产类账户“库存现金”减少1 000元。应根据购货发票等凭证，编制如下会计分录：

借：管理费用	1 000	
贷：库存现金		1 000

（二）投资收益的核算

企业为了合理有效地使用资金，以获取更多的经济利益，除了进行正常的生产经营活动外，还可以将资金投放于债券、股票等，形成企业的对外投资。投资收益就是指企业对外投资所获取的收益或发生的损失。获取投资收益时，借记“银行存款”等账户，贷记“投资收益”等账户。发生投资损失时，则借记“投资收益”账户，贷记有关账户。

【例5-45】 12月15日，南阳公司将本月7日购入的（见例5-14）中国人寿股票全部出售，获价款净收入114万元，投资成本为100万元（购入后尚未发生公允价值变动处理），款项已存入银行。

分析：这项经济业务使企业资产类账户“银行存款”增加了114万元，资产类账户“交易性金融资产”减少了100万元，损益类账户“投资收益”增加了14万元。其会计分录如下：

借：银行存款	1 140 000	
贷：交易性金融资产——成本		1 000 000
投资收益		140 000

（三）营业外收支的核算

营业外收支是指与企业正常的生产经营活动没有直接关系的各项收入和支出，包括营业外收入和营业外支出。它偶发性很强，前后不发生联系，而且每项收入、支出往往是彼此孤立的，收入没有相应的成本、费用，支出没有相应的收入。因此，营业外收入和营业外支出应当分别核算，不能以营业外支出直接冲减营业外收入。虽然营业外收支与企业正常生产经营活动没有直接关系，但从企业主体考虑，营业外收支同样能够增加或减少企业的利润。在会计核算过程中，一般按照其具体项目发生的时间，按其实际数额在当期作为利润的加项或减项分别予以确认和计量。

1. 营业外收入的核算。营业外收入是指与企业正常的生产经营活动没有直接关系的各种收入，主要包括非流动资产处置利得、盘盈利得、罚没利得、捐赠利得、确实无法支付而按规定程序经批准后转作营业外收入的应付款项等。这些收入并不是由企业经营资金耗费所产生的，不需要企业付出代价，实际上是一种纯收入，不可能也不需要与有关费用进行配比。因此，在会计核算上，应当严格区分营业外收入与营业收入的界限。企业对于取得的营业外收入，应借记“银行存款”等有关账户，贷记“营业外收入”账户。期末，应将“营业外收入”账户余额转入“本年利润”账户，借记“营业外收入”账户，贷记“本年利润”账户。

【例 5－46】 12 月 16 日，南阳公司原与某企业（销货单位）签订购料合同，因该企业未按期交货，应支付违约金 5 000 元。现已收到该企业的违约罚款，存入银行。

分析：这项经济业务的发生，一方面使得公司的资产类账户“银行存款”增加 5 000 元，另一方面使得公司损益类账户“营业外收入”增加 5 000 元。其会计分录如下：

借：银行存款　　5 000

　　贷：营业外收入　　5 000

2. 营业外支出的核算。营业外支出是指企业发生的与其日常活动无直接关系的各项损失，主要包括非流动资产处置损失、盘亏损失、罚款支出、公益性捐赠支出、非常损失等。在会计核算上，这些支出应从企业实现的利润总额中予以扣除。企业发生营业外支出时，借记“营业外支出”账户，贷记“银行存款”等账户。期末，应将“营业外支出”账户余额转入“本年利润”账户，借记“本年利润”账户，贷记“营业外支出”账户。

【例 5－47】 12 月 20 日，南阳公司通过银行转账向希望工程捐款 2 万元。

分析：这项经济业务的发生，一方面使得公司的损益类账户“营业外支出”增加 2 万元，另一方面使得公司资产类账户“银行存款”减少 2 万元。其会计分录如下：

借：营业外支出　　20 000

　　贷：银行存款　　20 000

（四）利润总额形成的核算

利润总额是在企业经营过程中逐渐形成的，在形成过程中必须借助各种损益类账户来加以反映。在会计期末，企业应将当期损益类账户的各收入、收益类账户的净发生额从其借方转入“本年利润”账户的贷方；将当期损益类账户的各成本、费用、损失类账户的净发生额从其贷方转入“本年利润”账户的借方，然后，用“本年利润”账户借、贷方本期发生额相抵，贷方发生额大于借方发生额的差额，即为本期实现的利润总额，反之则为本期发生的亏损。

【例 5－48】 12 月 31 日，南阳公司月末结账时，根据本章例 5－33 至例 5－38 的资料，各损益类账户的发生额资料如表 5－3 所示。

表 5-3　　　　　　　　损益类账户发生额表

账户	借方发生额	贷方发生额
主营业务收入		900 000
主营业务成本	540 000	
营业税金及附加	24 700	
其他业务收入		8 000
其他业务成本	6 000	
管理费用	64 992	
销售费用	15 500	
财务费用	2 000	
投资收益	2 000	140 000
营业外收入		5 000
营业外支出	20 000	

分析：根据以上资料，应分别编制两笔结账分录。即：

1. 将本期损益类账户中收入汇转账户的净发生额转入“本年利润”账户贷方。一方面使得南阳公司损益类账户中所记录的“主营业务收入”、“其他业务收入”、“投资收益”和“营业外收入”减少，记入这些账户的借方；另一方面使得所有者权益类账户“本年利润”增加，计入该账户的贷方。应编制的会计分录为：

借：主营业务收入　　900 000
　　其他业务收入　　8 000
　　投资收益　　138 000
　　营业外收入　　5 000
　贷：本年利润　　1 051 000

2. 将本期损益类账户中费用汇转账户的净发生额转入“本年利润”账户借方。一方面使得南阳公司损益类账户中所记录的“主营业务成本”、“营业税金及附加”、“其他业务支出”、“管理费用”、“销售费用”、“财务费用”和“营业外支出”转销（即减少），计入这些账户的贷方；另一方面使得所有者权益类账户“本年利润”减少，计入该账户的借方。其会计分录如下：

借：本年利润　　673 192
　　贷：主营业务成本　　540 000
　　　　营业税金及附加　　24 700
　　　　其他业务成本　　6 000
　　　　管理费用　　64 992
　　　　销售费用　　15 500
　　　　财务费用　　2 000
　　　　营业外支出　　20 000

经上述结转后，各损益类账户无余额，同时也可以根据“本年利润”账户的贷方发生额减去借方发生额即计算出南阳公司 12 月份实现的利润总额：

1 051 000 − 673 192 = 377 808 元，或基于以上资料，结合利润总额的计算公式，也可以分层次计算南阳公司 12 月份的利润：

营业利润 = 908 000 − 546 000 − 24 700 − 15 500 − 64 992 − 2 000 + 138 000 = 392 808（元）

利润总额 = 392 808 + 5 000 − 20 000 = 377 808（元）

利润总额计算出来之后，形成企业在一定会计期间的所得，对于这些所得要按照税法的规定计算缴纳所得税。

（五）所得税费用和净利润的核算

企业的净利润是由利润总额减去所得税计算而得的。所得税是国家对企业（或个人）的经营所得和其他所得征收的一种税。缴纳所得税是企业使用政府所提供的各种服务而向政府应尽的法定义务。所得税的性质是一种费用，企业应计入当期损益。因为，作为经营实体的企业，向国家缴纳了所得税，就意味着其资源的流出、经济利益的减少，而且税收又具有强制性和无偿性，所以，将所得税作为企业的一种费用处理。

企业所得税的计征实行按年计算，按月或按季预缴，年终汇算清缴，多退少补的方法。

1. 当期所得税的计算。

当期应交所得税额 = 当期应纳税所得额 × 所得税税率

当期应纳税所得额是在企业当期税前会计利润（即利润总额）的基础上调整确定的，计算公式为：

当期应纳税所得额 = 当期税前会计利润 + 纳税调整增加额 − 纳税调整减少额

其中：纳税调整增加额主要包括税法规定允许扣除项目中，企业已计入当期费用但超过税法规定扣除标准的金额（如超过税法规定标准的工资支出、业务招待费支出），以及企业已计入当期费用但税法规定不允许扣除项目的金额（如税收滞纳金、税收罚款支出，非公益性救济性捐赠支出等）。纳税调整减少额主要包括按税法规定允许弥补的亏损和准予免税的项目，如前五年内的未弥补亏损、国债利息收入等。

2. 所得税费用的会计处理。对发生的所得税费用，企业应通过“所得税费用”账户核算。每期根据规定计算出应交的所得税额时，借记“所得税费用”账户，贷记“应交税费——应交所得税”账户；会计期末，将所得税费用由“所得税费用”账户的贷方转入“本年利润”账户的借方。

【例 5 − 49】 12 月 31 日，南阳公司本月税前会计利润为 377 808 元，所得税税率为 25%。假设没有发生纳税调整增加额项目和纳税调整减少额项目。

分析：

当月应纳税所得额 = 377 808 + 0 − 0 = 377 808（元）

当月应纳所得税额 = 377 808 × 25% = 94 452（元）

假设南阳公司也没有需要确认的递延所得税费用（或收益）。那么南阳公司当期所得税费用就是 94 452 元。

所得税计算出来后，一般在当期并不实际缴纳，所以在形成所得税费用的同时也产生了企业的一项负债。这笔经济业务的发生，一方面使得公司的“所得税费用”账户增加了 94 452元，另一方面使得公司的负债类账户“应交税费”增加了 94 452 元。其会计分录如下：

借：所得税费用　　　　94 452

贷：应交税费——应交所得税　　94 452

【例5-50】 承上例，南阳公司在会计期末将计算出来的所得税费用转入“本年利润”账户。

分析：这笔经济业务使公司的费用类账户“所得税费用”减少了94 452元，所有者权益类账户“本年利润”减少了94 452元。其会计分录如下：

借：本年利润　　94 452

贷：所得税费用　　94 452

所得税费用转入“本年利润”账户后，就可以根据“本年利润”账户的借、贷方记录的各项收入和费用计算确定企业本月的净利润额，即：

净利润 = 377 808 - 94 452 = 283 356（元）

此时，假定南阳公司12月份“本年利润”账户期初余额为贷方1 716 644元，加上12月实现的净利润283 356元，全年实现的净利润总计为200万元。

（六）企业利润分配业务的核算

利润分配是企业根据国家有关规定、企业章程和投资者的决议，对企业当年可供分配的利润所进行的分配。可供分配利润的计算公式如下：

$$\text{可供分配利润} = \frac{\text{当年实现}}{\text{的净利润}} + \frac{\text{年初未分配利润}}{\text{（或-年初未弥补亏损）}} + \text{其他转入}$$

1. 利润分配的程序。根据《公司法》等有关法规的规定，企业当年实现的净利润，首先应弥补以前年度尚未弥补完的亏损，然后按下列顺序进行分配：

（1）提取法定盈余公积。在弥补完以前年度亏损的前提下，企业按本年实现净利润的10%提取法定盈余公积。企业提取的法定盈余公积累计额超过其注册资本的50%时，可不再提取。

（2）提取任意盈余公积金。任意盈余公积金是股份制企业根据股东大会的决议提取的盈余公积。

（3）向投资者分配利润。企业实现的净利润在扣除上述项目后，再加上年初未分配利润，即为可供投资者分配的利润。可供投资者分配的利润的计算公式为：

$$\frac{\text{可供投资者}}{\text{分配的利润}} = \frac{\text{可供分配}}{\text{利　　润}} - \frac{\text{提取的法定}}{\text{盈余公积金}} - \frac{\text{提取的任意}}{\text{盈余公积金}}$$

2. 利润分配的会计处理。

（1）年度终了，企业应将全年实现的净利润作为可供分配的利润转入“利润分配”账户时，借记“本年利润”账户，贷记“利润分配——未分配利润”账户。如果当年发生亏损，转入“利润分配”账户时，作相反的会计分录。

【例5-51】 承上例，12月31日，南阳公司将本年实现的净利润200万元转入利润分配账户。

分析：结转本年实现的净利润，一方面使得公司的所有者权益类账户“本年利润”减少200万元，使该账户无余额，另一方面使得所有者权益类账户“利润分配——未分配利润”增加200万元。其会计分录如下：

借：本年利润　　2 000 000

贷：利润分配——未分配利润　　2 000 000

结转后“本年利润”账户余额为零。

（2）企业按规定从净利润中提取法定盈余公积时，应借记“利润分配——提取法定盈余公积”账户，贷记“盈余公积——法定盈余公积”账户。

【例 5－52】 12 月 31 日，南阳公司经董事会决议，决定按当年实现的净利润的 10% 提取法定盈余公积金。

分析：这项经济业务的发生，一方面使得公司的已分配利润增加 20 万元，另一方面使得公司的盈余公积金增加了 20 万元。其会计分录如下：

借：利润分配——提取法定盈余公积	200 000	
贷：盈余公积——法定盈余公积		200 000

（3）向投资者分配利润时，借记“利润分配”账户，贷记“应付利润”账户。

【例 5－53】 12 月 31 日，南阳公司经股东大会批准，向投资者分配利润 100 万元。

分析：这笔经济业务使企业的所有者权益类账户“利润分配”账户减少了 100 万元，负债类账户“应付利润”账户增加了 100 万元。其会计分录如下：

借：利润分配——应付利润	1 000 000	
贷：应付利润		1 000 000

（4）年终，将已经分配的利润转入“利润分配——未分配利润”账户。经过结转，“利润分配”账户下除“利润分配——未分配利润”明细账以外，其他明细账余额为零。

【例 5－54】 12 月 31 日，年度终了，结清“利润分配”账户所属的各有关明细账。

将本年已分配的利润 120 万元，明细账分别为：提取法定盈余公积 20 万元、应付股东利润 100 万元，全部由贷方转入“利润分配——未分配利润”账户借方，所有者权益类账户“利润分配”下的其他明细账户均已结转为零。其会计分录如下：

借：利润分配——未分配利润	1 200 000	
贷：利润分配——提取法定盈余公积		200 000
——应付利润		1 000 000

假设南阳公司年初未分配利润为 5 万元，则经过以上结转，“利润分配——未分配利润”账户的贷方余额为 85 万元（即：年初未分配利润 5 万＋本年净利润 200 万－提取法定盈余公积 20 万－分给投资者的利润 100 万），该数额即为该企业本年年末的未分配利润。

知识链接

利润分配的处理

在实际工作中，企业董事会或类似机构决议提请股东大会或类似机构批准的年度利润分配方案及有关利润分配的会计处理，一般在下年初才进行。本教材为了业务连贯性，故在年末进行有关分配利润的会计处理。

主要概念

产品制造成本　　期间费用　　本年利润　　所得税费用　　利润分配

问题与思考

1. 简要说明制造业企业资金运动的内容，以及由此而形成了哪些主要的经济业务。
2. 怎样理解“累计折旧”账户的用途和结构？
3. 如何确认商品销售收入？
4. 制造业企业期末应如何对损益类账户进行核算？

第六章 DILIUZHANG

账户分类

【理论知识目标】

☐ 了解账户分类的内涵及意义

☐ 明确各账户之间以及各账户与整体账户之间的区别和联系

☐ 掌握账户的两种分类方法和内容

【实务应用目标】

☐ 会判断某一具体账户在两种分类下的具体归属

☐ 能区别账户按经济内容的分类下五种账户的特点

☐ 会根据某个具体账户的内容和结构来分析结算账户与调整账户等的特点

第一节 账户按经济内容分类

一、理论知识

我们已经知道，账户是指根据会计科目开设的，具有一定格式的，用来连续、分类记录经济业务的核算工具。为了完成对企业中各项特定经济业务的会计核算，就需要在账簿中设置一系列账户。这些账户相互区别、严格区分，并独立存在，每一个账户都有其特定的核算内容，对特定的经济业务进行核算，从某一个角度来反映会计要素和资金变化的情况及其结果。同时，这些账户之间又紧密联系，相互依存，作为一个完整的账户体系而发挥作用。正是这些特征使得我们可以从不同角度抓住其共性，对账户进行分类，即从各账户之间的区别和联系入手，结合整个账户体系，从不同角度根据不同标准对账户进行归类划分。下面将以制造业为例，着重讨论在借贷记账法下，账户按所反映的经济内容分类情况。

（一）账户按经济内容分类的含义

账户按经济内容分类就是按账户所反映和监督的会计对象具体内容分类。账户按其经济内容分类是最基本的分类，是一切账户分类的基础。账户按经济内容的分类，直接反映了资金运动的静态和动态情况，完整地反映了资金运动的全貌，是企业编制财务报表的直接基础。这种分类解决了每个账户核算和监督会计要素的具体内容问题，决定了账户的性质。按照现行的会计制度，账户按其经济内容可以分为资产类账户、负债类账户、所有者权益类账户、成本类账户和损益类账户、共同类账户等六大类，其中，同类会计科目主要用来核算那些兼具资产与负债属性的金融工具。由于从某一时点来看，不论某笔经济业务的实际发生，还是其在某个账户上的余额反映，一般而言，往往可以区分为资产属性或负债属性，再者，共同类会计科目对于一般企业很少用到。所以，为便于初学者理解，我们在这里未把共同类会计科目单独划为一类。也就是说，我们把账户按其经济内容只划分资产类账户、负债类账户、所有者权益类账户、成本类账户和损益类账户等五大类。

（二）账户按经济内容的分类模式

以下我们按资产类、负债类、所有者权益类、成本类和损益类等五大类账户，依次具体说明其内容及构成模式。

1. 资产类账户。该类账户是用来核算和监督企业拥有或者控制的，能以货币计量的经济资源的增减变动及结余情况的账户。资产类账户按照流动性（或变现性）的不同分为两类：

（1）反映流动资产的账户。流动资产账户主要反映变现时间或者耗用时间在一年以内或超过一年但在一个营业周期以内的货币资金、应收款项、存货等资产，如“库存现金”、“银行存款”、“应收账款”等账户。

（2）反映非流动资产的账户。非流动资产账户主要反映变现时间或者耗用时间超过一年或超过一个营业周期（营业周期超过一年）的长期股权投资、固定资产、无形资产等，如“长期股权投资”、“固定资产”、“无形资产”等账户。

2. 负债类账户。该类账户是用来核算和监督企业承担的能以货币计量，需以资产或劳务偿付的债务的增减变动和结余情况的账户。负债类账户按照流动性不同分为两类：

（1）反映流动负债的账户。流动负债账户反映偿还期限在一年以内或长于一年但短于一个营业周期的负债。会计核算过程中流动负债类账户应具体设置“短期借款”、“应付票据”、“应付账款”等账户。

（2）反映长期负债的账户。即非流动负债账户，它反映偿还期限为一年及一年以上或超过一个营业周期（营业周期超过一年）的负债，如“长期借款”、“应付债券”、“长期应付款”等账户。

3. 所有者权益类账户。该类账户是用来核算和监督企业投资人对企业净资产所有权的增减变动和结余情况的账户。所有者权益账户按照资金来源构成分为两类：

（1）反映所有者投资形成的权益类账户。如“实收资本”、“资本公积”等账户。

（2）反映经营积累的账户。如“本年利润”、“盈余公积”、“利润分配”等账户。

4. 成本类账户。该类账户是用来归集费用、计算成本的账户。在工业企业，按照生产经营过程的阶段划分，成本类账户又可以分为以下三类：

（1）供应过程中用来归集购入材料的买价和采购费用，计算材料采购成本的账户，如“在途物资”、“材料采购”账户。

（2）生产过程中用来归集制造产品的生产费用，计算产品生产成本的账户，如“制造费用”和“生产成本”账户。

（3）固定资产购建过程中用来归集购建过程中的费用支出，计算固定资产实际购建成本的账户，如“在建工程”账户。

5. 损益类账户。该类账户是指其在一定时期的发生额合计要在当期期末结转到“本年利润”账户，用以计算确定一定时期内损益的账户。损益类账户按其与损益组成内容的关系分为两类：

（1）反映收入的账户。“主营业务收入”、“其他业务收入”、“营业外收入”、“投资收益”账户等。

（2）反映费用支出的账户。如“主营业务成本”、“营业税金及附加”、“管理费用”、“销售费用”、“财务费用”、“营业外支出”、“其他业务成本”、“所得税费用”等。

账户按经济内容分类的账户构成体系如表6－1所示。

表6－1　　账户按经济内容分类的账户构成体系表

账户类别		账户名称
1. 资产类	流动资产账户	库存现金、银行存款、短期借款、应收账款、应收票据、预付账款、其他应收款、原材料、库存商品
	非流动资产账户	长期股权投资、固定资产、累计折旧、固定资产清理、无形资产、长期待摊费用
2. 负债类	流动负债账户	短期借款、应付账款、应付票据、其他应付款、预收账款、应付职工薪酬、应交税费、应付股利、应付利息
	长期负债账户	长期借款、应付债券、长期应付款
3. 所有者权益类账户	核算所有者投资形成的账户	实收资本、资本公积
	核算所有者经营积累的账户	盈余公积、本年利润、利润分配
4. 成本类账户	计算材料采购成本账户	在途物资、材料采购
	计算产品制造（或劳务）成本账户	生产成本、制造费用、劳务成本
	计算工程成本账户	在建工程
5. 损益类账户	收入类账户	主营业务收入、其他业务收入、营业外收入、投资收益
	费用类账户	主营业务成本、营业税金及附加、销售费用、管理费用、财务费用、营业外支出、其他业务成本、所得税费用

这里要指出的是：一是有些账户归属的类别并不是唯一的。成本类账户从某种意义上来说，也是资产类账户。成本类账户归集的是一定对象上的耗费，其期末余额表示一定资产的价值。比如，“材料采购”账户的借方余额为在途材料实际成本；“生产成本”账户的借方余额为在产品的实际成本；“在建工程”账户的借方余额为未完工程的实际成本。二是双重性质账户的归类应视账户的余额方向确定。三是在《企业会计准则》中，因“清算资金往来”、“衍生工具”、“套期工具”、“被套期项目”账户同时兼备了资产类账户和负债类账户的特性，所以被单独归入共同类账户来反映。

二、实务应用

（一）资产类账户举例（库存现金）

【例6－1】 南阳公司12月份“库存现金”账户月初余额600元。12月1日发生三笔经济业务：

（1）从银行提取现金 2 000 元；

（2）以现金购买办公用品 1 000 元；

（3）以现金支付管理费用 500 元。

12 月 1 日“库存现金”账户登记如表 6－2 所示。

表 6－2 **总分类账**

科目：库存现金 第 页

××年		记账凭证		摘要	借方										✓	贷方										✓	借或贷	余额										✓
月	日	字	号		千	百	十	万	千	百	十	元	角	分		千	百	十	万	千	百	十	元	角	分			千	百	十	万	千	百	十	元	角	分	
12	1			期初余额																							借						6	0	0	0	0	
			1	从银行提取现金					2	0	0	0	0	0													借					2	6	0	0	0	0	
			2	以现金购买办公用品																1	0	0	0	0	0		借					1	6	0	0	0	0	
			3	以现金支付管理费																	5	0	0	0	0		借					1	1	0	0	0	0	

分析：“库存现金”是资产账户，借方登记增加数，贷方登记减少数。12 月 1 日发生三笔业务后的余额为 1 100 元。计算过程为：

1 100（末）＝600（初）＋2 000（借方）－1 000（贷方）－500（贷方）

由上可看出，在进行会计处理时，这类账户的借方登记资产增加数，其发生额发映资产的增加情况；贷方登记资产减少数，其发生额反映资产的减少情况；期末余额在借方，反映资产的结存情况。

（二）负债类账户举例（短期借款）

【例 6－2】 南阳公司 12 月份“短期借款”账户月初余额 1 600 元。12 月 1 日发生两笔经济业务：

（1）从银行取得三个月期借款 12 000 元；

（2）以银行存款归还短期借款 1 000 元。

12 月 2 日“短期借款”账户登记如表 6－3 所示。

表 6－3 **总分类账**

会计科目：短期借款 第 页

××年		记账凭证		摘要	借方										✓	贷方										✓	借或贷	余额										✓
月	日	字	号		千	百	十	万	千	百	十	元	角	分		千	百	十	万	千	百	十	元	角	分			千	百	十	万	千	百	十	元	角	分	
12	1			期初余额																							贷					1	6	0	0	0	0	
			1	取得短期借款															1	2	0	0	0	0	0		贷				1	3	6	0	0	0	0	
			2	归还短期借款					1	0	0	0	0	0													贷				1	2	6	0	0	0	0	

分析：“短期借款”是负债账户，贷方登记增加数，借方登记减少数。12 月 2 日发生两笔业务后的余额为 12 600 元。计算过程为：

12 600（末）= 1 600（初）+ 12 000（贷方）- 1 000（借方）

由上可看出，在进行会计处理时，这类账户的贷方登记资产增加数，其发生额发映负债的增加情况；借方登记负债减少数，其发生额反映负债的减少情况；期末余额在贷方，反映尚未归还的债务情况。

（三）所有者权益类账户举例（资本公积）

【例6-3】 南阳公司12月份“资本公积”账户月初余额2 600元。12月1日发生两笔经济业务：

（1）按规定提取资本公积22 000元；

（2）经批准用资本公积转增资本2 000元。

12月1日“资本公积”账户登记如表6-4所示。

表6-4　**总分类账**

会计科目：资本公积　　　　第　　页

××年		记账凭证		摘要	借方										✓	贷方										✓	借或贷	余额										✓
月	日	字	号		千	百	十	万	千	百	十	元	角	分		千	百	十	万	千	百	十	元	角	分			千	百	十	万	千	百	十	元	角	分	
12	1			期初余额																							贷					2	6	0	0	0	0	
			1	提取资本公积															2	2	0	0	0	0	0						2	4	6	0	0	0	0	
			2	转增资本					2	0	0	0	0	0																	2	2	6	0	0	0	0	

分析：“资本公积”是所有者权益账户，贷方登记增加数，借方登记减少数。12月1日发生两笔业务后的余额为22 600元。计算过程为：

22 600（末）= 2 600（初）+ 22 000（贷方）- 2 000（借方）

由上可看出，在进行会计处理时，这类账户的贷方登记所有者权益的增加，其发生额反映所有者权益的增加情况，借方登记所有者权益的减少，其发生额反映所有者权益的减少情况，期末余额在贷方，反映所有者权益的结存情况，并由此反映所有者对企业所拥有净资产的要求权。

（四）成本类账户举例（制造费用）

【例6-4】 南阳公司12月份“制造费用”账户月初无余额。12月1日发生三笔经济业务：

（1）某车间领用机物料2 000元；

（2）以现金购买车间办公用品400元；

（3）月末费用余额全部分配出去。

12月1日“制造费用”账户登记如表6-5所示。

分析：“制造费用”是成本账户，借方登记增加数，贷方登记减少数。12月1日发生三笔业务后的余额为零。计算过程为：

表 6－5　　　　　　　　　　　　　　**总分类账**

会计科目：制造费用　　　　　　　　　　　　　　　　　　第　　页

××年		记账凭证		摘要	借方										✓	贷方										✓	借或贷	余额										✓
月	日	字	号		千	百	十	万	千	百	十	元	角	分		千	百	十	万	千	百	十	元	角	分			千	百	十	万	千	百	十	元	角	分	
12	31		1	领用机物料					2	0	0	0	0	0													借					2	0	0	0	0	0	
			2	购买办公用品						4	0	0	0	0													借						4	0	0	0	0	
			3	分配转出																2	4	0	0	0	0		平										0	

0（末）＝2 000（借方）＋400（借方）－2 400（贷方）

由上可看出，在进行会计处理时，这类账户的借方登记成本增加数，其发生额反映成本的增加情况；贷方登记成本减少数，其发生额反映成本的减少情况；期末余额若有，在借方，反映成本的结余情况。

（五）损益类账户举例（主营业务收入）

考虑损益类中的费用类账户与上述成本类账户结构相同，以下只以损益类中的收入账户为例进行介绍。

【例 6－5】 南阳公司 12 月份“主营业务收入”账户月初无余额。12 月 1 日发生两笔经济业务：

（1）销售产品实现收入 2 000 元；

（2）期末全部予以结转。

12 月 1 日“主营业务收入”账户登记如表 6－6 所示。

表 6－6　　　　　　　　　　　　　　**总分类账**

会计科目：主营业务收入　　　　　　　　　　　　　　　第　　页

××年		记账凭证		摘要	借方										✓	贷方										✓	借或贷	余额										✓
月	日	字	号		千	百	十	万	千	百	十	元	角	分		千	百	十	万	千	百	十	元	角	分			千	百	十	万	千	百	十	元	角	分	
12			1	销售产品取得收入																2	0	0	0	0	0		贷					2	0	0	0	0	0	
				期末结转					2	0	0	0	0	0													平										0	

分析：“主营业务收入”账户是损益类中的收入账户，借方登记减少数，贷方登记增加数。12 月 1 日发生两笔业务后的余额为零。计算过程为：

0（末）＝2 000（贷方）－2 000（借方）

由上可看出，在进行会计处理时，这类账户的贷方登记收入的增加，其发生额可以反映收入的实际发生情况；借方登记收入的减少或转销，其发生额反映收入的减少或转销情况；期末余额若有，在贷方，反映收入的结余情况。

第二节 账户按用途和结构分类

一、理论知识

（一）账户用途与账户结构的含义

账户的用途是指设置和运用账户的目的，通过账户的记录提供哪些核算指标；账户的结构是指在账户中怎样记录经济业务，才能取得各种必要的核算指标，也就是账户的借方和贷方登记的内容，余额的方向及其表示的内容。

账户按其用途和结构分类，是账户在按经济内容分类后进一步的分类，是按经济内容分类的补充。账户按经济内容分类是最基本、最主要的分类，但仅仅对账户按经济内容分类并不能满足我们所有的需要，对账户按用途和结构进行进一步分类可以加强我们对各种账户的理解，以达到正确运用账户来记录经济业务的目的。因此，在账户按经济内容分类的基础上，对账户按结构和用途进行再次划分是必要的。

账户按其用途和结构可以分为如下10类：盘存账户、资本账户、结算账户、调整账户、成本计算账户、汇转账户、财务成果账户、跨期摊配账户、集合分配账户与计价对比账户等。

（二）账户按用途和结构的分类模式

1. 盘存类账户。该类账户是指可以通过实物盘点进行核算和监督的各种资产类账户。此类账户主要有：库存现金、银行存款、原材料、库存商品、固定资产等。盘存类账户的期初如果有余额在借方，本期发生额的增加数在借方，本期发生额的减少数在贷方，期末如果有余额在借方。盘存账户有下列特点：

（1）盘存账户反映的财产物资和货币资金，都是可以通过财产清查的方法（实地盘点或对账）确定其实有数，核对其实际结存数与账面结存数是否相符。

（2）除“库存现金”和“银行存款”账户外，其他盘存账户，如“原材料”、“库存商品”、“固定资产”等账户，通过设置明细账，可以提供实物数量和金额两种指标。

2. 资本类账户。该类账户是指用来核算和监督经济组织从外部取得的或内部形成的资本金增加变动情况及其实有数的账户。主要有：实收资本（或股本）、资本公积、盈余公积、利润分配等账户。资本类账户期初如果有余额在贷方，则本期发生额的增加数在贷方，期末如果有余额在贷方，本期发生额的减少数在借方。

3. 结算类账户。该类账户是指用来核算和监督一个经济组织与其他经济组织或个人以及经济组织内部各单位之间债权债务往来结算关系的账户。按照结算性质的不同它可以分为债权结算账户、债务结算账户和债权债务结算账户等三种。

（1）债权结算账户主要有：应收账款、应收票据、预付账款、其他应收款等，债权结算账户的基本格式及运用同盘存类账户，即：本期发生额的增加数在借方，本期发生额的减少数在贷方，期末余额在借方。

（2）债务结算账户主要有：应付账款、应付票据、预收账款、其他应付款、应交税费等。债务结算账户本期发生额的增加数在贷方，本期发生额的减少数在借方，期末余额在贷方。

（3）债权债务结算账户是一种比较特殊的结算类账户，它是对经济组织在与其他经济组织或个人之间同时具有债权及债权结算情况需要在同一账户进行核算与监督而运用的一种账户。对于某些经常与企业发生业务往来的单位或个人来说，有时是企业的债权人，有时又同时是企业的债务人。为了集中核算和监督企业与这些单位所发生的债权、债务的往来结算情况，有必要在同一个债权账户或同一个负债账户中核算应收、应付该单位款项的增减变动及其余额，这类账户即为我们所说的债权债务结算账户。属于这类账户的有“其他往来”等账户。

4. 调整类账户。该类账户是指用来调节相关账户的账面金额，以确定被调整账户实际余额数的账户。调整类账户按照调整方式的不同可以分为备抵调整账户、附加调整账户和备抵附加调整账户等三类。

（1）备抵调整账户。是指用来抵减被调整账户余额，以取得被调整账户实际余额的账户。备抵调整账户按照被调整账户性质的不同又可以分为资产类备抵调整账户和权益类备抵调整账户。资产类备抵调整账户与其被调整的资产类账户的运用方向相反。

（2）附加调整账户。是指用来增加被调整账户余额的账户。附加调整账户与其被调整的账户的运用方向相同。由于在现实中这类账户已经很少使用，因此有关它的运用不再介绍。

（3）备抵附加调整账户，是指既具有备抵又具有附加调整功能的账户。比较典型的备抵附加账户是“材料成本差异”账户。

调整类账户的特点可以归纳为如下几点：第一，调整账户依被调整账户而存在，两者紧密联系，提供了特定的会计信息，其调整方式是：“被调整账户的账面余额 ± 调整账户的账面余额 = 被调整账户实有数额”。第二，调整账户与被调整账户的经济内容相同，但两者余额的方向可能相同，也可能相反；如果相同时相加，如果相反时相减。下一节将结合运用具体讲述。

5. 成本计算类账户。该类账户用来核算和监督经济组织经营过程中某一阶段为购入、生产某项资产所发生的、应计入特定成本计算对象的费用，并据此计算各个成本计算对象实际成本的账户。成本计算类账户设置的基础是实际成本计价原则。实际成本计价原则要求财产物资按取得时的实际成本计价，一旦入账后，一般不能调整其账面价值。为了归集某一财产物资的取得成本，有必要设置成本计算账户。

通过成本计算账户的记录，一方面提供企业一定期间内发生的全部费用指标；另一方面提供某一成本计算对象的总成本和单位成本指标。在采购阶段，成本计算对象是材料，成本计算账户应提供材料采购的总成本、单位成本，以及材料的采购数量。在生产阶段，成本计算对象是产品，成本计算账户应提供生产的产品数量、产品的总成本和单位成本。属于成本计算类账户的有“在途物资”、“材料采购”、“生产成本”、“在建工程”等账户。

6. 汇转类账户。该类账户是用来汇总经济组织一定时期内发生的数额，而期末将其发生净额全部转入有关账户。汇转类账户按其汇转的经济业务不同可分为收入汇转账户、费用汇转账户和暂记汇转账户三种。

（1）收入汇转账户。收入汇转账户是用来汇集经济组织一定时期内经营过程所取得的收入，在期末将其全部收入净额转入“本年利润”账户。期末结转后这类账户一般无余额。

属于收入汇转账户的主要有："主营业务收入"、"投资收益"、"其他业务收入"和"营业外收入"账户等。

（2）费用汇转账户。费用汇转账户是用来汇集经济组织一定时期内经营过程所发生的费用，期末将其发生的全部费用净额转入"本年利润"账户的账户。期末结转后这类账户一般没有余额。属于费用汇转账户的主要有："主营业务成本"、"营业税金及附加"、"销售费用"、"其他业务支出"、"营业外支出"、"管理费用"、"财务费用"和"所得税"等账户。

（3）暂记汇转账户。暂记汇转账户是用来核算和监督经济组织某些暂时不能确定处理的经济业务，但在期末按照管理权限批准后予以转销的账户。由于它具有过渡性的性质，因此把它称为暂记汇转账户。常见的暂记汇转账户有"待处理财产损溢"账户。

7. 财务成果类账户。该类账户是指用来核算和监督经济组织在一定时期内财务成果的形成，并确定最终成果的账户。典型的财务成果类账户是"本年利润"账户。

8. 跨期摊提类账户。该类账户是用来反映和监督应由几个会计期间共同负担的费用，并将这些费用在各个会计期间进行分摊和预提的账户。跨期摊配账户的设置和运用，是为了使费用的确认建立在权责发生制的基础上，分清计入成本计算对象的时期界限，正确计算成本和利润，以便有根据地评价各该期间的经营业绩和经营责任。跨期摊配账户包括资产类跨期摊配账户和负债类跨期摊配账户两种。

（1）资产类跨期摊配账户。资产类跨期摊配账户包括"待摊费用"账户和"长期待摊费用"账户，这些账户都是用来核算和监督某些已经发生或支付，但应由本期和以后各期分摊费用的账户。

（2）负债类跨期摊配账户。典型的是"预提费用"账户，该账户是用来核算和监督根据规定已预先从成本或有关损益中提取，但尚未实际支付或发生的各项费用。

在现行会计制度中，"待摊费用"和"预提费用"账户虽取消，但各经济组织也可以根据实际需要增置这两个账户。

9. 集合分配类账户。该账户是用来汇集和分配经济组织经营过程中某个阶段所发生的某种间接费用的账户。设置集合分配账户，一方面可以将经营过程中某个阶段实际发生的间接费用和计划指标进行比较，考核和监督有关间接费用的超支和节约情况，另一方面，也便于将这些费用向各受益对象进行分配。属于集合分配账户的有"制造费用"等账户。

集合分配账户的特点是：具有明显的过渡性质，其借方汇集某一方面发生的费用，贷方记录期末结转分配到各成本计算账户的费用数额，期末一般没有余额。

10. 计价对比类账户。该类账户是对某一要素的记录，按照两种不同的计价标准进行计价、对比，确定其业务成果的账户。例如，按计划成本对企业材料进行日常核算的企业，设置的"材料采购"账户，借方为采购的实际成本，贷方为采购的计划成本，差额表示为节约额或超支额；同样，像"固定资产清理"账户也具有类似的用途和结构。会计核算中，通过计价对比账户来反映经营管理的结果，因此，计价对比的结果，期末一般应从计价对比账户形成差额的反方向转出。

这里值得说明的是，账户在按其所反映的经济内容分类的方法下，每一个账户的性质是固定的，不会产生一个账户具有多方面性质的问题。但在账户按用途和结构分类方法下，账户的类别则可能具有多重性。如属于成本计算账户的"材料采购"、"生产成本"账户，如果在期末时有余额的话，它们又属于盘存类账户。“材料采购”账户不仅可以划入以上两类，它还属于计价对比类账户。这些都表明，在账户按用途和结构分类的方法下，个别账户的划分类别不是固定的，而是根据实际情况，从多角度加以确定。因而，对于账户不仅应从不同的分类方法下区别它们类别归属的不同，还应从某一种特定的分类方法下认识它们的类别归属上的变化，只有这样才能加深对账户的全面认识，进而更加自如的掌握和应用这些账户。

账户按用途和结构分类的账户构成体系表如表6－7所示。

表6－7　　账户按用途和结构分类的账户构成体系表

账户类别		账户名称
1. 盘存类账户		库存现金、银行存款、原材料、库存商品、固定资产
2. 资本类账户		实收资本、资本公积、盈余公积
3. 结算类账户	债权结算类账户	应收账款、应收票据、预付账款、其他应收款
	债务结算类账户	应付账款、应付票据、其他应付款、预收账款、应付职工薪酬、应交税费
	债权债务结算类账户	
4. 调整类账户	备抵账户	累计折旧、坏账准备、利润分配
	附加账户	应付债券溢价
	备抵附加账户	材料成本差异
5. 成本计算类账户		在途物资、材料采购、生产成本、在建工程
6. 汇转类账户	收入汇转账户	主营业务收入、其他业务收入、营业外收入、投资收益
	费用汇转账户	主营业务成本、营业税金及附加、销售费用、管理费用、财务费用、其他业务成本、营业外支出、所得税费用
	暂记汇转账户	待处理财产损溢
7. 财务成果类账户		本年利润
8. 跨期摊提类账户		待摊费用、预提费用
9. 集合分配类账户		制造费用
10. 计价对比类账户		本年利润、材料采购

二、实务应用

（一）盘存类账户应用

在会计实务中，盘存类账户的运用是：借方登记各项财产物资和货币资金的增加数，贷方登记各项财产物资和货币资金的减少数，期末余额总是在借方，表示期末各项财产物资和货币资金的实际结存数。

【例6－6】 南阳公司“库存商品”账户的期初余额为3万元，本期增加5万元，本期减少6万元。其账户记录如图6－1所示。

（二）资本类账户应用

资本类账户，贷方登记所有者投入资本的增加数，借方登记所有者投入资本的减少数，期末余额在贷方，表示期末所有者投入资本的实有数。

【例6-7】 南阳公司“资本公积”账户的期初余额为6万元，本期增加1万元，本期减少3万元。其账户记录如图6-2所示。

借方　　盘存类账户	贷方
期初余额：30 000 本期发生额：50 000（增加）	本期发生额：60 000（减少）
期末余额：20 000	

图6-1 盘存类账户

借方　　资本类账户	贷方
本期发生额：30 000（减少）	期初余额：60 000 本期发生额：10 000（增加）
	期末余额：30 000

图6-2 资本类账户

（三）结算类账户应用

1. 债权结算账户。借方登记债权的增加数，贷方登记债权的减少数，期末余额一般是在借方，表示期末尚未收回债权的实有数。

【例6-8】 南阳公司“应收账款”账户的期初余额为8万元，本期增加4万元，本期减少5万元。其账户记录如图6-3所示。

2. 债务结算账户。借方登记债务的减少数，贷方登记债务的增加数，期末余额一般在贷方，表示期末尚未偿还债务的实有数。

【例6-9】 南阳公司“应付账款”账户的期初余额为2万元，本期增加6万元，本期减少7万元。其账户记录如图6-4所示。

借方　　债权结算账户	贷方
期初余额：80 000 本期发生额：40 000（增加）	本期发生额：50 000（减少）
期末余额：70 000	

图6-3 债权结算账户

借方　　债务结算账户	贷方
本期发生额：70 000（减少）	期初余额：20 000 本期发生额：60 000（增加）
	期末余额：10 000

图6-4 债务结算账户

3. 债权债务结算账户。我国企业会计准则规定，如果企业预收账款的业务不多，可以不单设“预收账款”账户，而用“应收账款”账户同时反映企业应收款项和预收款项的增减变动及其变动结果，此时的“应收账款”账户就是一个债权债务结算账户；如果企业预付款项的业务不多，也可以不单设“预付账款”账户，而用“应付账款”账户同时反映企业应付款项和预付款项的增减变动及其变动结果，此时的“应付账款”账户就是一个债权债务结算账户。实际上，这种方法就是将“应收账款”账户和“预收账款”账户合二为一；将“应付账款”账户和“预付账款”账户合二为一。

债权债务结算账户的期初余额可能在借方（表示债权大于债务的差额），也可能在贷方（表示债务大于债权的差额）；本期借方发生额表示债权的增加或债务的减少；本期贷方发生额表示债务的增加或债权的减少；余额有时在借方，有时在贷方，若余额在借方，表示债权额大于债务额，若余额在贷方，表示债务额大于债权额。此类账户通常称之为债权债务账户或混合结算账户。期末如果是借方余额表示债权大于债务的差额，如果是贷方余额则表示债务大于债权的差额。

【例6-10】 南阳公司将“应收账款”和“预收账款”账户合并设置“往来款项”账户，借方期初余额为2万元，本期增加应收款项6万元，本期预收货款3万元，本期收回应收款项2万元。其账户记录如图6-5所示。

借方	往来款项账户 贷方
期初余额：20 000 本期债权：60 000	本期负债：30 000 本期债权减少：20 000
本期发生额：60 000	本期发生额：50 000
期末余额(表示债权)：30 000	

图 6－5　往来款项账户

（四）调整类账户应用

1. 资产备抵账户应用。资产备抵账户是用来抵减某一资产账户的数额，以求得该资产账户实有数额的账户。"累计折旧"账户就是一个典型的资产备抵账户，它与"固定资产"账户之间的关系，就是调整与被调整的关系。

【例 6－11】　南阳公司在某月份期末"固定资产"账户余额为 3 500 万元，"累计折旧"账户余额为 60 万元。其账户反映如图 6－6 所示。

借方	固定资产（被调整账户） 贷方
余额：35 000 000	

借方	累计折旧（资产备抵账户） 贷方
	余额：600 000

固定资产实际价值(净值)＝35 000 000－600 000＝34 400 000(元)

图 6－6　资产备抵账户

从图 6－6 可以看出，用"累计折旧"（调整账户）配合被调整的"固定资产"账户，从不同的角度描述了固定资产的情况：既有固定资产原始价值信息，用以揭示企业生产能力的大小、技术含量的高低，并作为计提折旧的依据，又有该固定资产的磨损价值和净值数额相互对照，用以说明固定资产的新旧程度。"累计折旧"账户与"固定资产"账户的结构相反，余额方向相反。"固定资产"账户的余额一定在借方，"累计折旧"账户的余额一定在贷方。

2. 权益备抵账户应用。权益备抵账户是用来抵减某一权益（包括负债、所有者权益和收入）账户（被调整账户）的数额，据以确定该权益账户的实际数额的账户。"利润分配"账户就是一个典型的权益备抵账户，它与"本年利润"账户之间的关系，就是调整与被调整的关系。

【例 6－12】　南阳公司在 11 月末"本年利润"账户的贷方余额为 80 万元，"利润分配"账户的借方余额为 50 万元。其账户反映如图 6－7 所示。

借方	本年利润（被调整账户） 贷方
	余额：800 000

借方	利润分配（权益备抵账户） 贷方
余额：500 000	

未分配利润＝800 000－500 000＝300 000(元)

图 6－7　权益备抵账户

从图 6－7 可以看出，"利润分配"（调整账户）配合被调整账户"本年利润"，从不同角度揭示企业的财务成果情况：既有利润总额信息，用以综合说明企业的经营业绩，又有累计实现利润和已分配利润的相互对照，据以确定尚未分配的利润数额。“利润分配”账户的结构取决于“本年利润”账户的结构。由于采用抵减方式，因此，调整账户与被调整账户的结构正好相反。

（五）成本计算类账户

成本计算类账户的借方登记应计入成本的全部费用，包括直接计入各个成本计算对象的费用和按一定标准分配计入各个成本计算对象的费用；贷方登记转出的已完成某一过程的成本计算对象的实际成本。期末借方余额，表示尚未完成某一过程的成本计算对象的实际成本。

【例 6－13】 南阳公司“生产成本”账户的期初余额为 5 000 元，本期发生生产费用 6 万元，本期完工产品成本 4 万元。其账户反映如图 6－8 所示。

（六）汇转类账户应用

1. 收入汇转账户应用。收入汇转账户的贷方登记本期收入的增加额，借方登记本期收入的减少额和期末转入“本年利润”账户的收入净额。结转后该类账户应无余额。

【例 6－14】 南阳公司“主营业务收入”本期发生净额为 28 万元，“其他业务收入”本期发生额为 2 万元；期末全部转入“本年利润”账户，其账户反映如图 6－9 所示。

成本计算账户

借方	贷方
期初余额：5 000 本期发生额：60 000	本期发生额：40 000
期末余额：25 000	

图 6－8　成本计算账户

收入汇转账户

借方	贷方
本期发生额：300 000	本期发生额：280 000 20 000

图 6－9　收入汇转账户

2. 费用汇转账户应用。费用汇转账户的借方登记本期费用支出的增加额，贷方登记本期费用支出的减少额和期末转入“本年利润”账户的费用支出净额。结转后该类账户应无余额。

【例 6－15】 南阳公司“主营业务成本”账户的本期发生额为 19 万元，“其他业务成本”账户本期发生额为 1 万元；期末全部转入“本年利润”账户。其账户反映如图 6－10 所示。

3. 暂记汇转账户应用。该账户借方登记财产物资盘亏、毁损的实际数或报经批准转账的财产物资盘盈数，贷方登记财产物资的盘盈数或经批准转账的财产物资盘亏、毁损数。期末转销后一般无余额。其具体应用将在第十章介绍。

（七）财务成果类账户应用

在会计实务中，财务成果账户要注意以下几点：（1）贷方登记期末从各收入账户转入的本期发生的各项收入数，借方登记期末从各费用账户转入的本期发生的、与本期收入相配比的各项费用数。（2）期末如为贷方余额，表示收入大于费用的差额，为企业本期实现的净利润；若出现借方余额，则表示本期费用支出大于收入的差额，为本期发生的亏损额。（3）在年度中间（1—11 月末），财务成果账户，账户的余额（无论是实现的净利润还是发生的亏损）不转账，要一直保留在该账户，目的是提供截止本期累计实现的净利润或发生的亏损，因而年度中间该账户有余额，且可能在贷方，也可能在借方。（4）年终结算，要将本年实现的净利润或发生的亏损从“本年利润”账户转入“利润分配”账户。因此，年末转账后，该账户应无余额。

【例6-16】 南阳公司“本年利润”账户的11月初贷方余额为18万元，本月贷方发生额为30万元，借方发生额为20万元。其账户反映情况如图6-11所示。

借方	费用汇转账户　　贷方
本期发生额：190 000 10 000	本期发生额：200 000

图6-10　费用汇转账户

借方	财务成果账户　　贷方
本期发生额：200 000	期初余额：180 000 本期发生额：300 000
	期末余额：190 000

图6-11　财务成果账户

（八）集合分配类账户应用

集合分配类账户借方集中登记各种费用的发生数，贷方登记按照一定标准分配计入各个成本计算对象的费用分配数，归集在这类账户借方的费用一般在当期都全部分配出去，所以这类账户期末一般没有余额。

【例6-17】 南阳公司本月共发生制造费用3万元，期末按照一定标准全部分配给所生产的产品负担。其账户反映如图6-12所示。

借方	集合分配账户　　贷方
本期发生额：30 000	本期发生额：30 000

图6-12　集合分配账户

（九）计价对比账户应用

计价对比账户，借方登记某项经济业务的一种计价，贷方登记该项业务的另一种计价；期末将两种计价进行对比，据以确定成果。

典型的计价对比账户，如在材料按计划成本计价的情况下的“材料采购”账户，其借方登记采购材料的实际成本，贷方登记入库材料的计划成本，两者（实际成本与计划成本）进行比较，可以确定材料成本差异。其具体应用将在《中级财务会计》中予以介绍。

主要概念

账户用途与结构　结算账户　调整账户　汇转账户

问题与思考

1. 账户按经济内容的分类与账户按用途和结构的分类，二者之间有什么逻辑关系？请举例说明。

2. 以“累计折旧”账户为例，简述调整账户的主要特点。

3. 结算账户有哪些具体分类，如何正确运用？

第七章 DIQIZHANG

会计凭证

【理论知识目标】

□ 明确会计凭证的概念和内容

□ 掌握会计凭证的基本要素

□ 了解会计凭证的保管要求

【实务应用目标】

□ 会填写原始凭证

□ 会编制记账凭证

□ 会审核原始凭证和记账凭证

第一节 原始凭证

一、理论知识

（一）原始凭证的基本内容

原始凭证也称为原始单据，是经济业务发生时取得和填制的会计凭证，它是用来载明经济业务实际发生和完成情况，明确经济责任、具有法律效力的书面证明，是记账的原始依据。作为经济数据的原始载体，一切原始凭证都应当起到证明经济业务已经发生或实际完成的作用，因此，它们都应具备说明经济完成情况和明确经济责任的若干要素。其基本内容主要有：

1. 原始凭证名称；
2. 填制凭证的日期和编号；
3. 填制凭证单位名称或者填制人姓名；
4. 对外凭证要有接受凭证单位的名称；
5. 经济业务的内容摘要；
6. 经济业务所涉及的数量、计量单位、单价和金额；
7. 经办业务部门或人员的签章。

此外，有些原始凭证为了满足计划、统计等经营管理的需要，还要在凭证中列入有关的计划任务、合同号码等内容，使原始凭证发挥多方面的作用。原始凭证的上述内容是通过其具体格式体现出来的。

（二）原始凭证的种类

原始凭证的种类繁多，为了更好地掌握它们的特点，以便加强管理，往往可以将它们进行分类，分类方法一般有以下两种：

1. 原始凭证按其来源，可分为外来原始凭证和自制原始凭证两种。外来原始凭证是在经济业务发生时从外单位取得的，如购货时取得的发票、付款时取得的收据等；自制原始凭证是由本单位经办人员填制的，如货物验收入库的收货单、销售货物时的发货单等。

2. 原始凭证按其填制手续的不同，还可分为一次凭证、累计凭证和汇总原始凭证。一次凭证是对一项或若干项同类经济业务，在其发生或完成时一次性填制完成的原始凭证，如支票、收料单、领料单等；累计凭证是指在一定时期内，连续记载若干项不断重复发生的同类经济业务，直到期末，凭证填制手续才算完成，以期末累计发生数作为记账依据的原始凭证，如制造企业常用的限额领料单、出勤登记卡等；汇总原始凭证是指将一定时期内若干项记载同类经济业务的原始凭证加以汇总编制的凭证，如发出材料汇总表等。具体分类情况如表 7 – 1 所示：

表 7 – 1　　原始凭证分类情况表

项　目	按来源分	按填制手续分
原始凭证	外来原始凭证 自制原始凭证	一次凭证 累计凭证 汇总原始凭证

（三）原始凭证的填制

原始凭证在填制时必须做到形式上规范，技术上统一。

1. 原始凭证填制的规范要求。为了保证原始凭证能够正确、及时、清晰地反映各项经济业务活动的真实情况，提高会计核算的质量，原始凭证的填制必须符合下列规范要求：

（1）记录真实。即凭证上填制的日期、经济业务内容和数量金额要真实可靠，要按照经济业务实际发生的情况进行填制，要严格遵守客观性原则，不得以估算和匡算的数字填制。

（2）内容完整。即凭证规定的项目必须填制齐全，不得遗漏和简略，以全面反映经济业务的完整情况。

（3）书写清楚、规范。即凭证的数字和文字的书写应严格按照会计基础工作达标的要求认真书写。

（4）填制及时。即经济业务发生后，应按有关要求，在规定的时间内填制或取得原始凭证，以便及时反映经济业务的完成及处理情况。

（5）手续完备。即在填制原始凭证时，有关经办人员都要在原始凭证上签名或盖章，以示负责。

（6）统一格式。一般情况下，诸如增值税专用发票之类的原始凭证是由税务机关统一印制或监制，一般发票是由财政部门统一印制或监制。总而言之，在不影响会计核算质量和速度的前提下，单位应尽可能采用统一标准格式的原始凭证，以便提高工作效率和会计电算化的开展。

2. 原始凭证填制的技术要求。经办经济业务的人员在填制原始凭证时，应当符合下列技术要求：

(1) 墨水使用要求。各种原始凭证的书写，只能用蓝、黑墨水填写，一式几联的发票和收据，必须用双面复写纸套写，套写时可使用圆珠笔填写。

(2) 凭证签章要求。从外单位取得的原始凭证，必须盖有填制单位的公章；从个人取得的原始凭证，必须有填制人员的签名或者盖章。自制原始凭证必须有经办单位领导人或者其指定的人员签名或者盖章。对外开出的原始凭证，必须加盖本单位公章。

(3) 凭证附件要求。购买实物的原始凭证，必须有验收证明。支付款项的原始凭证，必须有收款单位和收款人的收款证明。只有这样才能保证原始凭证的真实性。

(4) 金额书写要求。大小金额数字要按规定的要求填写。具体来说，阿拉伯数字要逐个填写，不得连写；金额前面要冠以人民币符号“￥”，中间不留空位；元以后写到角分，无角分的要以“0”补位；凡阿拉伯数字前写有币种符号的，数字后面不再写货币单位。例如，人民币500元，表示为“￥500.00”，而“￥500.00元”是错误的。大写金额数字前未印有货币名称的，应当加填货币名称，货币名称与金额数字之间不得留有空白，最后为“元”的应写“整”字或“正”字断尾。如“￥500.00”写成大写时应写为“人民币伍佰元整”。

(5) 汉字大写数字及币值单位一律用如“壹、贰、叁、肆、伍、陆、柒、捌、玖、拾、佰、仟、万、亿、元、角、分、零、整”等字，不得用“0、一、二、三、四、五、六、七、八、九、十”等字代替大写，不得任意自造简化字。

(6) 多联凭证要求。一式几联的原始凭证，应当注明各联的用途，只能以一联作为报销凭证。一式几联的发票和收据，必须用双面复写纸（发票和收据本身具备复写纸功能的除外）套写，并连续编号。作废时应当加盖“作废”戳记，连同存根一起保存，不得撕毁。

(7) 退货退款要求。发生销货退回的，除填制退货发票外，还必须有退货验收证明；退款时，必须取得对方的收款收据或者汇款银行的凭证，不得以退货发票代替收据。

(8) 临时借款凭证。职工因公出差的借款凭据，必须附在记账凭证之后。收回借款时，应当另开收据或者退还借据副本，不得退还原借款收据。

(9) 批件处理要求。经上级有关部门批准的经济业务，应当将批准文件作为原始凭证附件：如果批准文件需要单独归档的，应当在凭证上注明批准机关名称、日期和文件字号。

(10) 原始凭证不得涂改、挖补。发现原始凭证有错误的，应当由开出单位重开或者更正，更正处应当加盖开出单位的公章。

知识链接

会计法对会计凭证的规定

《中华人民共和国会计法》第十四条对会计凭证的要求作出了明确规定，对会计主体办理经济业务事项时，必须填制或者取得原始凭证并及时送交会计机构。同时规定，原始凭证记载的各项内容均不得涂改；原始凭证有错误的，应当由出具单位重开或者更正，更正处应当加盖出具单位印章。原始凭证金额有错误的，应当由出具单位重开，不得在原始凭证上更正。

（四）原始凭证的审核

根据《会计法》第十四条规定，会计机构、会计人员必须按照国家统一会计制度的规定对原始凭证进行审核，对不真实、不合法的原始凭证有权不予接纳，并向单位负责人报告。由此可见，审核原始凭证是发挥会计监督职能的重要手段，是会计部门一项极为重要的工作。通过原始凭证的审核，可以为会计信息的真实性提供保障。

1. 原始凭证审核的主要内容。

（1）合法性审核。即审核原始凭证是否符合有关政策、法令、财经制度、计划、预算及合同的规定等。例如，在审核中注意检查是否存在下列情况：①多计或少计收入、支出、费用、成本；②擅自扩大开支范围，提高开支标准；③巧立名目，虚报冒领，违反规定公款私借；④套取现金，签发空头支票；⑤不按国家规定的方法、标准、比例提取费用等等。凡是存在上述情形的，其原始凭证都不能作为合法的原始凭证。

（2）真实性审核。即审核原始凭证所反映的内容是否符合所发生的实际经济业务的情况，数据、文字有无伪造、涂改、重复使用情况，各联之间数额有无不符情况等。它包括：一是经济业务的双方当事单位和当事人必须真实、合法；二是经济业务发生的时间地点和填制的日期必须真实；三是经济业务的内容和所计量的数量必须真实。

（3）正确性审核。即审核原始凭证的摘要和数字是否填写清楚正确，数量、单价、金额及其合计数等有无差错，大写和小写金额是否相符。

（4）完整性审核。即审核原始凭证的手续是否完备，各个项目内容是否填写齐全，有关经办人员是否都已签章，是否经过有关主管人员审批等等。

（5）合理性审核。即审核原始凭证是否符合审批权限和手续，是否符合提高经济效益的要求，是否符合规定的开支标准，是否符合厉行节约的原则等。例如，对陈旧过时的设备进行大修理，就不符合合理性原则。

综合上述，会计部门和财会人员对原始凭证完整性和正确性审核，就是对原始凭证外观和形式上的审核；对原始凭证真实性、合法性和合理性审核，则是从实质上对原始凭证进行审核。

原始凭证审核是会计监督职能的重要体现，也是保证会计信息质量的重要环节。要保证审核的质量，一方面要求财会人员具备较高的业务素质，精通业务，熟悉国家的有关政策、法规和制度；另一方面要求财会人员具有较高的职业道德，严格遵守国家法规，坚持原则和制度，认真履行岗位职责。

2. 原始凭证审核结果的处理。

（1）对于内容合法、合理、完整和正确的原始凭证，财会人员应按制度规定及时办理会计手续，据以填制记账凭证，并将原始凭证作为附件附于记账凭证后面，以备查核。

（2）对于内容合法，但不够完整、手续不齐全、书写不清晰、计算有错误的原始凭证，财会人员应将原始凭证退回业务经办单位或人员，责成其及时补办手续或更正凭证记录的错误。财会人员对更正后的原始凭证进行复审，确定无误后才能准予办理会计手续。

（3）对于内容不合法、不真实、不合理的原始凭证，财会人员应按规定拒绝办理会计手续；对违法乱纪、伪造凭证、涂改单据及虚报冒领等犯罪行为，应立即报告领导或有关方面。

综合上述可知，加强对原始凭证的审核，有利于保证会计核算的质量，而且有助于防止发生贪污和舞弊等违法乱纪行为。

二、实务应用

原始凭证的实务应用，主要是要求掌握外来原始凭证和自制原始凭证的填制方法。在此分别介绍如下。

（一）外来原始凭证的填制方法

大家知道，外来原始凭证是指从会计主体外部取得的原始凭证，如供货单位开出的购货发票、出差乘坐的车船票等。这些原始凭证的格式，一般都是由税务机关统一印制或经税务部门批准由经营单位印制，由经办单位或经办人填制后加盖开出单位公章方有效。如果你是提供原始凭证的单位，就必须涉及到填制方法。下面举例说明其填制方法。

【例7-1】 南阳公司于9月8日从南海钢厂购入20mm圆钢4 000千克，每千克单价5元，同时购入10mm圆钢4 000千克，每千克单价10元。购入材料时取得南海钢厂开具的增值税专用发票，如图7-1所示。

南海市增值税专用发票

开票日期：××年9月8日　　　　No：006354

购货单位	名称	南阳公司	纳税人登记号	45000107002
	地址、电话	南通市中山路421号	开户银行及账号	工行南通市白沙分理处

商品及劳务名称	计量单位	数量	单价	金额									税率	金额								
				百	十	万	千	百	十	元	角	分	%	百	十	万	千	百	十	元	角	分
20mm圆钢	千克	4 000	5.00			2	0	0	0	0	0	0	17				3	4	0	0	0	0
10mm圆钢	千克	4 000	10.00			4	0	0	0	0	0	0	17				6	8	0	0	0	0
合计					¥	6	0	0	0	0	0	0			¥	1	0	2	0	0	0	0
价税合计	零佰零拾柒万零仟贰佰零拾零元零角零分																	¥70 200.00				
备注																						

销货单位	名　称	南海钢厂	税务登记号	450100300300452
	地址、电话	中华路98号	开户银行及账号	建行南海市中华办事处

第二联：发票联

销货单位（章）：　　收款人：李红　　复核：李梅　　开票人：袁丽

图7-1　增值税专用发票样式

（二）自制原始凭证的填制方法

自制原始凭证是由会计主体内部经办业务的人员，在执行或完成某项经济业务时所填制的原始凭证。自制原始凭证产生于企业内部，按其填制的手续不同，又分为一次凭证、累计凭证和汇总原始凭证。

1. 一次凭证的填制方法。它是在经济业务发生或完成时一次性填制完成的原始凭证。绝大部分的原始凭证都属于一次凭证，如支票、收料单、领料单等。下面以现金支票和领料单为例说明其填制方法。

（1）现金支票的填制方法。支票由会计部门出纳人员负责填制，分为转账支票和现金支票两种。转账支票不能提取现金，企业到银行提取现金必须填制现金支票。支票上要加盖预留银行的印鉴方有效，不允许开“空头”支票，支票中“收款人”一项必须填写。支票的正联（虚线的右边部分）交给银行，作为银行的记账依据，企业以支票的存根联（虚线的左边部分）作为企业记账的原始依据。

【例7－2】 10月9日，南海市振华公司出纳李红开出现金支票2 000元，到银行提取现金备日常开支。现金支票格式如图7－2所示。

中国建设银行
转账支票存根
VI V000000021
科　　目＿＿＿＿＿
对方科目＿＿＿＿＿
出票日期××年10月9日

收款人：李红
金额：　¥2 000.00
用途：备用金

单位主管：王林
会计：卢凡

本支票付款期限十天

中国建设银行现金支票　　VI V000000021

出票日期（大写）：××年壹拾月零玖日　　付款行名称：建行北湖支行
收款人：李红　　出票人账号：2300056

人民币（大写）贰仟元整	千	百	十	万	千	百	十	元	角	分
				¥	2	0	0	0	0	0

用途＿备用＿　　科目（借）＿＿＿＿
上列款项请从　　对方科目（贷）＿＿＿＿
我账户内支付
（南海市振华公司 财务专用章）
转账日期　　年　月　日
出票人盖章　杨娜　　复核　　记账

图7－2　现金支票样式

（2）领料单的填制方法。“领料单”一般是由领料部门的经办人填制后，持单到仓库领取材料，领料人和发料人双方签名或盖章后生效。“领料单”一般一式三联：一联留领料部门备查；一联留仓库，据以登记材料物资明细账和材料卡片；一联转会计部门或月末经汇总后转会计部门，据以进行总分类核算。

【例7－3】 10月20日，某企业一车间生产A产品需领用10mm圆钢500千克，每千克单价10元。由经办人员填制“领料单”，经车间有关领导批准后到1号仓库领料，仓库保管员根据“领料单”发料。“领料单”格式如表7－2所示。

表7－2　　　　领料单

领料单位：一车间　　　　No. 0236
用　　途：A产品　　10月20日　　发料仓库：1号仓库

材料编号	材料名称	规格	计量单位	数量		价格	
				请领	实领	单价	金额
1036	圆钢	10mm	千克	500千克	500千克	10.00	5 000
备注		合计：人民币伍仟元整					¥5 000.00

第①联　存根

记账　　　　发料：张明　　　　领料：黄海

2. 累计凭证的填制方法。企业常用的累计凭证是“限额领料单”等。它规定了一段时期内领取材料的最高限额，用料部门可以根据需要持“限额领料单”到仓库分次领取材料。

下面举例说明其填制方法。

【例7-4】 11月份，某企业二车间生产A产品，本月计划生产4 000台，每台A产品需消耗20mm圆钢1千克，根据生产任务全月的领用限额为4 000千克，每千克单价为5元。由生产部门下达"限额领料单"，车间在规定的限额内可分次领用圆钢。其格式如表7-3所示。

表7-3

限额领料单

××年11月

编　号：2100

领料单位：二车间　　名称规格：20mm圆钢　　计划产量：4 000台

材料编号：1032　　消耗定额：1千克/台　　计量单位：千克

单　价：5.00元　　用　途：A产品　　领用限额：4 000

××年		请领数量	实发				限额结余数量
月	日		数量	累计	发料人	领料人	
11	2	1 000	1 000	1 000	白云	苏红	3 000
	7	500	500	1 500	白云	李金	2 500
	12	500	500	2 000	白云	苏红	2 000
	15	600	600	2 600	白云	李金	1 400
	22	400	400	3 000	白云	苏红	1 000
	28	200	800	3 800	白云	李金	200
累计实发金额（大写）：壹万玖仟元整							¥19 000.00

供应部门主管（签章）：　　生产计划部门（签章）：　　仓库主管（签章）：黎毅

从"限额领料单"的记录可知，二车间在当月完成生产任务的条件下，于2日、7日、12日、15日、22日和28日共6次领用20 mm圆钢，累计达3 800千克，与领用限额4 000千克对比节约200千克，节约材料费用1 000元。由此可见，"限额领料单"不仅起到事先控制材料消耗的作用，而且可以减少原始凭证的数量和简化填制凭证的手续。

3. 汇总原始凭证的填制方法。汇总原始凭证按资料来源又可分为两种：一种是根据一定时期记载同类经济业务的若干张原始凭证，按照一定的管理要求，汇总编制而成，如收料凭证汇总表、发料凭证汇总表（表7-4）。其作用是为了简化编制记账凭证及登账的工作量，提高核算工作效率；另一种是由会计工作人员根据一定时期内有关账户的记录结果，对某一特定事项进行归类、整理而编制的汇总凭证，如工资分配汇总表、制造费用分配表（表7-5）等。这种凭证能够使核算资料更为系统化，使核算过程更为条理化，并能提供某些综合指标满足会计核算和经济管理的要求。

表7-4

发料凭证汇总表

××年11月　　单位：元

领料部门	用　途	A材料	B材料	C材料	合　计
一车间	生产甲产品	15 000	2 000	5 000	22 000
一车间	生产乙产品	10 000	2 700	2 000	14 700
一车间	维护设备	4 000		1 000	5 000
行政管理部门	修理办公设备	1 000	300		1 300
合　计		30 000	5 000	8 000	43 000

表 7-5　　制造费用分配表

××年11月　　单位：元

生产成本明细账	生产工时	分配率	分配金额
甲产品	6 000		18 000
乙产品	4 000		12 000
合　计	10 000	3	30 000

第二节　记 账 凭 证

一、理论知识

（一）记账凭证的基本内容

记账凭证是指财会部门根据审核确认无误的原始凭证或原始凭证汇总表编制、记载经济业务的简要内容，确定会计分录，作为记账直接依据的一种会计凭证。在记账凭证中，需要摘要说明经济业务的内容，确定应借、应贷账户的名称和金额。有了记账凭证，既便于记账，又可防止差错，保证账簿记录的正确性。会计人员要根据审核无误的原始凭证填制记账凭证，填制时必须具备下列基本内容：

1. 记账凭证名称及填制单位名称；
2. 记账凭证的日期和记账凭证的编号；
3. 经济业务内容摘要；
4. 会计分录；
5. 所附原始凭证张数；
6. 有关人员签章；
7. 记账标记。

（二）记账凭证的种类

1. 记账凭证按使用范围可分为专用凭证和通用凭证。

（1）专用凭证。专用记账凭证是指专门用来反映某类经济业务的记账凭证，又可分为三种格式和五种格式两种类型。三种格式的记账凭证具体可分为收款凭证、付款凭证和转账凭证。收款凭证是用来反映收入货币资金的记账凭证，适用于库存现金和银行存款的收款业务；付款凭证是用来反映付出货币资金的记账凭证，适用于库存现金和银行存款的付款业务；转账凭证适用于不涉及货币资金的经济业务。在实际工作中，为了区分各种记账凭证，减少记账凭证的使用错误，一般是将各种记账凭证用不同颜色表示。收款凭证一般用红色，付款凭证一般用蓝色，转账凭证一般用黑色。五种格式的记账凭证具体可分为库存现金收款凭证、库存现金付款凭证、银行存款收款凭证、银行存款付款凭证、转账凭证。它适用货币资金收付业务很多，而且收款与付款业务分设库存现金收入日记账、库存现金支出日记账、银行存款收入日记账、银行存款支出日记账的会计主体。

（2）通用凭证。通用记账凭证是指反映各类经济业务共同使用的统一格式的记账凭证。

2. 记账凭证按其填制方法又可分为单式记账凭证和复式记账凭证。

（1）单式记账凭证。是按一项经济业务所涉及到的每个会计账户单独填制一张记账凭证，每一张记账凭证中只填写一个会计账户。为单独反映每项经济业务涉及的会计账户及对应关系，单式记账凭证又分为“借项记账凭证”和“贷项记账凭证”，一般采用序数编号法和分数编号法相结合，通过凭证编号将同一项经济业务的会计分录联系起来。例如，凭证编号为“$20\frac{1}{3}$”，20 代表总号，表示本月第 20 笔经济业务，后面的分母 3 表示该笔会计分录涉及的总账数目有 3 个，因此编制 3 张记账凭证，分子 1 表示 3 张凭证中的第 1 张。

单式记账凭证的优点是内容单一，既便于分工记账，又便于按账户汇总，并可加速凭证的传递。但其主要缺点：一是凭证张数多，造成纸张浪费；二是内容分散，不能在一张记账凭证上完整地反映一项经济业务的全貌。在实际工作中，各单位极少使用单式记账凭证。

（2）复式记账凭证。复式记账凭证是指在每一张记账凭证上填列一笔会计分录的全部账户名称，按反映经济业务的全貌要求而编制的一种记账凭证。复式记账凭证的主要优点：一是能完整地反映每一笔经济业务的全貌；二是填写方便，附件集中，便于记账凭证的分析和审核。复式记账凭证的缺点是，不便于分工记账，同时也不便于账户汇总。在实际工作中，一般都采用复式记账凭证。

3. 记账凭证按其用途还可分为分录凭证、汇总凭证与累计凭证、联合凭证。

（1）分录凭证。它是指直接根据审核无误的原始凭证一次填制完成的记账凭证。我们前面介绍的收款凭证、付款凭证、转账凭证，均属于此种凭证，该凭证上载明经济业务所涉及的会计账户、记账方向和金额。

（2）汇总凭证与累计凭证。它是指根据分录凭证按照不同的方法加以汇总，据以登记总分类账的一种记账凭证。汇总记账凭证包括“汇总收款凭证”、“汇总付款凭证”及“汇总转账凭证”等。累计凭证是指将所有的记账凭证汇总而成的记账凭证，如“科目汇总表”等。

（3）联合凭证。它是指既有原始凭证或原始凭证汇总表的内容，同时又有记账凭证内容的一种凭证。例如，在自制的原始凭证上同时印上对应科目，用来代替记账凭证，这样就形成了联合凭证，它可以作为记账的依据。

将上述记账凭证的分类归纳如图 7－3 所示。

（三）记账凭证的填制要求

在填制记账凭证时，除了要做到“真实可靠、内容完整、填写及时和书写清楚”外，还必须注意下列几点：

1. 填制记账凭证时，必须以审核无误的原始凭证为依据。除了期末转账和更正错误等会计事项所编制的记账凭证，可以没有原始凭证作为附件外，其他经济业务所编制的记账凭证，一律要有原始凭证作为附件，并注明原始凭证的张数。

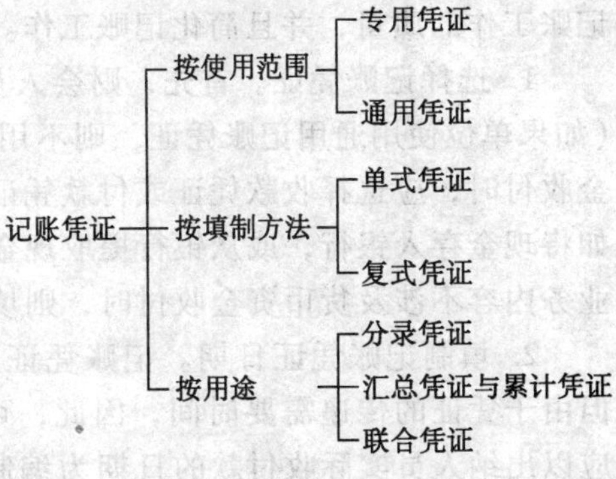

图 7－3　记账凭证的分类

2. 记账凭证内容摘要的填写，要求做到言简意明，既要防止简而不明，又要避免啰嗦和繁琐。

3. 在记账凭证上，根据经济业务编制会计分录时，必须按照会计制度统一规定的会计科目填写，不得任意简化或更改会计科目名称，不得只写会计科目的编号而不写会计科目的名称，不得随意改变会计科目的核算内容，同时还应注意记账方向。会计分录要保持清晰和正确的对应关系，使会计分录能正确反映经济业务的内容，可编制简单分录或复合分录，但不允许将不同性质的经济业务合并填列在一张记账凭证上。

4. 在记账凭证上，必须有填制人员、审核人员、记账人员和会计主管签名或盖章。对于发生的收款和付款业务必须坚持先审核后办理的原则，出纳员要在有关收款凭证和付款凭证上签章，以明确经济责任。对已办妥的收款凭证或付款凭证及所附的原始凭证，出纳员要当即加盖“收讫”或“付讫”戳记，以避免重收重付或漏收漏付发生。

5. 对于记账凭证的错误，凡是没有据以登记账簿的，应由填制凭证的人员重新填制一张正确的凭证；对已经据以登记账簿的记账凭证，如果在当年度内发现错误，应正确使用错账更正法进行更正；如果发现以前年度记账凭证错误，则应用蓝字填制一张更正的记账凭证。

（四）记账凭证的审核

记账凭证是登记账簿的直接依据，为了保证账簿记录的正确性，以及整个会计信息的质量，记账前必须由专人对已编制的记账凭证进行认真、严格的审核。审核的内容主要有以下几方面：

1. 记账凭证是否附有原始凭证，所附的原始凭证张数是否与记账凭证上所标注的原始凭证张数相符，记账凭证的内容与所附的原始凭证的内容是否相符，金额是否一致。

2. 记账凭证中会计科目的使用是否正确；二级或明细科目是否齐全；账户对应关系是否清晰；金额计算是否准确无误。

3. 记账凭证中的有关项目是否填列完备，有关人员是否签章齐全。

在审核中如果发现记账凭证存在记录不全或错误，应及时查明原因，予以重填或按规定方法及时更正。只有经审核无误的记账凭证，才能据以登记账簿。

二、实务应用

（一）记账凭证的填制方法

填制记账凭证，是会计核算工作的重要环节，通过编制记账凭证能使记账条理化，保证记账工作的质量，并且简化记账工作。下面介绍记账凭证的填制方法：

1. 选择记账凭证。首先，财会人员应根据经济业务的性质，选择应当填制的记账凭证（如果单位使用通用记账凭证，则不用选择记账凭证类型）。凡是经济业务内容涉及货币资金收付时，应选择收款凭证或付款凭证；凡发生库存现金与银行存款相互划转的收付业务，如将现金存入银行，或从银行提取现金，都只需编制付款凭证，以避免重复记账。凡是经济业务内容不涉及货币资金收付时，则填制转账凭证。

2. 填制记账凭证日期。记账凭证的填制日期，原则上应与发生经济业务的日期一致，但由于凭证的传递需要时间，因此，可以按凭证到达日期填写：（1）现金的收付款凭证，应以出纳人员实际收付款的日期为编制日期；（2）银行存款的收付款凭证，应按照银行的盖章日期填写，以便于与银行对账；（3）转账凭证应按经济业务发生或完成日期填写；

（4）每一报告期终了，关于调整账目、成本计算、财产清查、结账等事项，在结账期间，均按月末（或年终）日期填写；（5）记账凭证应按日期顺序编制，前后日期不可颠倒。另外，应注意把经济业务发生的日期写入摘要栏内。

3. 填制记账凭证编号。记账凭证的编号采用通用格式时，应统一连续编号；采用专用格式时，应分收款凭证、付款凭证和转账凭证分别连续编号，并分别写明凭证的“字”和“号”。“字”表示凭证的种类，收款凭证、付款凭证和转账凭证的“字”，可分别简写为“收字”、“付字”、“转字”。“号”，指各类记账凭证从月初起至月末止的连续编号。例如，×月×日收到一笔现金，是该月第25笔收款业务，记录该笔经济业务的记账凭证的编号为“收字第25号”。如果一笔经济业务需要填制一张以上的记账凭证时，记账凭证的编号可采用分数编号法。例如，某企业×月×日发生一笔转账业务，这笔转账业务为本月的第20笔，但需要编制三张转账凭证，则这三记账凭证的编号分别写为：转字第20 $\frac{1}{3}$号（第一张）、转字第20 $\frac{2}{3}$号（第二张）、转字第20 $\frac{3}{3}$号（第三张）。上述编号中，分数中的分母表示该经济业务填制的记账凭证的总张数，分子表示第几张凭证，分数前的整数表示该笔业务编号为20号。记账凭证通常每月重新编号一次，但应在月末最后一张记账凭证编号的旁边加注“全”字，以免凭证丢失后难以发现。

4. 填写内容摘要。内容摘要要简明扼要地摘录经济业务的要点，文字应能概括会计分录所体现的经济内容。如果属于收款、付款业务，摘要中还应写明所涉及的对方单位或人名。此外，摘要中还要写明重要单据（例如发票或结算凭证）的号码，以便查考。

5. 填写会计分录。会计分录是记账凭证中的一个重要内容，需要正确规范地填写。（1）会计科目、子目按会计制度规定的全称填写，不得简化，不得用科目编号代替；（2）填写会计分录的顺序是，先填写借方科目，并填写相应的金额，然后填写贷方科目及其金额。记账凭证科目及金额填写完毕后，空行应将金额栏画斜线注销，即从最后一行数字的右下角，划至最底一行的左下角。

6. 填写记账标记。通常记账凭证中设置有“记账”或“账页”栏，作为已过账的标记。标记的一般方法是：在“记账”或“账页”栏内填写已过入账簿的页码；有的则在“记账”或“账页”栏内标注“√”表示已过账。采用后一种方法，虽然手续简便，但不利于根据记账凭证去查找账簿中的记录。

7. 填写附件张数。根据原始凭证的张数填列。如果发生根据同一原始凭证需要填制几张记账凭证的情况时，则应在未附原始凭证附件的记账凭证上，注明“附件见×字第×号记账凭证”的字样。记账凭证的所有附件，都应整理整齐，以左上角为标准，用大头针、回形针钉住，或用胶水粘贴，不致于脱落。

8. 有关人员签章。记账凭证应在填制和传递过程中，分别由填制员（又称制单员）、审核员、记账员、会计主管等分别签章。如为收款凭证和付款凭证，还应由出纳员在执行收款和付款业务后加盖“收讫”或“付讫”戳记和出纳员名章。

（二）记账凭证的填制方法举例

1. 单式记账凭证的填制。

【例7-5】 8月9日，李某报销差旅费1 500元，余额500元退回（出差前向财务预借

2 000元）。假设这是企业本月发生的第20笔经济业务。现将单式记账凭证填制方法介绍如下：

（1）确定使用的会计凭证。

根据经济业务编制会计分录为：

借：管理费用　　　　1 500

　　库存现金　　　　500

　贷：其他应收款——李某　　　　2 000

以上会计分录涉及两个借方账户、一个贷方账户，应分别填制两张“借项记账凭证”和一张“贷项记账凭证”。

（2）填制单式记账凭证。

借方科目填制“借项记账凭证”，贷方科目填制“贷项记账凭证”。其填制方法如表7-6至表7-8所示。

表7-6　　借项记账凭证

××年8月9日　　编号：$20\frac{1}{3}$

摘要	会计科目		金额										账页或✓	
	总账科目	明细科目	千	百	十	万	千	百	十	元	角	分		附件
报销差旅费	管理费用	差旅费					1	5	0	0	0	0		陆
														张
合　计						¥	1	5	0	0	0	0		

会计主管　　审核　　记账：张凤　　出纳：梁云　　制单：李明

表7-7　　借项记账凭证

××年8月9日　　编号：$20\frac{2}{3}$

摘要	会计科目		金额										账页或✓	
	总账科目	明细科目	千	百	十	万	千	百	十	元	角	分		附件
报销差旅费	库存现金							5	0	0	0	0		
														张
合　计							¥	5	0	0	0	0		

会计主管　　审核　　记账：张凤　　出纳：梁云　　制单：李明

表7-8　　贷项记账凭证

××年8月9日　　编号：$20\frac{2}{3}$

摘要	会计科目		金额										账页或✓	
	总账科目	明细科目	千	百	十	万	千	百	十	元	角	分		附件
报销差旅费	其他应收款	李某					2	0	0	0	0	0		
														张
合　计						¥	2	0	0	0	0	0		

会计主管　　审核　　记账：张凤　　出纳：梁云　　制单：李明

2. 通用记账凭证的填制方法。

【例 7－6】 9 月 1 日，采购员黄海预借差旅费 6 000 元，以现金支付。其通用记账凭证的填制方法介绍如下：

（1）编制会计分录

借：其他应收款——黄海　　6 000

　贷：库存现金　　6 000

（2）填制通用记账凭证

通用记账凭证反映的会计分录是在凭证格式当中，经济业务所涉及的会计科目都集中反映在同一栏内，而借贷方向是通过金额来反映的，凭证的合计行必须体现“借方金额＝贷方金额”的平衡关系。如把上例的会计分录搬入通用记账凭证中其结果如表 7－9 所示。

表 7－9

记 账 凭 证

××年 9 月 1 日　　总字第 1 号

摘　要	会计科目		借方金额										贷方金额										账页或✓
	总账科目	明细科目	千	百	十	万	千	百	十	元	角	分	千	百	十	万	千	百	十	元	角	分	
预借差旅费	其他应收款	黄海				¥	6	0	0	0	0	0											
	库存现金															¥	6	0	0	0	0	0	
合　计						¥	6	0	0	0	0	0				¥	6	0	0	0	0	0	

附件壹张

会计主管　　审核　　记账：张凤　　出纳：梁云　　制单：李明

3. 专用凭证的填制方法。专用凭证包括收款凭证、付款凭证和转账凭证三种，下面分别介绍其填制方法。

（1）收款凭证的填制方法。在会计核算中，凡是涉及库存现金和银行存款收入（增加）的经济业务，应当填制收款凭证。其填制方法是：将库存现金或银行存款科目填入凭证的左上方，将所涉及的贷方科目填入凭证格式内的会计科目栏，将贷方科目的金额填入本科目同一行的贷方金额栏内，然后把所有贷方科目的金额加总后填入凭证的“合计”行内，这个“合计金额”表明是“库存现金”或“银行存款”科目的借方金额。

【例 7－7】 9 月 2 日，企业从银行借入 6 个月的短期借款 10 万元，存入存款账户。根据该笔经济业务编制银行存款收款凭证如表 7－10 所示：

表 7－10

收款凭证

借方科目：银行存款　　××年 9 月 2 日　　银　收总字第 1 号

摘　要	会计科目		贷方金额										账页或✓
	总账科目	明细科目	千	百	十	万	千	百	十	元	角	分	
向银行借款	短期借款				1	0	0	0	0	0	0	0	
合　计				¥	1	0	0	0	0	0	0	0	

附件壹张

会计主管　　审核　　记账：张凤　　出纳：梁云　　制单：李明

(2) 付款凭证的填制方法。对于会计主体涉及库存现金和银行存款支出（减少）的经济业务，应当填制付款凭证。其填制方法是：将库存现金或银行存款科目填入凭证的左上方，将所涉及的借方科目填入凭证格式内的会计科目栏，将借方科目的金额填入本科目同一行的借方金额栏内，然后把所有借方科目的金额加总后填入凭证的“合计”行内，这个“合计金额”表明是“库存现金”或“银行存款”科目的贷方金额。

【例7-8】 9月10日，企业把现金8 000元存入银行。

根据该笔经济业务编制库存现金付款凭证如表7-11所示：

表7-11

付 款 凭 证

贷方科目：库存现金　　××年9月10日　　现付总字第1号

摘要	会计科目		借方金额										账页或✓
	总账科目	明细科目	千	百	十	万	千	百	十	元	角	分	
把现金存银行	银行存款						8	0	0	0	0	0	
合计						¥	8	0	0	0	0	0	

附件壹张

会计主管　　审核　　记账：张凤　　出纳：梁云　　制单：李明

必须指出，对于库存现金和银行存款相互划转的经济业务，为了防止出现重复记账的情况，对于这类经济业务，一般也是以贷方为主填制付款凭证。

(3) 转账凭证的填制方法。企业对于不涉及库存现金和银行存款科目的经济业务，应当填制转账凭证。转账凭证的格式与填制方法和通用记账凭证的填制方法相同，因此这里不再重述。

【例7-9】 9月末，结转本月发生的管理费用5万元。

根据该笔经济业务编制的转账凭证如表7-12所示。

表7-12

转 账 凭 证

××年9月30日　　转字第1号

摘要	会计科目		借方金额										贷方金额										账页或✓
	总账科目	明细科目	千	百	十	万	千	百	十	元	角	分	千	百	十	万	千	百	十	元	角	分	
结转管理费用	本年利润					5	0	0	0	0	0	0											
	管理费用															5	0	0	0	0	0	0	
合计					¥	5	0	0	0	0	0	0			¥	5	0	0	0	0	0	0	

附件　张

会计主管　　审核　　记账：张凤　　出纳：梁云　　制单：李明

4. 记账凭证的汇总方法。对于同类经济业务比较多的会计主体，为了减少登记总分类账的工作量往往可以将记账凭证进行汇总，编制出“科目汇总表”和“汇总记账凭证（汇总收款凭证、汇总付款凭证、汇总转账凭证）”。对于“科目汇总表”的编制方法将在第十二章第二节加以介绍，“汇总记账凭证”的编制方法也将在第十二章第三节加以介绍。在此只是把它们的格式进行展现，“科目汇总表”的格式如表7-13所示，“汇总记账凭证”的格式如表7-14至表7-16所示。

表 7－13 （企业名称）

科目汇总表

记账凭证第1号至20号　　××年9月1日至9月5日　　金额单位：元

账　　户	借方发生额	贷方发生额
生产成本	60 000	
制造费用	20 000	
管理费用	3 000	
应收账款	20 000	3 000
现　　金	9 000	5 500
银行存款	80 000	90 000
应付账款		40 500
短期借款		50 000
其他应收款		3 000
合　　计	192 000	192 000

表 7－14

汇总收款凭证

借方科目：银行存款　　××年3月　　汇收字第　号

贷方科目	金　额				借　方		贷　方	
	1日至10日 收字第　号 至第　号	11日至20日 收字第　号 至第　号	21日至月末 收字第　号 至第　号	合计	总账页	过账	总账页	过账
合　计								

表 7－15

汇总付款凭证

贷方科目：银行存款　　××年3月　　汇付字第　号

借方科目	金　额				借　方		贷　方	
	1日至10日 收字第　号 至第　号	11日至20日 收字第　号 至第　号	21日至月末 收字第　号 至第　号	合计	总账页	过账	总账页	过账
合　计								

表7-16 **汇总转账凭证**

贷方科目：原材料　　××年3月　　汇转字第　号

借方科目	金额				借方		贷方	
	1日至10日 收字第　号 至第　号	11日至20日 收字第　号 至第　号	21日至月末 收字第　号 至第　号	合计	总账页	过账	总账页	过账
合　计								

第三节　会计凭证的传递与保管

一、理论知识

会计凭证是会计核算工作的重要文件，填制完成后，要进行合理的传递，传递终结和使用完毕后必须进行妥善保管。

（一）会计凭证的传递

会计凭证传递，是指会计凭证从填制或取得开始，经过审核、记账、装订至归档保管为止，在单位内部各有关部门和人员之间按规定的时间、路线办理业务手续和进行处理的过程。

1. 明确会计凭证传递的重要性。正确、合理地组织会计凭证的传递，对于及时处理和登记经济业务，协调单位内部各部门、各环节的工作，加强经营管理的岗位责任制，实行会计监督，具有重要的作用。例如，对材料收入业务的凭证传递，应明确规定：材料运达企业后，需多长时间验收入库，由谁负责填制收料单，又由谁在何时将收料单送交会计及其他有关部门；会计部门由谁负责审核收料单，由谁在何时编制记账凭证和登记账簿，又由谁负责整理或保管凭证，等等。这样，既可以把材料收入业务从验收入库到登记入账的全部工作在本单位内部进行分工，并通过各部门的协作来共同完成，同时也便于考核经办业务的有关部门和人员是否按照规定的会计手续办理。

2. 合理确定会计凭证的传递要素。会计凭证的传递主要包括凭证的传递路线、传递时间和传递手续三个方面的要素。

各单位应根据经济业务的特点、机构设置、人员分工情况，以及经营管理上的需要，明确规定会计凭证的联次及其流程。既要使会计凭证经过必要的环节进行审核和处理，又要避免会计凭证在不必要的环节停留，从而保证会计凭证沿着最简捷、最合理的路线传递。

会计凭证的传递时间是指各种凭证在各经办部门、环节所停留的最长时间。它应考虑各部门和有关人员，在正常情况下办理经济业务所需时间来合理确定。明确会计凭证的传递时间，能防止拖延处理和积压凭证，保证会计工作的正常秩序，提高工作效率。一切会计凭证的传递和处理，都应在报告期内完成。否则，将会影响会计核算的及时性。

会计凭证的传递手续是指在凭证传递过程中的衔接手续。应该做到既完备严密，又简便易行。凭证的收发、交接都应按一定的手续制度办理，以保证会计凭证的安全和完整。

会计凭证的传递路线、传递时间和传递手续，还应根据实际情况的变化及时加以修改，以确保会计凭证传递的科学化、制度化。

（二）会计凭证的保管

会计凭证保管是指将办理完毕的会计凭证进行整理、归档和保存的整个工作。会计凭证保管是保证会计资料完整与安全的重要环节。我国《会计法》第五十五条规定"会计机构、会计人员要妥善保管会计凭证"。会计凭证的保管内容主要包括：

1. 在平时，应将装订成册的会计凭证交专人负责保管，年终决算后，则须将全年凭证移交档案室造册登记，归档集中保管。

2. 查阅档案室保管的凭证，应履行一定的审批手续，详细登记调阅凭证的名称、调阅日期、调阅人员的姓名、工作单位及调阅理由等，一般就地查阅。

原始凭证不得外借，其他单位如因特殊原因需要使用原始凭证时，经本单位会计机构负责人、会计主管人员批准，可以复制。向外单位提供的原始凭证复制件，应当在专设的登记簿上登记，并由提供人员和收取人员共同签名或者盖章。

3. 会计凭证的保管期限，应按会计制度规定执行。会计凭证的保管期限分为永久和定期保管两种。除年度会计报表及某些涉外的会计凭证、会计账簿属于永久保管外，其他属于定期保管，期限分为3年、5年、10年、15年和25年五种。

4. 会计凭证保管期满销毁时，必须严格按制度规定执行，登记造册，报单位领导审批后，方可销毁。

二、实务应用

会计凭证是单位重要的经济资料和档案，会计凭证登记完毕后，应当按照分类和编号顺序保管，不得散乱丢失。记账凭证应当连同所附的原始凭证或者原始凭证汇总表，按照编号顺序，折叠整齐，按期装订成册，并加具封面，注明单位名称、年度、月份和起讫日期、凭证种类、起讫号码，由装订人在装订线封签外签名或者盖章。因此，会计凭证登记入账后，必须按规定及时装订成册，以便于保证会计凭证的完整与安全。

（一）对原始凭证进行定期整理

原始凭证的定期整理是指对原始凭证进行排序、粘贴和折叠。具体做法是：

1. 如果原始凭证纸张面积大于记账凭证，可按略小于记账凭证面积的尺寸，先自右向左，再自下而上两次折叠。

2. 对于纸张面积小无法进行装订的原始凭证，可按一定的顺序和类别粘贴在"原始凭证粘贴单"上。粘贴时对小票分别排列，适当重叠，但要露出数字和编号。

3. 对于纸张面积略小于记账凭证的原始凭证可用大头针或回形针直接别在记账凭证之后，装订时抽去大头针或回形针即可。

（二）对会计凭证定期装订成册

会计凭证用毕后，必须将其装订成册，以便于归档保管。在装订时应当按下列要求分别进行：

1. 会计部门在记账之后，要将本月的各种记账凭证，连同所附原始凭证或原始凭证汇总表，进行分类并按顺序编号，定期（每天、或每旬、或每月）装订成册，加具封面、封底等。为防止任意拆装，还应该在装订处贴上封签，并由经办人员在封签处加盖骑缝章。会计凭证的具体装订方法，通常有“角订法”和“侧订法”等。

封面上应填写：单位名称、年度和月份、记账凭证种类、起讫日期、起讫号数以及凭证张数、保管人员及会计人员的签章名册。书脊要注明本册所属年月、册数，以便查找。

2. 对某些性质相同，且数量很多，或随时需要查阅的原始凭证，如收料单、发料单，可以单独装订保管，在封面上既要注明记账凭证的日期、编号及种类，同时还要在记账凭证上注明“附件另订”和原始凭证的名称及编号。

3. 对于各种经济合同，存出保证金收据、契约、提货单及重要的涉外文件等凭证，应另编目录，单独登记保管，并在有关记账凭证和原始凭证上面，相互注明日期和编号。

主要概念

会计凭证　原始凭证　记账凭证　通用记账凭证　专用记账凭证

问题与思考

1. 原始凭证包括哪些基本内容？
2. 记账凭证包括哪些基本内容？
3. 如何填制原始凭证？
4. 如何填制记账凭证？
5. 会计凭证的传递包括哪些基本要素？

第八章 DIBAZHANG

会计账簿

【理论知识目标】

- □ 了解会计账簿的概念
- □ 明确会计账簿的种类
- □ 掌握会计账簿的设置和登记方法

【实务应用目标】

- □ 会登记会计账簿
- □ 会结账和对账
- □ 会进行总账和明细账的平行登记
- □ 会运用错账更正方法进行错账更正

第一节 日 记 账

一、理论知识

日记账又称序时账簿，它是按照经济业务的发生或完成时间的先后顺序逐日逐笔登记的账簿。设置日记账的目的是为了将经济业务按时间顺序清晰地反映在账簿记录中。日记账可以用来核算和监督某一类型经济业务或全部经济业务的发生或完成情况。其中，用来记录全部经济业务的日记账称为普通日记账；用来记录某一类型经济业务的日记账称为特种日记账，如记录库存现金收付业务及其结存情况的库存现金日记账，记录银行存款收付业务及其结存情况的银行存款日记账，以及专门记录转账业务的转账日记账等。

二、实务应用

（一）普通日记账的设置和登记方法

普通日记账是根据经济业务发生先后顺序，不论其性质如何，逐日逐笔编成会计分录，将全部经济业务记入会计账簿。普通日记账产生于记账凭证之前，由于普通日记账是直接根据原始凭证在普通日记账上逐笔编制会计分录，所以也称为“会计分录簿”。

普通日记账最一般的格式是设有借方和贷方两个金额栏，这种日记账称为两栏式普通日记账，格式见表8－1。在普通日记账中登记经济业务的方法如下：

表8－1　　普通日记账（两栏式）　　第　页

××年		摘　要	账户名称	借　方	贷　方	过　账	总账页数
月	日						
3	2	向银行借款	银行存款	50 000		√	
			短期借款		50 000	√	
	5	购入办公用品	管理费用	3 000		√	
			银行存款		3 000	√	

1. 日期栏：登记经济业务发生的日期。年度记入日期栏上端，月、日分两小栏登记。只有在更换账页或年度、月份变动时才重新填写年度和月份。

2. 摘要栏：简要说明经济业务的内容。文字要简洁，能概括经济业务全貌。

3. 账户名称：登记会计分录的应借应贷的账户名称（会计科目）。

4. 金额栏：将经济业务金额登记到借方、贷方栏内。

5. 过账栏：每天根据日记账中应借应贷账户及其金额过入分类账后，在过账栏内注明"√"符号，表示已经过账。

6. 总账页数：每日应根据日记账中的会计分录登记总分类账，并将总分类账的账页记入本栏。

（二）特种日记账的设置和登记方法

1. 库存现金日记账。库存现金日记账是用来核算和监督库存现金每天的收入、支出和结存情况的账簿。由出纳人员根据与库存现金收付有关的记账凭证，按时间先后顺序逐日逐笔进行登记，即根据库存现金收款凭证和与库存现金有关的银行存款付款凭证（从银行提取库存现金的业务）登记库存现金收入；根据库存现金付款凭证登记库存现金支出；最后根据"上日余额＋本日收入－本日支出＝本日余额"的公式，逐日结出库存现金余额，并与库存现金实存数进行核对，以检查每日库存现金收付是否有误。

库存现金日记账的格式有三栏式和多栏式两种。

（1）三栏式库存现金日记账。其设借方、贷方和余额三个基本的金额栏目，一般将其分别称为收入、支出和结余三个基本栏目。在金额栏与摘要栏之间经常插入"对方科目"，以便记账时标明库存现金收入的来源科目和库存现金支出的用途科目。三栏式库存现金日记账的格式见表8－2所示。

表8－2　　库存现金日记账　　第5页

××年		凭证		摘　要	对方科目	收　入	支　出	结　余
月	日	种类	编号					
	1			上年结余				200
	4	现付	1	付购入材料运费	物资采购		60	
1	4	银付	1	提取现金	银行存款	11 200		
	4	现付	2	王涛预借差旅费	其他应收款		80	
	4	现收	1	李华报销差旅费	其他应收款	120		
	4			本日合计		11 320	140	11 380
	30			本日合计		250	150	300
				本月合计		18 320	18 220	300

库存现金日记账的登记方法如下；

①日期和凭证栏：系指库存现金实际收付款日期和凭证的种类，如："库存现金收（付）款凭证"，简写为"现收（付）"；"银行存款收（付）款凭证"，简写为"银收（付）"。对于从银行提取库存现金的收入数，根据银行存款付款凭证登记库存现金日记账。凭证栏还应登记凭证的编号数，以便于查账和核对。

②摘要栏：摘要说明入账的经济业务内容。文字要简练，说明要清楚。

③对方科目栏：系指库存现金收入的来源科目或支出的用途科目。如从银行提取库存现金，其来源科目（即对方应科目）为"银行存款"。其作用在于了解经济业务的来龙去脉。

④收入、支出栏：系指库存现金实际收付的金额。每日终了，应分别计算库存现金收入和付出的合计数，结出余额，同时将余额与出纳员的库存现金核对，即通常所说的"日清"。如账款不符应查明原因，并记录备案。月终同样要计算库存现金收、付和结存的合计数，通常称为"月结"。

（2）多栏式库存现金日记账。多栏式库存现金日记账是在三栏式库存现金日记账的基础上发展起来的。这种日记账的借方（收入）和贷方（支出）金额栏都按对方科目设置专栏，也就是按收入的来源和支出的用途设置专栏。这种格式在月末转账时，可以结出各收入来源专栏和支出用途专栏的合计数，便于对库存现金收支的合理性、合法性进行审核分析，便于检查财务收支计划的执行情况。其全月发生额还可以作为登记总账的依据。多栏式库存现金日记账的格式如表 8－3 所示。

表 8－3　　库存现金日记账（多栏式）

年		凭证号数	摘要	借方				贷方				余额
				应贷科目			合计	应借科目			合计	
月	日			银行存款	主营业务收入	…		其他应收款	管理费用	…		

为了保证库存现金日记账的安全与完整，无论采用三栏式还是多栏式库存现金日记账，都必须使用订本账。

2. 银行存款日记账。银行存款日记账是用来核算和监督银行存款每日的收入、支出和结余情况的账簿。银行存款日记账应按企业在银行开立的账户和币种分别设置，每个银行账户设置一本日记账，由出纳员根据与银行收付业务有关的记账凭证，按时间先后顺序逐日逐笔进行登记。根据银行存款收款凭证和有关的库存现金付款凭证（库存现金存入银行业务）登记银行存款收入栏，根据银行存款的付款凭证登记其支出栏，每日结出存款余额。

银行存款日记账的格式也有三栏式和多栏式两种，其基本结构与现金日记账类同。由于银行存款的结算都是通过特定的凭证进行的，因此银行日记账增设"结算凭证——种类、编号"栏，分别注明结算凭证的种类（如支票、信汇凭证、进账单等）及编号。

（1）三栏式银行存款日记账。三栏式银行存款日记账主要设有"收入"、"支出"、"结余"三个金额栏，具体格式如表 8－4 所示。

表 8－4　　银行存款日记账　　第　页

××年		凭证字号	摘　要	结算凭证		对应账户	收　入	支　出	余　额
月	日			种类	编号				
1	1		月初余额						40 000
	1	银付 1	支付货款	转支	略	物资采购		15 000	25 000
	2	银收 1	销售产品	转支	略	营业收入	10 000		35 000
	31		本月合计				10 000	15 000	35 000

三栏式银行存款日记账的登记方法与三栏式现金日记账的登记方法基本相同，但需要将结算凭证的种类、编号填写到"结算凭证"栏。另外对于将现金存入银行的业务，由于填制的是现金付款凭证，因此银行存款的收入数是根据现金付款凭证登记的。每日终了时要结出余额，做到日清，以便检查监督各项收支款项，避免出现透支现象。

（2）多栏式银行存款日记账。多栏式银行存款日记账是分别按银行存款收入和支出的对应科目设置若干专栏，以便详细反映银行存款收入来源和支出去向。具体格式如表 8－5 所示。

表 8－5　　银行存款日记账（多栏式）　　第　页

年		凭证号数	摘　要	收　入				支　出				余额
月	日			贷方科目			合计	借方科目			合计	
			期初余额 本月合计									
			过总账页码									

多栏式银行存款日记账与多栏式现金日记账的登记方法基本相同，也是逐日逐笔登记银行存款的收入数和支出数，以及其对应科目的金额，月末，会计人员根据多栏式银行存款日记账的各个专栏本月合计数登记有关总账。

为了坚持内部牵制原则，实行钱、账分管，出纳人员不得负责登记库存现金日记账和银行存款日记账以外的任何账簿。出纳人员登记库存现金日记账和银行存款日记账后，应将各种收、付款凭证交由会计人员据以登记总分类账及有关的明细分类账。通过"库存现金"和"银行存款"总账与日记账的定期核对，达到控制库存现金日记账、银行存款日记账的目的。

第二节　分　类　账

一、理论知识

分类账簿是通过对全部经济业务按照会计要素的具体类别而设置的分类账户进行登记的

账簿。按照总分类账户分类登记经济业务的是总分类账簿，简称总账，见表6－1。按照明细分类账户分类登记经济业务的是明细分类账簿，简称明细账。总分类账提供总括会计信息，明细分类账提供详细会计信息，二者相辅相成，互为补充。

二、实务应用

（一）总分类账的设置及登记方法

总分类账是按照总分类账户分类登记以提供总括会计信息的账簿。总账中的账页是按总账科目（一级科目）开设的总分类账户。运用总分类账，可以全面、系统、综合地反映企业所有的经济业务活动情况和财务收支情况，可以为编制会计报表提供所需的资料。因此，每一企业都应设置总分类账。

总分类账最常用的格式为三栏式，设置借方、贷方和余额三个基本金额栏目，其格式如表8－6所示。

表8－6　　总分类账

账户名称：在途物资　　第5页

××年		凭证		摘　要	借　方	贷　方	借或贷	余　额
月	日	字	号					
12	1			月初余额			借	20 000.00
12	10	付	8	购入甲材料	50 000.00		借	70 000.00

总分类账的格式还有多栏式，如表8－7所示。

表8－7　　总分类账（多栏式）

年		凭　证		摘　要	发生额	××科目		××科目		××科目		××科目	
月	日	种类	编号			借	贷	借	贷	借	贷	借	贷

多栏式总分类账，把序时日记账和总分类账结合在一起，变成了一种联合账簿，故通常称它为“日记总账”。它具有序时日记账和总分类账的双重作用。采用这种账簿，可减少记账工作量，提高效率，并能较全面地反映资金运动的情况，便于分析。适用于经济业务较少的企业和单位。

总分类账多为总分类账订本账，总分类账的记账依据和登记方法取决于企业采用的账务处理程序。既可以根据记账凭证逐笔登记，也可以根据经过汇总的科目汇总表或汇总记账凭证等登记。具体将在第十二章加以介绍。

（二）明细分类账的设置及登记方法

明细分类账是根据二级账户或明细账户开设账页，分类、连续地登记经济业务以提供明细核算资料的账簿。明细分类账是总分类账的明细记录，它是依照总分类账的核算内容，按照更加详细的分类，反映某一具体类别经济活动的财务收支情况。它对总分类账起补充说明作用，它提供的资料也是编制会计报表的依据。

明细账的格式有三栏式、多栏式和数量金额式等多种，分别介绍如下：

1. 三栏式明细分类账。三栏式明细分类账设有借方、贷方和余额三个栏目，用以分类反映各项经济业务，提供详细核算资料的账簿，其格式如表 8－8 所示。

表 8－8 **应付账款明细账**

明细账户名称 海洋工厂

××年		凭证号数	摘　要	借　方	贷　方	借或贷	余　额
月	日						
12	1		月初余额			贷	1 000.00
12	30	10	略		50 000.00	贷	51 000.00

三栏式明细分类账适用于只进行金额核算的账户，如应收账款、应付账款、应交税费等往来结算账户等账户。

2. 多栏式明细分类账。多栏式明细分类账将属于同一个总账科目的各个明细科目合并在一张账页上进行登记，即在这种格式账页的借方或贷方金额栏内按照明细项目设置若干专栏。这种格式适用于成本费用类科目的明细核算。其格式如表 8－9 所示。

表 8－9 **管理费用明细分类账**

明细账户名称：

第　页

年		凭证		摘　要	借　方						贷方	余额
月	日	字	号		工资及福利费	折旧费	办公费	水电费	差旅费	…		

3. 数量金额式明细账。数量金额式明细账适用于既要进行金额核算又要进行数量核算的账户，如原材料、库存商品、包装物和低值易耗品等存货账户，其借方（收入）、贷方（发出）和余额（结存）都分别设有数量、单价和金额三个专栏。其格式如表 8－10 所示。

表 8－10 **库存商品明细分类账**

明细账户名称：

第　页

年		凭证		摘　要	收　入			发　出			结　存		
月	日	字	号		数量	单价	金额	数量	单价	金额	数量	单价	金额

采用数量金额式明细分类账提供了企业有关财产物资的数量和金额收、发、存的详细资料，从而能加强财产物资的实物管理和使用监督，可以保证这些财产物资的安全和完整。

不同类型的经济业务的明细账，可以根据管理的需要，依据记账凭证、原始凭证或汇总原始凭证逐日逐笔或定期汇总登记。固定资产、债权、债务等明细账应逐日逐笔登记；库存商品、原材料、产成品收发明细账以及收入、费用明细账可以逐笔登记，也可以定期汇总登记。现金、银行存款账户由于已设置了日记账，不必再设明细账，其日记账实质上也是一种明细账。

第三节 总分类账户和明细分类账户的平行登记

一、理论知识

（一）总分类账户和明细分类账户平行登记的含义

如前所述，所谓总分类账户是指按照总分类会计科目设置的，对总账科目的经济内容进行总括核算，提供总括核算资料的账户。所谓明细分类账户是指按照明细科目开设的，对总分类账的经济内容进行明细分类核算，提供具体而详细的核算资料的账户。这就表明，总分类账和明细分类账是既有联系，又有区别的两类账簿。

1. 总分类账与明细分类账之间的联系。

（1）二者反映的经济业务内容相同，如“原材料”总账账户与其所属的“原料及主要材料”、“辅助材料”等明细账户都是用以反映材料的收发及结存业务的。

（2）登记账簿的原始依据相同。总分类账与明细分类账都是根据审核无误的原始凭证和记账凭证来登记的。

2. 总分类账与明细分类账的区别。

（1）反映经济内容的详尽程度不同。总账反映经济业务引起各会计要素增减变化的总括情况，提供账户的总括信息；明细账反映经济业务引起各会计要素增减变化的详细情况，提供某一具体项目的信息。有些明细账还可提供实物数量方面的信息。

（2）作用不同。总账提供的信息是综合性信息，对所属明细账起统驭和控制作用；明细账是对总账的补充，对总账起补充说明作用，用来说明总分类账户是由哪些具体内容所组成。

（二）总分类账户和明细分类账户平行登记要点

为了使总分类账与其所属的明细分类账之间能够起到控制与被控制、补充与被补充的作用，并便于账户核对，确保会计核算资料的真实与完整，总账与其所属的各明细分类账必须采用平行登记的方法进行记录。所谓平行登记，是指经济业务发生后，应根据有关会计凭证（包括原始凭证和记账凭证），一方面要登记有关的总分类账户；另一方面要登记该总分类账户所属的各有关明细分类账户。平行登记法的要点可概括为以下三个方面：

1. 登记的会计期间一致。即对发生的每一笔经济业务，要根据审核无误的同一会计凭证，在同一会计期间，既要在有关的总分类账中进行登记，又要在该总账所属的明细分类账中进行明细登记。

2. 登记的方向相同。即对于一笔经济业务，在依据同一会计凭证登记总分类账户的借贷方向与登记所属明细分类账户的借贷方向必须一致。对有些经济业务所涉及的账户，总分类账户在借方（或贷方）登记，而明细分类账户虽用“红字”登记在贷方（或借方），但可以理解为相同的变动方向。

3. 登记的金额相等。即记入总分类账户的金额必须与记入所属明细账户的金额之和相等。

二、实务应用

现以“原材料”和“应付账款”两个账户为例，说明总分类账户及其所属明细分类账户的平行登记方法。

【例8－1】 7月1日，永丰工厂有关总分类账户及其所属明细分类账户的月初余额如下：

“原材料”总分类账户及其明细分类账户的月初余额为：

A材料300吨，每吨200元，明细账户借方余额60 000元

B材料900公斤，每公斤20元，明细账户借方余额18 000元

原材料总账借方余额78 000元

“应付账款”总分类账户及其所属明细分类账户的月初余额为：

甲工厂明细账户贷方余额5 500元

乙工厂明细账户贷方余额4 000元

应付账款总账贷方余额9 500元

永丰工厂本月发生的材料收发业务和与供应单位的结算业务如下：

①7月2日，向丙工厂购入以下原材料，材料均已验收入库，货款未付。

B材料400公斤，每公斤20元，计8 000元

C材料1 000件，每件5元，计5 000元

合计13 000元

这项经济业务的会计分录为：

借：原材料——B材料　　8 000

　　　　——C材料　　5 000

　贷：应付账款——丙工厂　　13 000

②7月4日，以银行存款偿还甲工厂货款3 000元。这项经济业务的会计分录为：

借：应付账款——甲工厂　　3 000

　贷：银行存款　　3 000

③7月8日，向乙工厂购入C材料200件，每件5元，货款计1 000元，材料已验收入库，货款暂欠。这项经济业务的会计分录为：

借：原材料——材料　　1 000

　贷：应付账款——乙工厂　　1 000

④7月10日，仓库发出以下原材料，投入生产。

A 材料 200 吨，每吨 200 元，计 40 000 元

B 材料 500 公斤，每公斤 20 元，计 10 000 元

C 材料 700 件，每件 5 元，计 3 500 元

合计 53 500 元

这项经济业务的会计分录为：

借：生产成本　　53 500

　贷：原材料——A 材料　　40 000

　　　　　——B 材料　　10 000

　　　　　——C 材料　　3 500

根据上述月初余额资料和会计分录，在“原材料”和“应付账款”两个总分类账户及其所属明细分类账户中平行登记：

①将月初余额分别记入“原材料”和“应付账款”这两个总分类账户以及它们各自所属的明细分类账户；

②根据上述会计分录，平行登记“原材料”和“应付账款”这两个总分类账户以及它们各自所属的明细分类账户，并分别计算各账户的本期发生额和期末余额。

“原材料”和“应付账款”总分类账户分别如表 8－11、表 8－12 所示。

表 8－11　　总分类账户

账户名称：原材料　　金额单位：元

××年		凭证号数	摘　要	借　方	贷　方	借或贷	余　额
月	日						
7	1	(略)	月初余额			借	78 000
	2		① 购入 B、C 材料	13 000		借	91 000
	8		③ 购入 C 材料	1 000		借	92 000
	10		④ 发出生产用材料		53 500	借	38 500
	31		本月合计	14 000	53 500	借	38 500

表 8－12　　总分类账户

账户名称：应付账款　　金额单位：元

××年		凭证号数	摘　要	借　方	贷　方	借或贷	余　额
月	日						
7	1	(略)	月初余额			贷	9 500
	2		① 购入 B、C 材料		13 000	贷	22 500
	4		② 偿还货款	3 000		贷	19 500
	8		③ 购入 C 材料		1 000	贷	20 500
	31		本月合计	3 000	14 000	贷	20 500

"原材料"明细分类账户登记如表8－13、表8－14、表8－15所示。

表8－13 "原材料"明细分类账户

金额单位：元

明细账户名称：A材料　　计量单位：吨

××年		凭证号数	摘要	收入			发出			结存		
月	日			数量	单价	金额	数量	单价	金额	数量	单价	金额
7	1		月初余额							300	200	60 000
	10	（略）	④生产领用				200	200	40 000	100	200	20 000
	31		本月合计				200	200	40 000	100	200	20 000

表8－14 "原材料"明细分类账户

金额单位：元

明细账户名称：B材料　　计量单位：公斤

××年		凭证号数	摘要	收入			发出			结存		
月	日			数量	单价	金额	数量	单价	金额	数量	单价	金额
7	1		月初余额							900	20	18 000
	2	（略）	购入	400	20	8 000				1 300	20	26 000
	10		④生产领用				500	20	10 000	800	20	16 000
	31		本月合计	400	20	8 000	500	20	10 000	800	20	16 000

表8－15 "原材料"明细分类账户

金额单位：元

明细账户名称：C材料　　计量单位：件

××年		凭证号数	摘要	收入			发出			结存		
月	日			数量	单价	金额	数量	单价	金额	数量	单价	金额
7	2		① 购入	1 000	5	5 000				1 000	5	5 000
	8	（略）	③ 购入	200	5	1 000				1 200	5	6 000
	10		④ 生产领用				700	5	3 500	500	5	2 500
	31		本月合计	1 200	5	6 000	700	5	3 500	500	5	2 500

"应付账款"明细分类账户登记如表8－16、表8－17、表8－18所示。

表8－16 "应付账款"明细分类账户

账户名称：甲工厂　　金额单位：元

××年		凭证号数	摘要	借方	贷方	借或贷	余额
月	日						
7	1		月初余额			贷	5 500
	4	（略）	偿还货款	3 000		贷	2 500
	31		本月合计	3 000		贷	2 500

表8－17 "应付账款"明细分类账户

账户名称：乙工厂　　金额单位：元

××年		凭证号数	摘要	借方	贷方	借或贷	余额
月	日						
7	1		月初余额			贷	4 000
	8	（略）	③购入C材料		1 000	贷	5 000
	31		本月合计		1 000	贷	5 000

表 8－18　　“应付账款”明细分类账户

账户名称：丙工厂　　金额单位：元

××年		凭证号数	摘　要	借　方	贷　方	借或贷	余　额
月	日						
7	2	（略）	①购入 B、C 材料		13 000	贷	13 000
	31		本月合计		13 000	贷	13 000

平行登记的结果表明：

总分类账户期初余额等于所属明细分类账户的期初余额之和；总分类账户本期借方发生额等于所属明细分类账户的借方发生额之和；总分类账户本期贷方发生额等于所属明细分类账户的贷方发生额之和；总分类账户的期末余额等于所属明细分类账户的期末余额之和。

根据总分类账户和明细分类账户的有关数字必然相等的关系，可以采用相互核对的方法来检查账簿登记是否正确、完整。如果有关数字不等，表明账簿登记有差错，必须查明原因，加以更正。

为了便于核对，可以根据某一总分类账户所属明细分类账户的记录分别编制明细分类账户本期发生额及余额表。例如，根据上例的“原材料”和“应付账款”明细分类账户的记录，分别编制本期发生额及余额表，见表 8－19、表 8－20。

表 8－19　　“原材料”总分类账户所属明细分类账户发生额及余额表　　金额单位：元

明细分类账户	计量单位	单价	月初余额		本期发生额				月末结存	
					收　入		发　出			
			数量	金额	数量	金额	数量	金额	数量	金额
A 材料	吨	200	300	60 000			200	40 000	100	20 000
B 材料	公斤	20	900	18 000	400	8 000	500	10 000	800	16 000
C 材料	件	5			1 200	6 000	700	3 500	500	2 500
合　计				78 000		14 000		53 500		38 500

表 8－20　　“应付账款”总分类账户所属明细分类账户发生额及余额表　　金额单位：元

明细分类账户	月初余额		本期发生额		月末余额	
	借　方	贷　方	借　方	贷　方	借　方	贷　方
甲工厂		5 500	3 000			2 500
乙工厂		4 000		1 000		5 000
丙工厂				13 000		13 000
合　计		9 500	3 000	14 000	—	20 500

上述表 8－19、表 8－20 各栏合计金额，分别与“原材料”和“应付账款”总分类账户的月初余额，本月借、贷发生额和月末余额核对。

第四节　结账与对账

一、理论知识

（一）结账概述

结账，是指把一定时期内应记入账簿的经济业务全部登记入账后，计算记录本期发生额及期末余额，并将余额结转下期或新账簿的工作。

1. 检查本期内发生的经济业务是否已经全部登记入账。结账前，必须将本期内所发生的各项经济业务全部登记入账，并通过对账确保账簿记录正确。若发现漏账、错账，应及时补记、更正。不能为了赶编会计报表而提前结账或将本期发生的经济业务拖延至下期登账，也不能先编会计报表而后结账。

2. 在实行权责发生制的单位，应按照权责发生制的要求，编制有关账项调整的记账凭证，进行账项调整，以正确反映本期的收入和费用；对于需要在本月办理的有关转账业务，如销售成本的结转、税金及附加的计算结转等，均应编制有关记账凭证并登记入账，从而确保会计信息的真实性和可靠性。

3. 编制记账凭证，结转损益类账户本期发生额。将本期实现的各种收入从“主营业务收入”等收入账户转入“本年利润”账户的贷方；将本期发生的各项费用从“主营业务成本”、“管理费用”等费用账户转入“本年利润”账户的借方，以便计算确定本期的财务成果。

4. 结算出所有账户的本期发生额和期末余额，年末结账时，应将有余额账户的年末余额结转下年。

（二）对账概述

对账是指在会计核算中，为了保证账簿核算资料真实可靠，而定期对账簿记录进行的核对工作。对账的主要内容包括账证核对、账账核对和账实核对。对账工作主要发生在月末，具体来说，主要是在将本月内的全部经济业务登记入账并计算出各账户的期末余额之后，结账工作之前。如果出现人员调动等特殊情况时，应根据需要随时对账。

1. 账证核对。会计凭证是登记账簿的依据，因此，月末应将各种账簿记录同记账凭证及所附的原始凭证进行核对，以保障下一个会计核算环节得以顺利进行。账证核对是账账相符、账实相符的基础。账证核对是将总分类账、明细分类账和日记账的记录同其所依据的会计凭证的时间、凭证字号、内容、金额、记账方向进行核对，验证其是否相符。账证核对主要是在平时编制记账凭证和记账复核环节中随时进行的，做到随时发现错误，随时查明纠正。但是，在月末中如发现总分类账试算不平衡，账账不符或账实不符等情况，仍应核对账证是否相符。当然，核对时只需查验与账账不符或账实不符相关的会计凭证。

2. 账账核对。账账核对是将不同会计账簿之间的账簿记录相互核对、包括总分类账与明细分类账的核对、总分类账与日记账的核对、明细分类账与明细分类账的核对等，要求做到账账相符。其内容主要包括：

（1）总分类账户之间的核对，检查各总分类账户本期借方发生额之和是否等于本期贷方发生额之和、期末所有账户借方余额之和是否等于贷方余额之和。

（2）总分类账户与所属明细账户之间的核对，检查总分类账户本期借、贷方发生额及期末余额与所属明细账户本期借、贷方发生额及期末余额之和是否相符。

（3）总分类账户与现金、银行存款日记账之间的核对，检查现金、银行存款日记账账户本期借、贷方发生额及期末余额与相应的总分类账户借、贷方发生额及期末余额是否相符。

（4）会计部门的各种财产物资明细分类账与财产物资保管、使用部门的有关财产物资明细分类账的期末余额之间的核对，检查各方期末财产物资结存数是否相等。

3. 账实核对。账实核对是将各种财产物资的账面余额与实存数额进行核对。其内容主要包括：

（1）现金日记账的账面余额与实地盘点的库存现金实有数之间的核对。此项核对应该逐日进行，同时还应进行不定期的抽查。

（2）银行存款日记账的账面余额，应每月与开户银行对账单核对。此项核对通常每月通过编制“银行存款余额调节表”进行一次。

（3）各种财产物资明细分类账账面余额与财产物资实存数的核对。此项核对根据财产清查的要求，定期或不定期地进行。

（4）各种应收、应付款项明细分类账的账面余额应定期或不定期与有关债务、债权单位（或个人）进行核对；各种应交款项明细分类账的账面余额应定期或不定期与国库及有关部门进行核对。此项核对通常通过发征询函的方式进行。

（三）账簿的保管

对账与结账结束后，账簿记载着企业单位的重要会计资料，是企业单位的会计信息载体和储存器，因此，必须建立账簿的管理制度，妥善保管。账簿管理可分为日常管理和归档保管两方面内容。

1. 账簿的日常管理。

（1）各种账簿应分工明确，由专人负责保管，一般由账簿的记账人员负责保管，账簿经管人员既要负责记账、对账、结账等工作，还要负责账簿安全、完整。

（2）会计账簿未经有关领导或会计负责人批准，非经管人员不得随意查阅、摘抄和复制。

（3）会计账簿一般不得随意携带外出，特殊情况需要带出的（如与外单位核对等），应经单位领导或会计主管人员批准，并指定专人负责外出会计账簿的安全、完整。

（4）会计账簿不得随意交与其他人员管理，防止涂改、毁坏账簿等问题的发生。

2. 旧账归档保管的要求。年度终了更换新账后，对旧账应当整理装订，按规定办理移交手续，归档保管。

（1）归档前，应检查更换的旧账是否齐全，是否全部结账，余额是否都已结转；订本式账簿应注销空行及空页；活页式账簿应抽出未使用的空白账页，装订成册并注明账页的总页码及每一账户的分页码。

（2）更换下来的旧账簿，在进行整理的基础上装订成册。装订时应注意，活页账一般按账户分类装订成册，加具封面，一个账户可装订一册或数册，某些账户账页较少的，也可以几个账户合并装订成一册。装订时，应检查账簿的扉页内容是否齐全，手续是否完备。装订后，由经办人员、装订人员和会计主管人员在封口处签名或盖章。

(3) 旧账整理装订后应编制目录，填写移交清单，办理移交手续，归档保管。将账簿名称、册数、页码、保管期限等填入“会计账簿归档保管登记表”，其具体格式如表8－21所示。

表8－21　　会计账簿归档保管登记表　　××年度

账簿名称	页　数	经管人	保管期限	册　数	备　注

(4) 各种账簿同会计凭证、会计报表一样都是重要的经济档案，必须按照会计制度统一规定的保管期限妥善保管，不得丢失和任意销毁，保管期满后，应按照规定的审批程序报经批准后才能销毁。

二、实务应用

会计人员应按照规定，对现金、银行存款日记账按日结账，对其他账户按月、季、年结账。

1. 月结时，应在该月最后一笔经济业务下面划一条通栏单红线，在红线下“摘要”栏内注明“本月合计”或“本月发生额及余额”字样，在“借方”栏、“贷方”栏和“余额”栏分别填入本月合计金额和月末余额，同时在“借或贷”栏内注明借贷方向。然后，在这一行下面再划一条通栏红线，以便与下月发生额划清。

2. 季结时，通常在每季度的最后一个月月结的下一行，在“摘要”栏写上“本季合计”或“本季度发生额及余额”，同时结出借、贷方发生总额及季末余额。然后，在这一行下面划一条通栏单红线，表示季结的结束。

3. 年结时，在第四季度季结的下一行，在“摘要”栏写上“本年合计”或“本年发生额及余额”，同时结出借、贷方发生额及期末余额。然后，在这一行下面划上通栏双红线，以示封账。

4. 年度结账后，总账和日记账应当更换新账簿，明细账一般也应更换。但有些明细账，如固定资产明细账等可以连续使用，不必每年更换。年终时，要把各账户的余额结转到下一会计年度，只需在摘要栏写上“结转下年”字样，结转金额不再抄写。如果账页的“结转下年”行以下还有空行，应当自余额栏的右上角至日期栏的左下角用红笔划对角斜线注销。在下一会计年度新建有关会计账簿的第一行余额栏内填写上年结转的余额，并在摘要栏注明“上年结转”字样。

【例8－2】 以南阳公司12月末“原材料”总分类为例，说明其月结、季结和年结方法如表8－22所示。

表 8－22 　　　　　　　　　　**总分类账户**

账户名称：<u>应收账款</u>　　　　　　　　　　　　　　　　　　　　第　页

年		凭证号数	摘　要	借方	贷方	借或贷	余　额
月	日						
			上年结转			借	25 000
1	5				10 000		
1	16			20 000			
			本月合计	20 000	10 000	借	35 000
…	…	…	…				
12	5				20 000		
12	20			10 000			
			本月合计	10 000	20 000	借	46 000
			本季合计	60 000	35 000	借	46 000
			本年合计	150 000	129 000	借	46 000
			结转下年				

第五节　错账的查找和更正方法

一、理论知识

（一）查找错账方法

在记账过程中，可能发生各种各样的差错，如重记、漏记、数字颠倒、数字错位、数字记错、科目记错、借贷方向记反等，从而影响会计信息的准确性，应及时找出差错，并予以更正。错账查找的方法主要有：

1. 差数法。差数法是指按照错账的差数查找错账的方法。例如，在记账过程中只登记了会计分录的借方或贷方，漏记了另一方，从而形成试算平衡中借方合计与贷方合计不等。其表现形式是：借方金额遗漏，会使该金额在贷方超出；贷方金额遗漏，会使该金额在借方超出。对于这样的差错，可由会计人员通过回忆和与相关金额的记账核对来查找。

2. 尾数法。对于发生的角、分的差错可以只查找小数部分，以提高查找差错的效率。

3. 除 2 法。除 2 法是指以差数除以 2 来查找错账的方法。当某个借方金额错记入贷方（或相反）时，出现错账的差数表现为错误的 2 倍，将此差数用 2 去除，得出的商就是反向的金额。例如，记入“应收账款——A 公司”科目借方的 2 000 元误记入贷方，则该明细科目的期末余额将小于其总分类科目期末余额 4 000 元，被 2 除的商 2 000 元即为借贷方向反向的金额。同理，如果借方总额大于贷方总额 600 元，即应查找有无 300 元的贷方金额误记入借方。如非此类错误，则应另寻差错的原因。

4. 除 9 法。除 9 法是指以差数除以 9 来查找错数的方法。适用以下三种情况：

（1）将数字写小。如将400写成40，错误数字小于正确数字9倍。查找的方法是：以差数除以9后得出的商即为写错的数字，商乘以10即为正确的数字。上例差数360（400-40）除以9，商40即为错数，扩大10倍后即可得出正确的数字。

（2）将数字写大。如将50写成500，错误数字大于正确数字9倍。查找的方法是：以差数除以9后得出的商即为正确的数字，商乘以10后所得的积为错误的数字。上例差数450（500-50）除以9后，所得的商50为正确数字，50乘以10（即500）为错误数字。

（3）邻数颠倒。如将78写成87，将96写成69，将12写成21等。颠倒的两个数字之差最小为1，最大为8（即9-1）。查找的方法是：将差数除以9，得出的商连续加11，直到找出颠倒的数字为止。如将78记为87，其差数为9。查找此错误的方法是：将差数除9得1，连加11后可能的结果为12，23，34，45，56，67，78，89。当发现账簿记录中出现上述数字（本例为78）时，则有可能正是颠倒的数字。

（二）错账更正方法

1. 划线更正法。在结账前发现账簿记录有文字或数字错误，而记账凭证没有错误，可以采用划线更正法。具体做法是：先在错误的数字或文字上划一条红线，表示注销，并使原来的字迹仍可辨认。然后在划线上方空白处用蓝字填写正确的数字或文字，并由记账及相关人员在更正处盖章，以明确责任。应注意的是，对于错误的数字，必须全部用红线划掉，不能只划去整个数字中的个别错误数字。如将4 300.00错写成4 500.00，整个数字全部用红线划去，而不是只将5划去，然后再在红线上面空白处用蓝字书写4 300.00，并在更正处签名或盖章，以明确经济责任。对于文字的错误，可只用红线划去错误的部分，然后在上方用蓝字书写正确的文字。

2. 红字更正法。红字更正法有两种情况：

（1）在记账以后，发现记账凭证中会计科目或记账方向有误，造成账簿登记的错误。更正方法是：用红字金额填制一张内容与原错误凭证完全相同的记账凭证，在摘要栏写明“更正某月某日第×号凭证的错误”；填制日期写更正日期；凭证编号接本日已编凭证号编写；以红笔在金额栏登记，并据以用红字金额登记入账，冲销原有的错误记录。然后再用蓝字重新填写一张正确的记账凭证，在摘要栏写明“重填某月某日第×号凭证”，填制日期仍写更正日期；凭证编号接上述更正错账的凭证编号编写。并用蓝字登记入账。

（2）记账后发现记账凭证和账簿记录中应借、应贷会计科目无误，只是所记金额大于应记金额，造成账簿登记错误。更正的方法是：将多记金额用红字编制一张与原记账凭证应借、应贷科目完全相同的记账凭证，以冲销多记金额，并以红字金额登记入账。

3. 补充登记法。补充登记法又称补充更正法。若记账后发现记账凭证和账簿记录中应借、应贷会计科目无误，只是所记金额小于应记金额，则采用补充更正法进行更正。更正的方法是：将少记的金额用蓝字编制一张与原记账凭证应借、应贷科目完全相同的记账凭证，以补充少记的金额，并以蓝字金额登记入账。

二、实务应用

（一）划线更正法应用

【例8-3】 12月27日，南阳公司用银行存款3 275元购买办公用品。记账凭证上编制的分录为：

借：管理费用　　　　　　　　　　　　　　　　　　3 275

　　贷：银行存款　　　　　　　　　　　　　　　　　　3 275

记账时误将管理费用账户中的金额登记为 3 257。更正方法如图 8－1 所示。

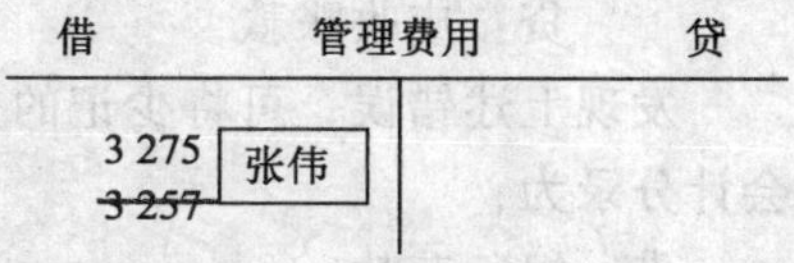

图 8－1　账户划线更正

（二）红字更正法应用

【例 8－4】　南阳公司以银行存款 8 700 元支付广告费，编制会计分录时误记入“管理费用”账户（应记入“销售费用”账户），并已登记入账。

借：管理费用　　　　　　　　　　　　　　　　　　8 700

　　贷：银行存款　　　　　　　　　　　　　　　　　　8 700

发现这一错误时，用红字更正法更正如下：

先用红字金额冲销原错误记录，其分录如下：

借：管理费用　　　　　　　　　　　　　　　　　　8 700

　　贷：银行存款　　　　　　　　　　　　　　　　　　8 700

用以冲销原错误记录，带框数字表示红字金额，下同。

再编制一张正确的记账凭证，其分录如下：

借：销售费用　　　　　　　　　　　　　　　　　　8 700

　　贷：银行存款　　　　　　　　　　　　　　　　　　8 700

上述分录记账后，有关账户中的记录如图 8－2所示。

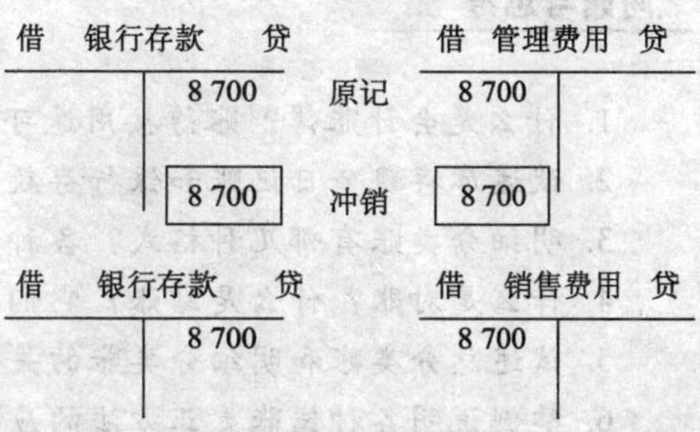

图 8－2　账户红字更正

【例 8－5】　南阳公司购入材料一批，计38 000元，货款已用银行存款支付。填制记账凭证时，误将金额记为 58 000 元，并已登记入账。

借：在途物资　　　　　　　　58 000

　　贷：银行存款　　　　　　　　58 000

发现上述错误时，可将多记的 20 000 元用红字金额编制会计分录，更正原记错误：

借：在途物资　　　　　　　　　　　　　　　　　　20 000

　　贷：银行存款　　　　　　　　　　　　　　　　　　20 000

上述分录过账后，有关账户中的记录如图 8－3 所示。

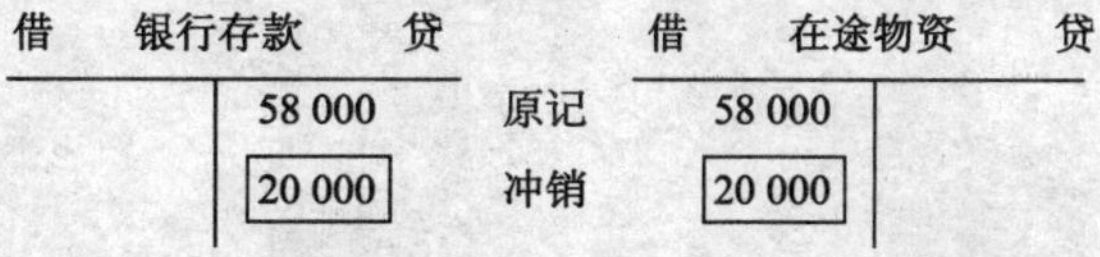

图 8－3　账户红字更正

（三）补充登记法应用

【例 8－6】　南阳公司收到某单位归还欠款 54 000 元存入银行，编制会计分录时把金额误写为45 000元，并已登记入账。

借：银行存款　　45 000

　　贷：应收账款　　45 000

发现上述错误，可将少记的9 000（54 000 – 45 000）元再编一张蓝字的记账凭证，其会计分录为：

借：银行存款　　9 000

　　贷：应收账款　　9 000

上述分录过账后，有关账户中的记录如图8 – 4所示。

借　应收账款	贷		借　银行存款	贷
	45 000	原记	45 000	
	9 000	补记	9 000	

图8 – 4　账户补充登记更正

主要概念

会计账簿　日记账　分类账　平行登记　结账与对账　红字更正法　补充登记法

问题与思考

1. 什么是会计账簿？账簿按用途可分为哪几类？
2. 试述库存现金日记账和银行存款日记账的设置和登记方法。
3. 明细分类账有哪几种格式？各种格式适用的核算内容是什么？
4. 什么是对账？什么是结账？它们分别包括哪些内容？
5. 试述总分类账和明细分类账的关系。总分类账和明细分类账的平行登记要点是什么？
6. 举例说明各种错账更正方法的应用。

第九章 DIJIUZHANG

成本计算

【理论知识目标】

☐ 了解制造企业供应、生产、销售过程中各种成本计算对象

☐ 明确成本计算的内容和一般计算程序

☐ 掌握不同阶段成本的计算对象和成本项目

☐ 掌握不同生产经营阶段的成本计算方法

【实务应用目标】

☐ 会计算材料采购成本的总成本和单位成本

☐ 会计算产品制造的总成本和单位成本

☐ 会计算产品销售的总成本和单位成本

第一节 材料采购成本的计算

一、理论知识

（一）材料采购成本计算的概念

材料采购成本计算，就是按照材料的品种或类别设置在途物资明细账，归集和分配本期内供应过程发生的材料买价与各项采购费用支出，然后根据这些账户资料，编制各种材料的采购成本计算表，借以计算确定各种材料采购的总成本和单位成本。

（二）材料采购成本的构成

材料的采购成本一般由买价和采购费用两个成本项目构成，即“材料采购成本 = 买价 + 采购费用”，其中买价是指供应单位开具的购货发票上表明的货物价格；采购费用则主要由以下内容构成：(1) 运杂费，包括原材料采购过程中的运输费用、装卸费用、保险费用、包装费用、仓储费用等；(2) 运输途中的合理损耗；(3) 入库前的挑选整理费用，如在挑选整理中扣除回收下脚残料价值后的各种费用支出和必要的损耗等；(4) 购入原材料应负担的税金和其他费用。

（三）材料采购成本计算程序

第一步：收集与整理材料采购成本计算资料。企业对购进的各种原材料，首先必须取得相关的原始凭证，然后对这些原始资料进行整理，为材料采购成本计算作准备。

第二步：确定材料采购成本计算的对象。其成本计算对象应当是每一种采购的材料。

第三步：确定成本计算期。一般来说，其成本计算期应当是每种材料的采购期间，即从支付价款到验收为止的整个过程所占用的时间。把采购期间作为材料采购的成本计算期，每种材料验收入库后，就应当单独计算其采购成本。然而，在采购业务较多的企业将使核算工作极为繁琐，为了简化核算手续，采购成本一般按月计算。另外，只有采购完毕验收入库的材料，才必须计算其采购成本；未采购完毕的材料所发生的费用，可先归入在途材料。

第四步：归集分配材料采购成本。材料买价一般属于直接费用，应直接计入相应材料采购成本。对于采购费用，凡是能直接分清受益对象的，应直接计入相应材料的采购成本；凡是不能直接分清受益对象，且费用金额较大，不计入材料的采购成本会导致材料采购成本不实的，应根据材料的基本特征，选择材料的重量、买价、体积等其中之一作为分配标准，并采用一定的方法分配计入材料的采购成本。但对于企业供应部门或材料仓库所发生的经常性费用、采购人员的差旅费、采购机构经费，以及市内小额的运杂费等，这些费用一般不易分清具体的受益对象，费用金额较小，对材料采购成本升降水平的影响不大，根据重要性原则要求，这些费用不计入材料的采购成本，而是作为期间费用处理，列入管理费用。

第五步：设置材料采购总账与明细账，编制材料采购成本计算表。计算材料采购成本，应设置“在途物资”总账，再按材料的品种或类别作为成本计算对象，设置“在途物资”明细分类账户，并按成本项目设置专栏，用以归集和分配应计入材料采购成本的各种费用，然后根据这些账户资料，编制各种材料采购成本计算表，计算确定各种材料采购的总成本和单位成本。

二、实务应用

现举例说明材料采购成本的计算方法如下：

【例9－1】 南阳公司分两批购进A、B两种材料，第一批购进A材料3 000千克，单价2.00元，B材料7 000千克，单价1.50元，将A、B两种材料运回企业共支付运杂费680元（不考虑运费中涉及的增值税问题，下同）。第二批购进B材料3 000千克，单价1.45元，将B材料运回企业共支付运杂费180元。按审核后的会计凭证，经整理如表9－1所示。

表9－1 材料采购成本 单位：元/千克

材料名称	重量	单价	买价	运费	
				直接	间接
A材料	3 000	2.00	6 000		680
B材料	7 000	1.50	10 500		
	3 000	1.45	4 350	180	

根据上述资料，材料的采购成本计算如下：

第一步：将采购A、B两种材料所发生的直接费用，分别计入A、B两种材料的在途物资明细分类账中，如表 9-2、表 9-3 所示。

表 9-2　　在途物资明细分类账

材料名称：A 材料　　单位：元

××年		凭证号数	摘　要	借　方			贷　方
月	日			买　价	采购费用	合　计	
略	略	1	材料买价	6 000		6 000	
			本期发生额				

表 9-3　　在途物资明细分类账

材料名称：B 材料　　单位：元

××年		凭证号数	摘　要	借　方			贷　方
月	日			买　价	采购费用	合　计	
略	略	2	材料买价	10 500		10 500	
		3	运杂费		180	180	
			本期发生额				

第二步：把 A、B 两种材料共同发生的运杂费 680 元按适当的方法，分配计入 A、B 两种材料的采购成本（假定按材料的采购重量比率分配）：

分配率 = 680 ÷（3 000 + 7 000）= 0.068（元）

A 材料应承担的运费 = 3 000 × 0.068 = 204（元）

B 材料应承担的运费 = 7 000 × 0.068 = 476（元）

第三步：根据上述分配结果，分别将 204 元、476 元记入 A、B 材料在途物资明细分类账中，见表 9-4、表 9-5。

表 9-4　　在途物资明细分类账

材料名称：A 材料　　单位：元

××年		凭证号数	摘　要	借　方			贷　方
月	日			买　价	采购费用	合　计	
略	略	1	材料买价	6 000		6 000	
		4	运杂费		204	204	
		5	材料验收入库				6 204
			本期发生额	6 000	204	6 204	6 204

表 9-5　　在途物资明细分类账

材料名称：B 材料　　单位：元

××年		凭证号数	摘　要	借　方			贷　方
月	日			买　价	采购费用	合　计	
略	略	2	材料买价	10 500		10 500	
		3	运杂费		180	180	
		4	运杂费		476	476	
		6	材料买价	4 350		4 350	
		7	材料验收入库				15 506
			本期发生额	14 850	656	15 506	15 506

第四步：根据在途物资明细分类账户所归集的费用资料，编制材料采购成本计算表，计算A、B材料的总成本和单位成本，见表9-6。

表9-6　　　　材料采购成本计算表　　　　单位：元

成本项目	A材料（3000千克）		B材料（10000千克）		成本总计
	总成本	单位成本	总成本	单位成本	
买　价	6 000	2.00	14 850	1.485	20 850
采购费用	204	0.068	656	0.0656	860
成本合计	6 204	2.068	15 506	1.5506	21 710

第二节　产品制造成本的计算

一、理论知识

（一）产品制造成本计算的概念

产品制造成本的计算，就是把企业在产品制造过程中发生的各项生产费用，按照产品的品种或种类设置明细账分别归集和分配，然后根据这些账户资料，编制各种产品或种类的制造成本计算表，计算出各产品或种类的实际制造总成本和单位成本。

（二）产品制造成本计算的内容

制造企业在生产过程中发生的应计入产品制造成本的生产费用，在计入相应产品成本时，应当按生产费用的经济用途进行归集，计入相应的成本项目，一般产品制造成本由以下三个项目组成：

直接材料：它是指为产品生产直接构成产品实体而耗费的原材料、辅助材料、备品备件、外购半成品、燃料、动力、包装物、低值易耗品，以及其他直接材料等。

直接人工：它是指直接从事产品生产的工人工资、奖金、津贴和福利费等薪酬。

制造费用：它是指企业各生产单位为组织和管理生产所发生的各项费用，包括车间管理人员薪酬、固定资产折旧费和修理费、机物料耗费、办公费、差旅费、水电费、劳动保护费等。

上述三项成本，由于直接材料、直接人工与相应产品的制造关系较为密切，一般可以直接确定应该计入哪一种产品，因此应将其作为直接费用直接计入产品制造成本。制造费用一般是为制造多种产品发生的共同性费用，不能直接计入产品制造成本，而应当选择一定的标准，合理分配计入各种产品制造成本。

（三）产品制造成本计算程序

第一步：收集、整理产品成本计算资料。企业对领用的各种原材料、各项费用支出、工时劳动力等的消耗，产品的质量情况，在产品、半成品的内部转移和产成品的入库等，都要根据各项活动的特点，分别取得或填制不同格式的原始凭证，为产品成本计算提供原始数据。

第二步：确定产品成本计算对象。所谓产品成本计算对象，是指承担和归集费用的对象，即费用的受益对象。对于制造企业来讲，产品成本计算对象可以包括若干种不同产品或不同的经济活动，也可以只包括一种产品或一种经济活动；可以是一个单独的产品或项目，也可以是一批相同的项目或一组相似的产品；可以是最终产品，也可以是加工到一定程度的半成品。

第三步：确定产品成本计算期。产品成本计算期是指在什么时候计算产品成本，多长时间计算一次产品成本的问题。以制造企业为例，产品生产完工之时，才是产品成本完全形成之日。因此，应当在产品生产完工之时计算产品制造成本，这样产品生产周期就是成本计算期。但是，由于有的产品生产周期过长，完全按产品生产周期来计算成本，将影响会计信息的使用者及时取得相关的会计信息，所以，产品成本计算期并不一定能与产品生产周期一致。至于如何确定产品成本计算期，则取决于企业生产组织的特点和管理要求。为了及时取得成本指标，加强成本计划管理，一般以会计分期作为产品成本计算期，即在每个月的月末计算一次产品制造成本。

第四步：归集分配产品制造成本。归集和分配各种费用，是正确进行产品成本计算的前提。它一方面要求根据真实的原始数据来归集和分配各种费用，另一方面要求在费用的归集和分配中遵循相关性要求，遵守国家的相关法律及规章制度。比如遵循权责发生制要求，正确地确定费用的受益期限；遵守相关法律规章规定的成本开支范围和费用开支标准，不能随意扩大成本开支范围，也不得随意提高费用开支标准；划清相关支出成本费用的界限等。

知识链接

权责发生制等方法的应用

采用权责发生制、收入费用配比以及收益性与资本性支出的划分等，逐渐作为通用的会计惯例得到普遍应用。

第五步：设置和登记生产成本总账和明细分类账，编制产品成本计算表。在产品制造成本计算过程中，应设置“生产成本”总账，为系统地归集、分配各种应计入成本计算对象的费用，然后按产品品种、批别或类别分别设置和登记生产成本明细分类账户，账页的格式则按成本项目设置专栏。然后根据这些账户记录资料，编制各种产品成本计算表，借以计算确定各种产品的总成本和单位成本。

二、实务应用

根据企业的生产类型（生产组织和工艺技术）和管理要求，具体的产品成本计算方法可以采用品种法、分批法、分步法等不同方法计算产品制造成本。这些具体方法将在《成本会计》课程介绍，在此只举例说明产品制造成本的计算原理。

知识链接

成本会计方法的基础

成本会计方法是建立在持续经营假设和会计期间假设之上，为了计算定期收益的目的而产生的。这时，会计计量已不仅仅用于确定资产的价值，它还用于决定会计主体的收益。

【例9-2】 南阳公司在产品制造过程中发生的相关生产费用，它们构成产品制造成本的内容，经整理有关会计凭证归纳如下：

1. 期初在产品资料：见表9-7所示。

表9-7 期初在产品资料 单位：元

产品名称	直接材料	直接人工	制造费用	合计
C产品	500	450	200	1 150
D产品	1 600	900	676	3 176
合计	2 100	1 350	876	4 326

2. 本月发生的各项生产费用：见表9-8所示。

表9-8 各项生产费用资料 单位：元

产品名称	直接材料	直接人工	制造费用
C产品	2 500	1 050	2 550
D产品	4 400	1 500	
合计	6 900	2 550	2 550

3. 期末产量资料。C产品50件已全部完工，D产品120件，其中，完工产品100件，在产品20件按定额成本标准计算。D在产品单位定额成本为：直接材料25元、直接人工5元、制造费用8.8元。

根据上述资料，产品制造成本的计算方法如下：

第一步：根据期初在产品资料和本月发生的直接材料费用、直接人工费用资料，分别登记C、D产品的生产成本明细分类账中的相应成本项目，见表9-9、表9-10。

表9-9 生产成本明细分类账

产品名称：C产品 单位：元

××年		凭证号数	摘要	借方			
月	日			直接材料	直接人工	制造费用	合计
略	略	略	期初在产品成本	500	450	200	1 150
			材料费用	2 500			2 500
			生产工人薪酬		1 050		1 050
			分配制造费用			1 050	1 050
			本期发生额	2 500	1 050	1 050	4 600
			结转完工产品成本（50件）	3 000	1 500	1 250	5 750

表 9-10 生产成本明细分类账

产品名称：D 产品 单位：元

××年		凭证号数	摘要	借方			
月	日			直接材料	直接人工	制造费用	合计
略	略	略	期初在产品成本	1 600	900	676	3 176
			材料费用	4 400			4 400
			生产工人薪酬		1 500		1 500
			分配制造费用			1 500	1 500
			本期发生额	4 400	1 500	1 500	7 400
			结转完工产品成本（100 件）	5 500	2 300	2 000	9 800
			期末在产品成本	500	100	176	776

第二步：根据本月发生的制造费用，采用一定的分配方法，分别计入 C、D 两种产品成本，假定按本月生产工人工资作为分配标准。分配计算过程如下：

分配率 = 2 550 ÷（1050 + 1 500）= 1

C 产品应负担的制造费用 = 1 050 × 1 = 1 050（元）

D 产品应负担的制造费用 = 1 500 × 1 = 1 500（元）

根据上述计算结果，分别登记 C、D 产品的生产成本明细账中相应项目，见表 9-9、表 9-10 所示。

第三步：计算完工产品和期末在产品成本。完工产品的制造成本计算公式如下：

完工产品制造成本 = 月初在产品成本 + 本月发生的生产费用 - 月末在产品成本

（1）计算 C 产品的完工制造成本如下：根据期末产量资料可知，由于 C 产品全部完工，没有在产品，于是其总成本就是月初在产品成本与本月发生的生产费用之和，按成本项目计算如下：

C 产品的完工产品成本：

直接材料 = 500 + 2 500 = 3 000（元）

直接人工 = 450 + 1 050 = 1 500（元）

制造费用 = 200 + 1 050 = 1 250（元）

合　计 = 5 750 元

（2）计算 D 产品的期末在产品成本和完工产品制造成本。根据期末产量资料可知，由于 120 件 D 产品尚有 20 件未完工，这样应将月初在产品成本与本期发生的生产费用的合计数，按一定的方法在完工产品和在产品之间进行分配。按本例所给的条件，D 产品按定额成本计算，其计算方法和结果如下：

D 产品的期末在产品成本：

直接材料 = 20 × 25 = 500（元）

直接人工 = 20 × 5 = 100（元）

制造费用 = 20 × 8.8 = 176（元）

合　计 = 776 元

D 产品的完工产品成本：

直接材料 = 1 600 + 4 400 - 500 = 5 500（元）

直接人工 = 900 + 1 500 - 100 = 2 300（元）

制造费用 = 676 + 1 500 - 176 = 2 000（元）

合　　计 = 9 800 元

根据以上计算结果登记 C、D 产品的生产成本明细账，见表 9 - 9 和表 9 - 10。

第四步：根据 C、D 产品的生产成本明细分类账中的各成本项目记录和在产品资料，即可编制完工产品制造成本计算表，计算 C、D 两种产品总成本和单位成本，见表 9 - 11。

表 9 - 11　　完工产品制造成本计算表　　单位：元

成本项目	C 产品（50 件）		D 产品（100 件）	
	总成本	单位成本	总成本	单位成本
直接材料	3 000	60	5 500	55
直接人工	1 500	30	2 300	23
制造费用	1 250	25	2 000	20
合　计	5 750	115	9 800	98

第三节　产品销售成本的计算

一、理论知识

（一）产品销售成本计算的概念

产品销售成本即主营业务成本，是指已售产品的制造成本。但由于本月销售的产品不一定就是本月完工入库的产品，很可能包括几个月完工入库的产品，这样就存在销售出去的产品计价方法选择问题。因此企业在计算产品销售成本必须要选择恰当的发出产品计价方法，才能向相关会计信息使用者提供客观与相关的会计信息。

（二）产品销售成本计算的内容

企业销售商品，一方面表明库存商品减少，另一方面表明为取得主营业务收入而垫支了资金（企业发生了费用），即主营业务成本。将销售发出的商品成本转为主营业务成本，应遵循配比原则的要求，也就是说，不仅主营业务成本的结转应与主营业收入在同一会计期间加以确认，而且应与主营业收入在数量上保持一致。产品销售成本的计算公式如下：

本期产品销售成本 = 本期已售产品数量 × 单位产品制造成本

上式中，单位产品制造成本应考虑期初库存商品成本和本期入库商品成本情况，分别采用加权平均法、先进先出法和个别计价法等计价方法确定，方法一经确定，不得随意变动。关于这些发出商品的计价方法的具体内容，将在以后的《中级财务会计》专业课程中予以介绍。

（三）产品销售成本计算程序

第一步：收集、整理产品销售成本计算资料。企业对销售过程中发出的各种各样的产品，必须及时地填制相关原始凭证，为计算产品销售成本提供第一手原始数据。

第二步：确定产品销售成本计算对象。企业应按出售的产品品种或类别或批次，确定产品销售成本对象，其成本计算对象可以参照产品制造成本计算对象，即生产什么产品就销售什么产品，二者确定的成本计算对象一般是一致的。

第三步：确定成本计算期。企业如果采用单件、小批量的生产销售模式时，可以在出售完成时计算产品销售成本；如果企业经常反复不断地大量生产销售同一种或几种产品，一般以会计分期作为产品销售成本计算期，也就是在每个月的月末计算一次产品销售成本。

第四步：正确归集产品销售成本。一般来说，产品的制造成本也即产品的销售成本，但由于选择产品发出的计价方法不同，使得计算出来的销售产品成本会存在较大的差异，因此企业应当选择恰当的产品发出计价方法，计价方法一经确定不得随意改变，使生成的产品销售成本资料具有可比性与相关性。

第五步：设置和登记库存商品总账与明细分类账。在销售商品过程中，应设置“库存商品”、“主营业务成本”总账，为系统归集各种商品的销售成本，还应按出售的产品品种或类别或批次，分别设置和登记“库存商品”和“主营业务成本”明细分类账户，用以核算企业不同商品或类别或批次主营业务发生的实际成本及其结转情况。

第六步：编制产品销售成本计算表。

二、实务应用

现仍以上例资料说明产品销售成本的计算方法。根据对上述南阳公司销售过程业务的整理，相关资料如下：

【例9-3】 本月已售出C产品70件、D产品160件。A、B两种产品的成本资料见表9-12、表9-13。

表9-12 **库存商品明细账**

产品名称：C产品　　单位：元/件

××年		摘要	收入			发出			结存		
月	日		数量	单价	金额	数量	单价	金额	数量	单价	金额
	1	期初余额							50	118	5 900
		本月完工入库	50	115	5 750						
		本月销售				70	116.5	8 155			
	30	期末余额							30	116.5	3 495

表9-13 **库存商品明细账**

产品名称：D产品　　单位：元/件

××年		摘要	收入			发出			结存		
月	日		数量	单价	金额	数量	单价	金额	数量	单价	金额
	1	期初余额							100	100	10 000
		本月完工入库	100	98	9 800						
		本月销售				160	99	15 840			
	30	期末余额							40	99	3 960

根据库存商品明细账资料，说明产品销售成本的计算方法如下：

第一步：采用加权平均法计算 C、D 产品的平均单位成本。

C 产成品平均单位成本 =（5 900 + 5 750）÷（50 + 50）= 116.50（元/件）

D 产成品平均单位成本 =（10 000 + 9 800）÷（100 + 100）= 99（元/件）

第二步：根据上述 C、D 产成品的平均单位成本和已售 C、D 两种产品的数量，计算 C、D 产品的销售成本。

C 产品销售成本 = 70 × 116.5 = 8 155（元）

D 产品销售成本 = 160 × 99 = 15 840（元）

第三步：编制产品销售成本计算表（表 9－14）。

表 9－14　　产品销售成本计算表

产品名称	平均单位成本（元/件）	产品销售数量（件）	产品销售成本（元）
C 产品	116.50	70	8 155
D 产品	99.00	160	15 840
合　计	—	—	23 995

主要概念

材料采购成本　产品制造成本　产品销售成本　成本计算对象　成本项目

问题与思考

1. 什么是成本计算？企业在哪些经营环节需要进行成本计算？
2. 怎样确定成本计算对象？材料采购成本、产品制造成本应如何设置成本项目？
3. 如何将制造成本在完工产品和在产品之间进行分配？
4. 什么是直接费用、间接费用？
5. 请简述生产费用和产品制造成本的关系。

第十章 DISHIZHANG

财 产 清 查

【理论知识目标】

□ 了解财产清查的内容

□ 理解财产物资盘存制度

□ 掌握财产清查的程序和方法

□ 掌握财产清查结果的账户设置

【实务应用目标】

□ 熟悉各种货币资金、实物资产和往来款项的清查方法

□ 会编制各种盘存表及其他相关表格

□ 会对财产清查结果进行账务处理

第一节　货币资金的清查

一、理论知识

（一）货币资金的概念

货币资金是指经济主体拥有的，处在货币形态的资金，它是经济主体资产中流动性最强的一种资产。任何经济主体要进行生产经营活动都必须拥有一定的货币资金，持有货币资金是进行经营活动的基本条件。货币资金主要包括库存现金、银行存款和其他货币资金，这里主要介绍库存现金和银行存款的清查方法。

（二）货币资金的清查

1. 库存现金的清查。对于库存现金的清查，一般应由出纳人员每日终了时进行清查核对。但在库存现金的会计核算过程中，由于管理不善或工作人员失职而造成库存现金账实不符，或者更换出纳人员，或者其他方面原因造成库存现金余缺等，为了分清经济责任，需要对库存现金实地盘点，确定其实存数，然后与现金日记账的账面结存数进行核对，以查明余缺情况。这时对库存现金的盘点，应由清查人员会同现金出纳人员共同负责，其清查内容和方法如下：

首先，在盘点前，出纳人员应先将现金收、付凭证全部登记入账，并结出余额。其次，

在盘点时，出纳人员必须在场。现金应逐张清点，如发现现金长款、短款，必须会同出纳人员核实清楚。盘点时，除查明账实是否相符外，还要查明有无违反现金管理制度的行为，如有无“白条”抵充现金、现金库存超限额、坐支现金等。最后，在盘点结束时，应根据盘点结果，及时填制“库存现金盘点报告表”，并由盘点人员和出纳人员共同签章。

2. 银行存款的清查。对于银行存款的清查，一般是至少每月要与银行核对一次。在进行银行存款清查之前，应及时与开户行联系，取得有关的银行对账单，然后与之核对，即用从开户银行定期送来的对账单与本单位的银行存款日记账逐笔进行核对，以查明账实是否相符。

清查之前，企业应将本单位所发生的经济业务登入银行存款日记账，再对账面记录进行检查复核，确定账簿记录完整、准确后，才能将银行转来的对账单（即银行账簿记录的复写账页）与银行存款日记账账面记录进行逐笔核对。

通过核对，往往会发现银行与企业双方的余额不一致。这除了企业与银行之间的一方或双方同时记账有错误外，另一个重要原因就是双方都有可能会出现未达账项。所谓未达账项，是指由于双方记账时间不一致而发生的一方已经入账，而另一方因尚未收到有关凭证而未登记入账的款项。企业与银行之间的未达账项，主要有以下四种情况：

（1）企业收到或已送存银行的款项，企业已入账，作为银行存款的增加，但银行尚未入账；

（2）企业开出各种付款转账凭证，已计入银行存款日记账，作为企业存款的减少，但银行尚未入账；

（3）银行代企业收取的款项，银行已入账，作为企业银行存款的增加，但企业尚未收到有关凭证，未能登记入账；

（4）银行代企业支付的款项，银行已入账，作为企业银行存款的减少，但企业尚未收到有关凭证，未能登记入账。

上述的任何一种情况发生，都会使企业银行存款日记账的余额与银行对账单的余额不相一致。当发生第一、第四两种情况时，会使企业银行存款日记账的余额大于银行对账单的余额；当发生第二、第三种情况时，会使企业银行存款日记账的余额小于银行对账单的余额。因此，在核对双方账目时，必须注意有无未达账项。在具体核对时，要对双方的账目记录进行逐笔核对，对于双方账目上都有的记录，可划上“√”的标记，核对完毕，出现无标记的则可能是未达账项。为了查明未达账项是否正确，掌握企业银行存款的实际可动用数额，通常需要编制“银行存款余额调节表”进行观察。

（三）货币资金清查核算应设置的账户

为了反映和监督企业在财产清查中查明的库存现金的长短款及其处理情况，应设置“待处理财产损溢——待处理流动资产损溢”账户，该账户的结构如图10－1所示。

待处理财产损溢——待处理流动资产损溢

借方	贷方
发生额：（1）库存现金短款发生额 （2）库存现金长款的转销额	发生额：（1）库存现金长款的发生额 （2）库存现金短款的转销额

图10－1 “待处理财产损溢——待处理流动资产损溢”账户结构图

二、实务应用

（一）库存现金清查核算

经济主体在进行库存现金清查时，首先将清查情况填制“库存现金盘点报告表”，然后据以进行账务处理。具体介绍如下：

1. 登记“库存现金盘点报告表”。企业在对库存现金盘点结束时，应根据盘点结果，及时填制“库存现金盘点报告表”，并由盘点人员和出纳人员共同签章。此表具有双重性质，它既是盘存单，又是账存实存对比表；既是反映库存现金实有数，用以调整账簿记录的重要原始凭证，也是分析账实发生差异原因、明确经济责任的依据。“库存现金盘点报告表”格式如表 10-1 所示。

表 10-1　　库存现金盘点报告表

年　月　日　　　　单位：元

币种	实存金额	账存金额	对比结果		备注
			盘盈	盘亏	
	1 193	1 500		307	

盘点人：　　　　出纳员：

2. 库存现金溢余与短缺的账务处理。对于货币资金的清查长短款结果的账务处理，应当分两个步骤：第一步按照库存现金盘点报告表上现金长短款额，通过“待处理财产损溢”账户进行核算，编制记账凭证，并据以登记有关账簿，使账实相符。第二步，期末按照责任权限和有关部门批复的意见，分别计入相关账户，编制记账凭证，并冲销“待处理财产损溢”账户。

【例 10-1】 南阳公司在清查中发现现金短缺 307 元。应编制如下记账凭证：

借：待处理财产损溢——待处理流动资产损溢　　307

　　贷：库存现金　　307

【例 10-2】 经查，上述短款为出纳人员工作疏忽造成的，应由其负责赔偿，在赔偿款尚未收到之前，应编制如下记账凭证：

借：其他应收款——××出纳　　307

　　贷：待处理财产损溢——待处理流动资产损溢　　307

如属于应由保险公司赔偿的现金短款，则应编制如下记账凭证：

借：其他应收款——××保险公司　　307

　　贷：待处理财产损溢——待处理流动资产损溢　　307

如属于无法查明的其他原因造成的现金短款，则应编制如下记账凭证：

借：管理费用——现金短缺　　307

　　贷：待处理财产损溢——待处理流动资产损溢　　307

【例 10-3】 南阳公司在清查中发现现金溢余 415 元。应编制如下记账凭证：

借：库存现金　　415

　　贷：待处理财产损溢——待处理流动资产损溢　　415

【例 10-4】 经反复核查，未查明上述现金溢余的原因，经批准作营业外收入处理。应编制如下记账凭证：

借：待处理财产损溢——待处理流动资产损溢　　415

　　贷：营业外收入——财产盘盈　　415

如溢余现金属于应付给有关人员或单位的，则应编制记账凭证：

借：待处理财产损溢——待处理流动资产损溢　　415

　　贷：其他应付款——××个人（或单位）　　415

（二）银行存款清查核算

前已述及，银行存款的清查方法，主要是将银行存款对账单与企业银行存款日记账进行核对，核对发现的未达账项，通过编制银行存款余额调节表来观察。

该表的编制，是以双方账面余额为基础，各自分别加上对方已收款入账而本方尚未入账的数额，减去对方已付款入账而本方尚未入账的数额。现举例说明银行存款余额调节表的编制方法。

【例 10－5】 南阳公司 4 月 30 日银行存款日记账的账面余额为 9 万元，银行对账单的账面余额为 81 000 元。经逐笔查实，发现有以下未达账项：

4 月 29 日，银行代企业收回货款 2 000 元，企业因尚未收到收款通知而尚未入账；

4 月 29 日，银行代企业支付本月水电费共 7 000 元，企业因尚未收到付款通知而尚未入账；

4 月 30 日，企业存入银行的转账支票一张计 6 000 元，银行尚未入账；

4 月 30 日，企业开出转账支票一张计 2 000 元，银行尚未入账。

根据上述资料编制的银行存款余额调节表如表 10－2 所示。

表 10－2　　银行存款余额调节表

××年 4 月 30 日　　金额单位：元

项　目	金　额	项　目	金　额
企业银行存款日记账余额	90 000	银行对账单余额	81 000
加：银行已记增加，企业未记增加的款项	2 000	加：企业已记增加，银行未记增加的款项	6 000
减：银行已记减少，企业未记减少的款项	7 000	减：企业已记减少，银行未记减少的款项	2 000
调节后余额	85 000	调节后余额	85 000

经调节后的存款余额才是企业可动用的银行存款实有数额。应当指出的是，调节表不能作为更改账簿记录的依据。对于银行已经入账而企业尚未入账的未达账项，应在有关结算凭证到达企业后，才能据以记账；对于长期存在的未达账项，应及时查明原因，予以解决。

第二节 实物财产的清查

一、理论知识

（一）实物财产的概念

实物财产是指具有实物形态的各种财产，包括原材料、半成品、在产品、产成品、周转材料以及固定资产等。它主要包括存货和固定资产两个部分的内容。

存货是指原材料、半成品、在产品、产成品、周转材料等。按其在生产经营过程中起的作用可以分为三类：一是为生产过程耗用而储备的各种材料及周转材料；二是正在加工中的在产品；三是准备销售的产成品。由于存货流动性大，即使账簿记录正确完整，并加强了对会计凭证的日常审核，定期进行了账证和账账核对，但仍不代表账簿记录的客观真实性。也就是说，种种原因可能使得存货实物财产账面结存数和实际结存数之间发生差异，造成账实不符，比如由于在收发存货财产物资时，计量、检验不准确而造成品种、数量或质量上的差错；存货财产物资在运输、保管、收发过程中，在数量上发生自然损溢；在存货财产物资增减变动时，没有及时办理手续或在计算、登记上发生了差错；管理不善或工作人员失职而造成存货财产物资的损坏、变质或短缺；贪污盗窃、营私舞弊造成存货财产物资的损失；自然灾害造成的存货财产物资的非正常损失等。存货种类繁多，形态各异，入库出库频率高，差错发生的机会相对较大，另外各类存货的体积、重量、堆放方式不尽相同，价值额有大有小，企业应该对存货进行恰当地分类，对于流动性较大的存货，如材料、库存商品等，年内应轮流盘点或重点抽查；对于各种贵重物资，每月至少应清查盘点一次；对于流动性较小的存货如周转材料、委托加工材料等，清查间隔期可以适当长一些。

固定资产是指各类设备、机器及房屋建筑物等。固定资产是企业开展经营活动的物质基础，在企业的资产总额中占有很大的比重，其清查每年至少应进行一次。固定资产清查的目的主要是查明账实是否相符及不符原因；固定资产在保管、维护保养及核算上是否存在问题；清查固定资产的使用情况，是否存在长期闲置的资产等。对于固定资产清查过程中发现的问题，应及时反映给有关方面，保证固定资产完整、合理有效使用。

（二）财产物资的盘存制度

财产物资的盘存制度，也即确定财产物资账面结存数量的核算方法。在会计实务中，确定财产物资账面结存的方法通常有两种：一是“永续盘存制”；二是“实地盘存制”。

1. 永续盘存制。永续盘存制（perpetual inventory system）又称账面盘存制（book inventory system），它是指平时对各项财产物资的增加数和减少数，都必须根据会计凭证连续记入有关的明细账，并随时根据增加数和减少数结出账面余额的一种方法。其具体做法是：收入某项财产物资时，根据有关的会计凭证将收入的数量和金额分别登记在有关明细账的收入栏；发出某项财产物资时，根据有关的会计凭证将发出的数量和金额登记在有关明细账的发出栏，并及时计算出该项财产物资在明细账上结存的数量和金额。计算公式如下：

账面期末结存数 = 账面期初结存数 + 本期增加数 − 本期减少数

永续盘存制，对于财产物资的增减变化由于要逐日逐笔进行登记，并随时结出账面结存数，手续比较严密，因此便于加强会计监督。同时能及时掌握财产物资的收发、结存的动态情况，对于加强财产物资的管理、保证其安全完整有重要作用。但此种盘存制度也存在不足之处，即由于要逐日逐笔进行登记各项财产物资的增减变动及结存情况，因此工作量较大。在实际工作中，由于种种原因会引起账实不符的情况产生，因此，采用永续盘存制也需要对各项财产物资进行财产清查，查明账实不符的原因，并根据财产清查结果调整账目，做到账实一致。

2. 实地盘存制。实地盘存制（physical inventory system）又称盘存计耗制或以存计耗制，是根据财产清查的结果，来确定财产物资期末账面结存数的方法。采用这种方法，平时只根据会计凭证在明细账中登记各项财产物资的增加数量和金额，不登记减少数，期末将通过实地盘点确定的数量作为账面结存数量，然后再倒推出本期各项财产物资减少数的一种盘存制度。在实地盘存制下，本期减少数的计算公式为：

期初结存数 + 本期增加数 - 期末结存数 = 本期减少数

实地盘存制，由于平时只登记各项财产物资的增加的数量和金额，不登记减少数量和金额，因此相应减少了各种明细账的登记工作。但是各项财产物资的减少，由于手续不严密，因此不便于施行会计监督。期末以实存数作为账存数，倒推计算发出数量的方法容易掩盖财产物资管理中存在的问题，同时也不利于随时掌握财产物资的收发、结存的动态情况，因此一般只对发生频繁、价值较低的财产物资等采用实地盘存制。其他财产物资，特别是重要的、贵重的财产物资均应采用永续盘存制。

（三）实物财产的清查方法

实物财产的清查方法是指确定实物财产实存数额的方法。由于各种实物的形态、体积、重量、堆放方式等不尽相同，因而所采用的清查方法也不尽相同，比较常见的有以下三种方法：

1. 实地盘点法。这种方法是通过逐一清点、度量或过磅来确定实物的实存数量。企业单位的多数实物资产的清查，都可以采用这种方法。

2. 技术推算法。这种方法是通过量方、计尺、数学等技术来推算实物资产的结存数量。对于那些大堆存放、量大单价低而且存放有一定规则的财产物资，如煤炭、矿石、食盐等，盘点时可先计算出单位体积重量，然后用单位体积重量乘以总体积，求得全部结存数量。

3. 抽样盘存法。这种方法是指对于数量多、重量均匀的实物财产，确定财产的实有数额。

以上几种方法无论采用哪一种，都应按计划有步骤地进行，以免重复或遗漏。在盘点时应先根据“财产目录”的规定，复核财产物资的品名、规格，然后再盘点数量；除此还应对实物的质量进行核查，按照不同实物财产特点可以采用物理的或化学的方法进行质量检测。在清查过程中，还应了解实物资产的利用和储备情况，以及在收发、保管等方面所存在的问题。为了明确经济责任，在进行清查时，实物保管人员必须在场，但保管人员不宜担任清查任务，这有利于清查工作的客观、公正。清查后，应及时将清查结果如实记录在“盘存表”（inventory sheet）上。

（四）财产物资清查核算应设置的账户

设置账户以及对财产物资清查结果进行账务处理，是对财产物资清查工作的总结与肯定，同时也是发现财产物资管理中存在问题的过程。为了反映和监督企业在财产清查中查明的各种财产物资的盘盈、盘亏和毁损及其处理情况，应设置“待处理财产损溢”账户，在“待处理财产损溢”账户下分别设置“待处理流动资产损溢”和“待处理固定资产损溢”用来核算存货和固定资产的清查结果。其账户结构如图 10－2 所示。

待处理财产损溢

借方	贷方
发生额：（1）财产物资盘亏和毁损的发生额 （2）财产物资盘盈的转销额	发生额：（1）财产物资盘盈的发生额 （2）财产物资盘亏和毁损的转销额

图 10－2　“待处理财产损溢”账户结构

二、实务应用

（一）永续盘存制应用

【例 10－6】　南阳公司对 A 材料采用永续盘存制进行收入、发出和结存核算。A 材料月初结存 1 000 千克，计 3 000 元；本月 5 日购进入库 1 500 千克，实际成本 4 500 元，本月 10 日购进入库 500 千克，实际成本 1 500 元；本月 12 日生产领用 1 200 千克，计 3 600 元，本月 15 日生产领用 1 000 千克，计 3 000 元；月末实地盘点 A 材料实存 700 千克，计 2 100 元。根据上述资料，A 材料明细账的记录如表 10－3 所示。

通过上述例题可以看出，A 材料的月末账存数为 800 千克，而实地盘点的实存数却为 700 千克。这说明，即使是在永续盘存制下，有时也会由于记录不当或保管不善等原因，使得财产物资的账面期末余额与实际期末结存数之间存在差异。所以，采用永续盘存制，也需要对各项财产物资进行清查盘点，以查明账实是否相符，以及账实不符的原因。

表 10－3　**原材料明细账**

材料名称：A 材料　　规格：10mm　　计算单位：千克　　第　页

年		凭证字号	摘要	借方												贷方												结余											
月	日			数量	单价	金额									√	数量	单价	金额									√	数量	单价	金额									√
						百	十	万	千	百	十	元	角	分				百	十	万	千	百	十	元	角	分				百	十	万	千	百	十	元	角	分	
	1		月初余额																									1 000	3				3	0	0	0	0	0	
	5		入库	1 500	3				4	5	0	0	0	0														2 500	3				7	5	0	0	0	0	
	10		入库	500	3				1	5	0	0	0	0														3 000	3				9	0	0	0	0	0	
	12		发出													1 200	3				3	6	0	0	0	0		1 800	3				5	4	0	0	0	0	
	15		发出													1 000	3				3	0	0	0	0	0		800	3				2	4	0	0	0	0	
			本月合计	2 000	3				6	0	0	0	0	0		2 200	3				6	6	0	0	0	0		800	3				2	4	0	0	0	0	

（二）实地盘存制应用

在例 10－6 中，假设南阳公司对 A 材料采用实地盘存制，进行收入、发出、结存核算，则 A 材料明细账记录如表 10－4 所示。

表 10－4 **原材料明细账**

材料名称：A 材料　　　规格：10mm　　　计算单位：千克　　　第　页

年		凭证字号	摘要	借方											√	贷方											√	结余											√
月	日			数量	单价	金额										数量	单价	金额										数量	单价	金额									
						百	十	万	千	百	十	元	角	分				百	十	万	千	百	十	元	角	分				百	十	万	千	百	十	元	角	分	
	1		月初余额																									1 000	3				3	0	0	0	0	0	
	5		入库	1 500	3				4	5	0	0	0	0																									
	10		入库	500	3				1	5	0	0	0	0																									
	12		发出																																				
	15		发出																																				
			本月合计	2 000					6	0	0	0	0	0		2300					6	9	0	0	0	0		700	3				2	1	0	0	0	0	

注：月末结存的 700 千克是实际盘存的结果。

上述表格数据，根据本期减少数的计算公式为：期初结存数＋本期增加数－期末结存数＝本期减少数，计算结果为 1 000＋2 000－700＝2 300（千克），倒推出本期发出数。期末以实存数作为账存数，倒推计算发出数量的方法，造成一些非正常原因导致的库存减少，也当成正常的库存减少，掩盖了财产物资管理中存在的问题。

（三）财产物资清查凭证填写应用

在进行财产物资核算的过程中，需要填写的原始凭证主要是“盘存表”和“账存实存对比表”。具体填写方法简要介绍如下：

1. 填写财产物资清查盘存表。在进行财产物资的清查过程中，应当根据盘存实际结果填写“盘存表”。“盘存表”是记录实物资产盘点结果的书面证明，也是反映实物资产实有数额的原始凭证。“盘存表”的一般格式如表 10－5 所示。

表 10－5 **盘　存　表**

财产类别：　　　年　月　日　　　编号：存放地点：

编号	名称	规格	计量单位	数量	单价	金额	备注

盘点人：　　　实物保管人：

“盘存表”内的编号、规格、名称、计量单位、单价各栏所填写的内容，应与对应账簿上记载的相同，以便核对。

2. 填写账存实存对比表。为了进一步核实清查结果与有关账簿记录的账面结存数是否相符，企业单位在“盘存表”填制审核完毕后，应根据“盘存表”和有关账簿记录编制“账存实存对比表”。“账存实存对比表”既是调整有关账簿记录的原始凭证，也是确定有关人员经济责任的依据。“账存实存对比表”的一般格式如表 10－6 所示。

表 10-6 账存实存对比表

年 月 日 编号：

编号	规格	名称	计量单位	单价	账存		实存		盘盈		盘亏	
					数量	金额	数量	金额	数量	金额	数量	金额

会计主管： 复核： 制表：

在实际工作中，“账存实存对比表”通常只在账实不符时才填列，而对于账实相符的实物则不填列，这样有利于简化编表工作。由于“账存实存对比表”反映的是各种实物资产的盘盈、盘亏情况，所以也称“盘点盈亏报告表”。

在实物清查中，对于委托外单位加工或保管的财产物资、租出的财产物资，以及在途的财产物资，可以采用询证的方法与对方单位进行核对，以查明账实是否相符。

（四）财产物资清查结果的账务处理

对于财产清查结果的账务处理，应当分两个步骤。首先，根据“账存实存对比表”查明的财产物资的盘盈、盘亏和毁损的数字，编制记账凭证（或会计分录），并据以登记有关账簿，使账实相符。然后，根据差异产生的原因和有关部门批复的意见，编制记账凭证（或会计分录），并登记入账。

企业清查的各种财产的损溢，应于期末前查明原因，并根据企业的管理权限，经股东大会或董事会，或经理（厂长）会议或类似机构批准后，在期末结账前处理完毕。如清查的各种财产的损溢，在期末结账尚未经批准的，在对外提供财务会计报告时应按有关规定进行处理，并在会计报表附注中作出说明；如果其后批准处理的金额与已处理的金额不一致，应调整会计报表相关项目的年初数。

下面举例说明存货与固定资产的清查结果的账务处理方法。

1. 存货清查结果的账务处理。在财产清查中，发现盘盈、盘亏、毁损的存货，应先记入“待处理财产损溢——待处理流动资产损溢”账户借方或贷方，并于期末前查明原因，在期末结账前处理完毕。盘盈的存货，应冲减当期的管理费用，并从其借方转销“待处理财产损溢——待处理流动资产损溢”；盘亏的存货，在减去过失人或保险公司等赔款和残料价值之后，计入当期管理费用，属于非常损失的，计入营业外支出，并从其贷方转销“待处理财产损溢——待处理流动资产损溢”。

知识链接

存货盘盈会计处理

根据《企业会计准则第 28 号——会计政策、会计估计变更和差错更正》的规定，存货盘盈属于前期差错造成的，应当采用追溯重述法或未来适用法进行差错更正。

【例 10-7】 南阳公司在财产清查中甲材料盘盈 50 千克，价值 1 000 元。应编制如下记账凭证：

借：原材料——甲材料 1 000

　　贷：待处理财产损溢——待处理流动资产损溢 1 000

【例10-8】 经查，盘盈系因计量器具不准确造成的，经批准冲减本月的管理费用。应编制如下记账凭证：

借：待处理财产损溢——待处理流动资产损溢　　1 000
　　贷：管理费用　　1 000

【例10-9】 南阳公司仓库因遭受火灾造成原材料毁损20万元，该批材料原购进时的进项增值税为34 000元。企业会计制度规定，购进的物资、在产品、产成品发生非正常损失的，其进项税额应予以转出，因此应编制如下记账凭证：

借：待处理财产损溢——待处理流动资产损溢　　234 000
　　贷：原材料　　200 000
　　　　应交税费——应交增值税（进项税额转出）　　34 000

【例10-10】 上述自然灾害损失应由企业投保的保险公司赔付15万元，余额经批准列作企业的营业外支出。应编制如下记账凭证：

借：其他应收款——应收××公司保险赔款　　150 000
　　营业外支出　　84 000
　　贷：待处理财产损溢——待处理流动资产损溢　　234 000

2. 固定资产清查结果的账务处理。在财产清查中发现盘盈的固定资产，应根据“账存实存对比表”，按同类或类似固定资产的市场价格，减去按该项资产的新旧程度估计的价值损耗后的余额借记“固定资产”账户和贷记“以前年度损溢调整”账户。关于固定资产盘盈的具体会计处理留待后续有关课程介绍。

知识链接

固定资产盘盈会计处理

根据《企业会计准则第28号——会计政策、会计估计变更和差错更正》的规定，企业在财产清查中盘盈的固定资产，作为重要的前期差错，企业应当采用追溯重述法予以更正。该准则具体内容则在《中级财务会计》课程中介绍。

在财产清查中发生盘亏的固定资产，应先记入“待处理财产损溢——待处理固定资产损溢”账户的借方，并于期末前查明原因，在期末结账前处理完毕。盘亏或毁损的固定资产，在减去过失人或者保险公司等赔款和残料价值之后，记入当期营业外支出，并从其贷方转销“待处理财产损溢——待处理固定资产损溢”。

【例10-11】 南阳公司在财产清查中发现短少设备一台，该设备账面原值为7万元，已提折旧3万元。应编制如下记账凭证：

借：待处理财产损溢——待处理固定资产损溢　　40 000
　　累计折旧　　30 000
　　贷：固定资产　　70 000

【例10-12】 经批准，上述固定资产盘亏损失转作企业的营业外支出。应编制如下记账凭证：

借：营业外支出　　40 000
　　贷：待处理财产损溢——待处理固定资产损溢　　40 000

第三节 往来款项的清查

一、理论知识

（一）往来款项的概念

企业在正常生产经营过程中，由于频繁购买材料物资、销售产品，当购销业务不是现金收付方式时，就会产生应收应付款项或预付预收的往来款项；另外在实际经营中还会产生为职工或其他单位支付的各种代垫代付款项，或者其他单位为企业支付的各种代垫代付款项。上述款项就是常说的往来款项，具体包括应收、应付、预收、预付以及其他应收应付款项。

（二）往来款项的清查方法

本单位的往来账目，由于存在一些如管理不善或工作人员失职会造成往来款项的差错，而本单位与债权债务单位如果发生未达账项所引起的账账、账实不符，以及其他原因也会造成双方债权债务金额不一致等，因此对往来款项要进行定期或不定期的盘点和核对就具有十分重要的作用。制度一般规定，对于各种债权、债务，每年至少应与对方核对一至两次。

往来款项在清查之前，应及时与对方联系，取得有关的对账单，然后对往来款项进行清查，采用与对方单位和个人通过对账单核对账簿记录或查询的方法进行，也可两种方法同时采用。在清查过程中，不仅要查明往来款项的余额，还要查明形成的原因，以便加强管理。对于在清查中发现的坏账损失以及无法支付的应付款项，均必须要按规定进行处理，不得擅自冲销账簿记录。

（三）往来款项清查核算应设置的账户

对于长期不清的债权债务以及发生争议的有关结算款项，应确定专门清理人员，查明原因，限期清理。查明确实无法收回的应收款项和无法支付的应付款项，按规定不通过“待处理财产损溢”账户进行核算，而是在原来账面记录的基础上，按规定程序报经批准后，直接转账冲销。对无法收回的应收款项即坏账损失，在提取坏账准备的企业，冲减“坏账准备”并冲销应收款项；对无法支付的应付款项经批准后，直接计入当期损益并冲销应付款项。

二、实务应用

（一）往来款项清查程序

往来款项的清查一般包括以下程序：

1. 检查核对账簿记录。应将本单位往来账目全部登记入账，以保证账簿记录的完整性。

2. 编制往来款项对账单。根据有关明细账的记录，按户编制对账单，寄发给对方单位进行核对。对账单一般一式两联，其中一联作为回单。对方单位接到对账单核对无误后，在回单联上注明“核对相符”字样，并加盖公章退回给寄发单位；如发现数额不符，应将不符情况在回单上注明或另抄对账单退回，作为进一步核对的依据；若存在未达账项，应进行余额调整（调整方法类似银行存款余额调节），以确认往来款项余额，核对是否相符。

3. 填制“往来款项清查表”。在往来款项的清查中，还应注意查明双方有无争议的款项，有无没有收回希望的款项，以便采取措施或减少坏账损失。

本单位在收到对方回单后，在检查、核对并确认了往来款项余额后，清查人员应根据清查中发现的问题和情况，及时填制“往来款项清查表”，其格式如表10－7所示。

表10－7 往来款项清查表

总分类账户名称： 年 月 日

明细分类账户		清查结果		核对不符原因分析			备注
名称	账面余额	核对相符金额	核对不符金额	未达账项金额	有争议款项金额	其他	

（二）往来款项清查结果的账务处理

根据“往来款项清查表”，对在清查中发现的坏账损失以及无法支付的应付款项，要按规定进行处理，不得擅自冲销账簿记录。但是不论是坏账损失，还是无法支付的应付款项，均不需要通过“待处理财产损溢”账户进行账务处理。

【例10－13】 南阳公司一笔长期无法收回的应收款项计1 200元，按规定程序批准后，应编制如下记账凭证：

借：坏账准备　　1 200

　　贷：应收账款　　1 200

【例10－14】 南阳公司一笔长期无法支付的应付款项计1 700元，经查实对方单位已解散，经批准做销账处理，应编制如下记账凭证：

借：应付账款　　1 700

　　贷：营业外收入　　1 700

主要概念

财产清查　永续盘存制　实地盘存制　未达账项

问题与思考

1. 什么是财产清查？
2. 什么是未达账项？它有哪几种情况？
3. 比较说明永续盘存制和实地盘存制优缺点和适用范围。
4. 试述“待处理财产损溢”账户的基本结构及其应用。
5. 试举例说明财产清查结果的账务处理方法。

第十一章 *DISHIYIZHANG*

会计报表与分析利用

【理论知识目标】

- □ 了解会计报表的概念和种类
- □ 理解会计报表的编制原理和编制要求
- □ 明确资产负债表、利润表基本结构和内容
- □ 掌握资产负债表、利润表的编制方法
- □ 了解会计报表的分析方法

【实务应用目标】

- □ 会根据账簿资料编制资产负债表及利润表
- □ 会对会计报表资料进行简单分析

第一节 资产负债表

一、理论知识

（一）资产负债表的概念和作用

资产负债表是反映企业某一特定日期（如月末、季末、年末）全部资产、负债和所有者权益情况的报表，它是一张揭示企业在一定时点财务状况的静态报表。资产负债表的作用主要表现在以下方面：

第一，通过资产负债表可以了解企业所掌握的资产总额及其构成，表明企业所拥有或控制的资源及其分布情况。

第二，通过资产负债表可以提供企业一定日期所承担的债务总额及其结构，表明企业未来需要多少资产或劳务清偿债务；还可以提供所有者拥有的权益，以判断资本保值、增值的情况以及对负债的保障程度。

第三，通过对资产负债表年初余额和年末余额的对比分析，可以看出企业财务状况的增减变化及发展趋势。

第四，通过资产负债表所提供的资料，能为政府、企业的投资者、债权人和经营管理者

进行财务分析，有助于不同的报表使用者做出相应的决策。

（二）资产负债表的结构和内容

资产负债表各项目在表中的排列方法不同，形成了两种格式的资产负债表：账户式和报告式。报告式资产负债表是将资产、负债和所有者权益项目采用垂直分列的形式，即在报表的上半部列示资产，下半部列示负债和所有者权益。账户式资产负债表是左右结构，左边列示资产项目，右边列示负债与所有者权益项目，左右两边的合计数保持平衡。不论采取什么格式，资产各项目的合计等于负债和所有者权益各项目的合计这一等式不变，即“资产=负债+所有者权益”。在我国，资产负债表采用账户式，左右双方平衡，即资产总计等于负债和所有者权益总计。资产负债表的简要格式如表 11－1 所示。

表 11－1　　　　资产负债表　　　　会企 01 表

编制单位：　　　　年　月　日　　　　单位：元

资　产	期末余额	年初余额	负债和所有者权益（或股东权益）	期末余额	年初余额
流动资产：			流动负债：		
货币资金			短期借款		
交易性金融资产			…		
…			流动负债合计		
			非流动负债：		
流动资产合计			长期借款		
			…		
非流动资产：			非流动负债合计		
…			负债合计		
固定资产			所有者权益（或股东权益）：		
…			实收资本		
			…		
非流动资产合计			所有者权益（或股东权益）合计		
资产总计			负债和所有者权益（或股东权益）总计		

在表 11－1 中，资产按照其流动性分类分项列示，包括流动资产、非流动资产，在流动资产和非流动资产类别下进一步按性质分项列示；负债按照其流动性分类分项列示，包括流动负债、非流动负债，在流动负债和非流动负债类别下进一步按性质分项列示；所有者权益（股东权益）则以投资者享有权益的先后顺序排列，即原始投资列前，派生的留存收益排后。

（三）资产负债表的编制方法

《企业财务会计报告条例》规定：年度、半年度会计报表至少应当反映两个年度或者相关两个期间的比较数据。也就是说，企业需要提供比较资产负债表，所以，资产负债表各项目需要分为“年初余额”和“期末余额”两栏分别填列。

“年初余额”的填列方法：表中“年初余额”栏内各项目数字，应根据上年年末资产负债表“期末余额”栏内所列数字填列。如果本年度资产负债表规定的各个项目的名称和内容同上年度不相一致，应对上年年末资产负债表各项目的名称和数字按照本年度的规定进行调整，按调整后的数字填入本表“年初余额”栏内。

“期末余额”的填列方法：“期末余额”是指某一会计期末的数字，如月末、季末、半年末、年末的数字等。应根据账簿记录中资产、负债和所有者权益账户的期末余额填列。其填列方法有以下几种：

1. 根据总账账户的期末余额直接填列。这些项目有：“交易性金融资产”、“短期借款”、“应付票据”、“应付职工薪酬”、“应交税费”、“应付利息”、“应付股利”、“其他应付款”、“实收资本”、“资本公积”、“盈余公积”等项目。

2. 根据几个总账账户期末余额计算填列。

(1)“货币资金”项目，反映企业库存现金、银行存款、外埠存款、银行汇票存款、银行本票存款、信用卡存款、信用证保证金存款等的合计数。本项目应根据“库存现金”、“银行存款”、“其他货币资金”账户期末余额之和计算填列。

(2)“存货”项目，反映企业期末在库、在途和加工中的各项存货的价值。本项目应根据“在途物资”(或“材料采购”)、“原材料”、“库存商品”、“生产成本”、“发出商品”、“自制半成品”、“周转材料”、“委托加工物资”等账户的期末余额合计，减去“存货跌价准备”账户期末余额，加上或减去“材料成本差异”账户期末余额后的金额计算填列。

(3)“未分配利润”项目，反映企业尚未分配的利润。本项目每年1~11月末应根据“本年利润”和“利润分配”账户余额计算填列；12月末应根据“利润分配”账户余额填列；未弥补的亏损在本项目内以“-”号表示。

3. 根据几个明细账户期末余额计算填列。

(1)“应收账款”项目，反映企业因销售商品、提供劳务等经营活动应收取的款项。本项目应根据“应收账款”和“预收账款”账户所属各明细账户的期末借方余额合计数，减去“坏账准备”账户中有关应收账款计提的坏账准备期末余额后的金额填列。如“应收账款”账户所属有关明细账户期末有贷方余额的，应在资产负债表“预收款项”项目内填列。

(2)“预付款项”项目，反映企业按照购货合同规定预付给供应单位的款项等。本项目应根据“预付账款”、“应付账款”账户所属明细账户的期末借方余额之和填列。如“预付账款”账户所属明细账户期末有贷方余额的，应在资产负债表“应付账款”项目内填列。

(3)“应付账款”项目，反映企业因购买材料和接受劳务供应等经营活动应支付的款项。本项目应根据“应付账款”、“预付账款”两个账户所属明细账户的期末贷方余额之和填列。如“应付账款”账户所属有关明细账户期末有借方余额的，应在资产负债表“预付款项”项目内填列。

(4)“预收款项”项目，反映企业预收购买单位的账款。本项目应根据“预收账款”、“应收账款”账户所属明细账户的贷方余额之和填列；如“预收账款”账户所属有关明细账户期末有借方余额的，应在资产负债表“应收账款”项目内填列。

4. 根据总账账户和明细账账户的余额分析计算填列。

(1)“长期借款”项目，反映企业向银行或其他金融机构借入的期限在一年以上的各种借款。本项目应根据“长期借款”总账账户期末余额扣除一年内到期的长期借款部分填列。如“长期借款”账户所属的明细账户中将在一年内到期的长期借款应在“一年内到期的非流动负债”项目内填列。

(2)“长期待摊费用”项目，反映企业已经发生但应由本期和以后各期负担的分摊期在一年以上的各项费用。本项目应根据“长期待摊费用”总账账户余额扣除“长期待摊费用”账户所属的明细账户中将于一年内摊销的长期待摊费用。

（3）“一年内到期的非流动资产”项目，应根据“持有至到期投资”、“长期应收款”、“长期待摊费用”总账账户所属明细账户余额中将于一年内到期的数额之和计算填列。

（4）“一年内到期的非流动负债”项目，应根据“长期借款”、“应付债券”、“长期应付款”等总账账户所属明细账户余额中将于一年内到期的数额之和计算填列。

5. 根据有关账户余额减去其备抵账户余额后的净额填列。

（1）“固定资产”项目，反映企业各种固定资产原价减去累计折旧和减值准备后的净额。本项目应根据“固定资产”账户的期末余额减去“累计折旧”、“固定资产减值准备”账户余额后的金额填列。

（2）“无形资产”项目，反映企业持有的无形资产包括专利权、非专利技术、商标权、著作权、土地使用权等。本项目应根据“无形资产”账户的期末余额减去“累计摊销”、“无形资产减值准备”账户余额后的金额填列。

二、实务应用

以下通过具体的经济业务掌握资产负债表的编制方法。

【例 11－1】 南阳公司是增值税一般纳税人，增值税税率为 17%，所得税税率为 25%，根据以下资料编制其 12 月份的资产负债表。

资料 1：南阳公司 12 月 1 日有关账户的期初余额如表 11－2 所示。

表 11－2 总账及有关明细账期初余额表

单位：元

账户名称	借方余额	贷方余额	账户名称	借方余额	贷方余额
库存现金	5 000		短期借款		500 000
银行存款	1 275 300		应付利息		4 000
其他货币资金	168 000		应付账款		160 000
应收票据	45 240		——京东公司		170 000
应收账款	800 000		——昌盛工厂	10 000	
——红星工厂	700 000		应付票据		80 000
——南岸工厂	500 000		其他应付款		41 000
——江南工厂		400 000	应交税费		49 856
坏账准备		3 240	长期借款		400 000
——应收账款		3 240	实收资本		1 300 000
预付账款	65 000		资本公积		130 000
——宏发公司	80 000		盈余公积		150 000
——百畅公司		15 000	利润分配		50 000
其他应收款	19 500		——未分配利润		50 000
在途物资	120 000		本年利润		1 716 644
原材料	141 200				
库存商品	440 000				
固定资产	1 200 000				
累计折旧		240 000			
在建工程	250 000				
无形资产	300 000				
累计摊销		4 500			
所有总账账户余额合计				4 829 240	4 829 240

资料2：南阳公司12月末资产、负债、所有者权益、成本类各账户余额如表11－3所示（根据期初余额及第五章的经济业务计算得到）。

表11－3　　总账及明细账期末余额表　　单位：元

账户名称	借方余额	贷方余额	账户名称	借方余额	贷方余额
库存现金	3 220		短期借款		100 000
银行存款	1 668 168		应付账款		210 300
其他货币资金	168 000		——京东公司		170 000
应收票据	632 240		——昌盛工厂	10 000	
应收账款	800 000		——西水工厂		18 300
——红星工厂	700 000		——陈村水厂		15 000
——南岸工厂	500 000		——南方电网		17 000
——江南工厂		400 000	应付票据		80 000
坏账准备		3 240	其他应付款		41 000
——应收账款		3 240	应交税费		229 018
			应付利润		1 000 000
预付账款	65 000		长期借款		400 000
——宏发公司	80 000		实收资本		2 550 000
——百畅公司		15 000	资本公积		230 000
其他应收款	17 500		盈余公积		350 000
在途物资	120 000		利润分配		850 000
原材料	239 250		——未分配利润		850 000
生产成本	238 580				
库存商品	130 160				
固定资产	1 484 100				
累计折旧		268 160			
在建工程	250 000				
无形资产	500 000				
累计摊销		4 500			
所有总账账户余额合计				6 316 218	6 316 218

根据以上南阳公司12月有关总账及所属明细账户期末余额资料编制的资产负债表见表11－4所示。

表11－4　　资产负债表　　会企01表

编制单位：南阳公司　　××年12月31日　　单位：元

资产	期末余额	年初余额	负债和所有者权益（或股东权益）	期末余额	年初余额
流动资产：			流动负债：		
货币资金	1 839 388	（略）	短期借款	100 000	（略）
交易性金融资产			交易性金融负债		
应收票据	632 240		应付票据	80 000	
应收账款	1 196 760	987 000	应付账款	235 300	
预付款项	90 000		预收款项	400 000	
应收股利			应付职工薪酬		

续表

资产	期末余额	年初余额	负债和所有者权益（或股东权益）	期末余额	年初余额
应收利息			应交税费	229 018	
其他应收款	17 500		应付利息		
存货	727 990	700 550	应付股利	1 000 000	
一年内到期的非流动资产			其他应付款	41 000	
其他流动资产			一年内到期的非流动负债		
流动资产合计			其他流动负债		
非流动资产：	4 503 878	4 365 700	流动负债合计	2 085 318	2 365 800
可供出售金融资产			非流动负债：		
持有至到期投资			长期借款	400 000	
长期应收款			应付债券		
长期股权投资			长期应付款		
投资性房地产			专项应付款		
固定资产	1 215 940	（略）	预计负债		
在建工程	250 000		递延所得税负债		
工程物资			其他非流动负债		
固定资产清理			非流动负债合计	400 000	150 000
生产性生物资产			负债合计	2 485 318	2 515 800
油气资产			所有者权益（或股东权益）：		
无形资产	495 500	480 000	实收资本（或股本）	2 550 000	
开发支出			资本公积	230 000	
商誉			减：库存股		
长期待摊费用			盈余公积	350 000	
递延所得税资产			未分配利润	850 000	
其他非流动资产			所有者权益（或股东权益）	3 980 000	3 703 900
非流动资产合计	1 961 440	1 854 000	合计		
资产总计	6 465 318	6 219 700	负债和所有者权益（或股东权益）总计	6 465 318	6 219 700

第二节 利润表

一、理论知识

（一）利润表的概念和作用

利润表又称损益表，是反映企业在一定会计期间经营成果的报表。利润表属按月编报的会计报表，它是一张动态报表，是对企业在一定时期内经营活动成果及某些特定活动所带来的利得或损失情况的综合反映。利用利润表，可以评价一个企业的经营成果和投资效率，分析企业的赢利能力以及为预测企业未来的利润发展趋势、获利能力提供了重要依据。

（二）利润表的结构和内容

利润表所列示的项目有三大类，即收入、费用、利润。它们之间的关系是“收入－费用＝利润”。由于收入、费用、利润三大项目在利润表中排列和揭示的方式不同，从而形成了“单步式”和“多步式”两种结构的利润表。在我国采用的是多步式利润表，按照企业净利润形成的环节和内容，依次分步计算出净利润，其步骤和内容如下：

第一步：计算营业利润。是以营业收入为基础，减去营业成本、营业税金及附加、销售费用、管理费用、财务费用、资产减值损失，加上公允价值变动收益（减去公允价值变动损失）和投资收益（减去投资损失）计算出营业利润。

第二步：计算利润总额。是以营业利润为基础，加上营业外收入，减去营业外支出，计算出利润总额。

第三步：计算净利润（或净亏损）。是以利润总额为基础，减去所得税费用，计算出净利润（或净亏损）。

对于普通股或潜在普通股已公开交易的企业，以及正处于公开发行普通股或潜在普通股过程的企业，还应当在利润表中列示基本每股收益和稀释每股收益信息。

利润表的基本格式见表11－5所示。

表11－5　　利　润　表　　会企02表

编制单位：　　年　月　　单位：元

项　目	本期金额	上期金额
一、营业收入		
减：营业成本		
营业税金及附加		
销售费用		
管理费用		
财务费用		
资产减值损失		
加：公允价值变动收益（损失以“－”号填列）		
投资收益（损失以“－”号填列）		
其中：对联营企业和合营企业的投资收益		
二、营业利润（亏损以“－”号填列）		
加：营业外收入		
减：营业外支出		
其中：非流动资产处置损失		
三、利润总额（亏损总额以“－”号填列）		
减：所得税费用		
四、净利润（净亏损总额以“－”号填列）		
五、每股收益		

（三）利润表的编制方法

编制年度利润表时，表内设有“本期金额”栏和“上期金额”两栏。“本期金额”栏填列本年全年累计发生数；“上期金额”栏内各项数字，应根据上年度利润表“本期金额”栏内所列数字填列，如果上年度利润表的项目名称和内容与本年度利润表不相一致，应对上年度报表项目的名称和数字按本年度规定进行调整，填入本年度利润表的“上期金额”栏。

编制月度利润表时，表内可设“本月金额”栏和“本年累计金额”两栏。“本月金额”栏反映各项目的本月实际发生额；“本年累计金额”栏反映各项目自年初起至本月末止的累计实际发生额。各项目的内容及其填列方法如下：

（1）“本月金额”栏内各项数字，一般是根据有关账户的本期发生额来填列的。如“营业收入”项目，反映企业经营主要业务和其他业务所确认的收入总额。该项目根据“主营业务收入”和“其他业务收入”账户的净发生额合并填列；“营业成本”项目，反映企业经营主要业务和其他业务所发生的成本总额。该项目根据“主营业务成本”和“其他业务成本”账户的净发生额合并填列。其他项目均按照各该科目的净发生额填列。如“营业税金及附加”、“管理费用”、“销售费用”、“财务费用”、“资产减值损失”等项目，均按其相应的账户发生净额进行填列。对于“投资收益”项目，如为投资损失的，应以“－”号表示。

（2）“营业利润”、“利润总额”、“净利润”应根据表内的数据计算填列，若亏损应以“－”号表示。

（3）“基本每股收益”和“稀释每股收益”项目，应根据净利润、发行在外的普通股、稀释的普通股等资料计算填列。

二、实务应用

【例 11－2】 根据以下资料编制南阳公司 11、12 月份利润表。

资料 1：南阳公司 11 月份利润表如表 11－6 所示。

表 11－6 **利 润 表**

编制单位：南阳公司 ××年 11 月 单位：元

项 目	行次	本月金额	本年累计金额
一、营业收入		799 040	5 697 079
减：营业成本		480 480	2 800 000
营业税金及附加		21 730	131 300
销售费用		13 640	94 000
管理费用		51 990	335 920
财务费用		2 000	81 000
资产减值损失			
加：公允价值变动收益（损失以“－”号填列）			
投资净收益（损失以“－”号填列）		15 000	82 000
二、营业利润		244 200	2 336 859
加：营业外收入		0	2 000
减：营业外支出		20 000	50 000
其中：非流动资产处置损失（收益以“－”号填列）			
三、利润总额		224 200	2 288 859
减：所得税费用		56 050	572 215
四、净利润（净亏损总额以“－”号填列）		168 150	1 716 644
五、每股收益			
（一）基本每股收益		（略）	（略）
（二）稀释每股收益		（略）	（略）

资料2：根据第五章举例的经济业务数据，南阳公司12月份损益类账户的发生额记录情况如表11－7所示。

表11－7　　损益类账户发生额情况表　　单位：元

账户名称	12月份发生额	
	借方发生额	贷方发生额
主营业务收入		900 000
其他业务收入		8 000
投资收益	2 000	140 000
营业外收入		5 000
主营业务成本	540 000	
其他业务成本	6 000	
营业税金及附加	24 700	
销售费用	15 500	
管理费用	64 992	
财务费用	2 000	
营业外支出	20 000	
所得税费用	94 452	

根据以上资料编制南阳公司12月份利润表如表11－8所示。

表11－8　　利　润　表

编制单位：南阳公司　　××年12月　　单位：元

项　目	行次	本月金额	本年累计金额
一、营业收入		908 000	6 605 079
减：营业成本		546 000	3 346 000
营业税金及附加		24 700	156 000
销售费用		15 500	109 500
管理费用		64 992	400 912
财务费用		2 000	83 000
资产减值损失			
加：公允价值变动收益（损失以“－”号填列）			
投资净收益（损失以“－”号填列）		138 000	220 000
二、营业利润		392 808	2 729 667
加：营业外收入		5 000	7 000
减：营业外支出		20 000	70 000
其中：非流动资产处置损失（收益以“－”号填列）			
三、利润总额		377 808	2 666 667
减：所得税费用		94 452	666 667
四、净利润		283 356	2 000 000
五、每股收益			
（一）基本每股收益		（略）	（略）
（二）稀释每股收益		（略）	（略）

知识链接

会计报表的报送

为了充分发挥会计报表的作用，应当依照法律、行政法规和会计准则有关会计报表提供期限的规定，及时对外提供会计报表。企业对外提供的会计报表应当依次编定页数，加具封面，装订成册，加盖公章。封面上应当注明企业名称、企业统一代码、组织形式、地址、报表所属年度或者月份、报出日期，并由企业负责人和主管会计工作的负责人、会计机构负责人、会计主管人员签名并盖章；设置总会计师的企业还应当由总会计师签名并盖章。

第三节　会计报表的分析利用

一、理论知识

（一）会计报表分析的意义

会计报表分析就是以会计报表为主要依据，对企业的财务状况和经营成果进行评价和预测的一种手段。

会计报表能总括地反映企业的资产、负债、所有者权益等方面的信息资料，能说明一定的问题。但是要把影响经济活动及效益的各种错综复杂的原因全面具体地反映出来，必须进行会计报表分析。通过会计报表的分析可以全面评价经济活动的运行质量和效果，可以揭示企业的资产利用效率、企业的获利能力和偿债能力，以及发现经济管理方面的问题和经验，从而促使企业改进管理，提高效益。总之，会计报表分析无论对经营管理者还是投资人、债权人以及资产所有者来说都具有重要的现实意义。

（二）会计报表分析的内容

会计报表分析以财务资金分析和财务能力分析为中心。财务资金的运行情况是财务活动的过程本身，而财务能力表现则是财务活动的必然结果。会计报表分析是通过对资产负债表、利润表等主要报表的分析，揭示企业财务状况和财务成果变动的情况及其影响的因素。企业偿债能力、赢利能力等财务能力分析，以及各种财务能力之间相互联系、相互制约的辩证关系的综合分析构成了财务报表分析的基本内容框架。

1. 企业偿债能力分析。企业偿债能力包括短期偿债能力和长期偿债能力。短期偿债能力是企业支付一年或者超过一年的一个营业周期内到期债务的能力。短期偿债能力主要通过分析企业流动资产与流动负债的对比关系来反映其大小。企业净流动资产数量大小及流动资产质量高低是影响企业短期偿债能力的基本因素。所谓长期偿债能力，是指企业保证及时偿付长期（一年或超过一年的一个营业周期以上）债务的可靠程度。长期偿债能力主要通过分析企业资本结构的合理性来评价企业的财力是否雄厚，能否承担各种财务风险，是否具有继续举债的能力。资本结构是指企业资产与负债及所有者权益各要素之间的比例关系。企业资本结构的优化选择可以依据财务杠杆原理进行反复的定量、定性分析。

2. 企业营运能力分析。企业营运能力是反映企业的经营管理和资金运用的能力。通过对企业营运能力进行分析，可以了解企业的经营管理水平和资金运用的好坏，从而评价企业的总体管理工作情况，为投资者提供企业的资信情况。

3. 企业赢利能力分析。为了分析企业赢利水平的高低，反映企业生产经营的经济效益，必须在分析利润额指标的同时，对一系列利润率指标进行分析。特别是在对影响企业赢利能力的各项因素进行分析时，要联系生产经营方面的原因和成本费用的情况进行评价，以便制订增加赢利的措施。从一定意义上讲，对于企业赢利能力的分析，可以从经营赢利能力和投资赢利能力两个方面予以展开。前者可以把重点放在销售毛利率、销售利润率和成本费用利润率指标上，后者应包括资产赢利能力分析和所有者投资赢利能力分析。资产赢利能力可侧重于总资产报酬率的分析，所有者投资赢利能力一般对净资产收益率、每股收益和市盈率进行分析。

（三）会计报表分析的方法

会计报表主要是由报表项目所构成，报表项目都是一些经济指标。因此，会计报表分析首先要对各项报表项目的数字变动和各报表项目之间的数量关系进行分析。分析所运用的基本方法主要有以下几种。

1. 比较分析法。比较分析法是通过主要项目或指标数值变化的对比，计算差异额，分析和判断企业财务状况及经营成果的一种方法。按比较对象的不同，比较分析法可以分为绝对数比较分析、绝对数增减变动比较分析、百分比增减变动分析及比率增减变动分析。

（1）绝对数比较分析法。绝对数比较分析法是将各有关会计报表项目的数额与比较对象进行比较。绝对数比较分析一般通过编制比较财务报表进行，包括比较资产负债表和损益表的编制。比较资产负债表是将两期或两期以上的资产负债表项目，予以并列，以直接观察资产、负债及所有者权益每一项目增减变化的绝对数。比较损益表是将两期或两期以上的损益表各有关项目的绝对数予以并列，直接分析损益表内每一项目的增减变化情况。为了使比较进一步明晰化，可以在比较会计报表内，增添绝对数字"增减金额"一栏，以便计算比较对象各有关项目之间的差额，借以帮助会计报表使用者获得比较明确的增减变动数字。

（2）相对数比较分析法。为消除项目绝对规模因素的影响，可将增减变动的绝对数，予以转化为百分比，即在计算增减变动额的同时计算增减变动百分比。其计算公式为：

$$\text{增减变动百分比}=\frac{\text{分析标准项目金额}-\text{分析企业项目金额}}{\text{分析标准项目金额}}\times 100\%$$

通过计算增减变动百分比，并列示于比较会计报表中，可以反映其不同年度增减变动的相关性，使会计报表使用者更能一目了然，便于更好地了解有关财务情况。

2. 比率分析法。比率分析法就是把某些彼此存在关联的项目加以对比，计算出比率，据以确定经济活动变动程度的分析方法。比率指标主要有以下三类：

（1）相关比率。相关比率是将某个项目与相互关联但性质又不相同的项目加以对比所得的比率，反映有关经济活动的相互关系。如将流动资产与流动负债加以对比，计算出流动比率，据以判断企业的短期偿债能力。

（2）构成比率。构成比率又称结构比率，它是某项经济指标的各个组成部分与总体的比率，反映部分与总体的关系。其计算公式为：

构成比率＝某一组成部分数额÷总体数额×100％

利用构成比率，可以考察总体中某个部分的形成和安排是否合理，以便协调各项财务活动，使构成比率趋于合理。

（3）效率比率。效率比率是某项经济活动中所费与所得的比率，反映投入与产出的关系。如将利润项目与销售成本、销售收入、资本等项目加以对比，可计算出成本利润率、销售利润率以及总资产报酬率等利润率指标，可以从不同角度分析比较企业获利能力的高低及其增减变化情况。

3. 趋势分析法。趋势分析法就是通过连续若干期财务报告中相同指标的对比，来揭示各期之间的增减变化，据以预测企业财务状况或经营成果变动趋势的一种分析方法。趋势分析法具体运用主要有以下三种方式：

（1）重要财务指标或比率进行比较，直接观察其增减变动情况及变动幅度，考察其发展趋势，预测其发展前景。由于其比较的基础不同，具体又分为：

①定基动态比率。它是以某一时期的数额为固定的基期数额而计算出来的动态比率。计算公式为：

定基动态比率＝分析期数额÷固定基期数额

②环比动态比率。它是以每一分析期的前期数额为基期数额而计算出来的动态比率。计算公式为：

环比动态比率＝分析期数额÷前期数额

（2）会计报表的比较。就是将连续多期的同一报表并列在一起加以比较，以了解各项增减变动的情况，以及带有规律的发展趋势的分析方法。

（3）会计报表项目构成的比较。这是在会计报表比较的基础上发展而来的。它是以会计报表中的某个总体指标作为100%，再计算出各组成项目占该总体指标的百分比，以此来判断有关财务活动的变化趋势。用作100%的项目通常为，在利润表中为销售收入，在资产负债表中为资产总额和负债及所有者权益总额。

4. 因素分析法。因素分析法就是从数量上来确定一个综合经济指标所包含的各个因素的变动对该指标影响程度的一种分析方法。运用这一方法的出发点在于，当有若干因素对综合指标发生影响作用时，假定其他各个因素都无变化，便可顺序确定每一个因素单独变化所产生的影响。此法又有连环替代法和差额分析法两种具体方法。

（1）连环替代法。连环替代法是用来确定几个相互联系的因素对分析对象——综合财务指标或经济指标影响程度的一种分析方法。首先要根据经济指标形成的过程，找出该项经济指标受哪些因素变动的影响；其次，要根据经济指标与各影响因素的内在关系，建立起分析计算公式；最后，按照一定顺序依次替换各因素的数量，从而计算出各个因素的影响程度。在计算某个因素变动对经济指标的影响程度时，假定其他因素不变，并通过每次替换后计算的结果与前一次替换后计算的结果相比较，逐次确定各个因素的影响程度。

（2）差额计算法。差额计算法实际上是连环替代法的简化形式，基本原理亦相同。

（四）会计报表分析的依据

在进行会计报表分析时，主要是以资产负债表和利润表作为依据。本章假定以南阳公司20×9年12月31日编制的资产负债表、利润表为依据，通过比率分析法介绍会计报表的分析方法。其会计报表的具体内容如表11－4、表11－8所示。

二、实务应用

会计报表是企业经营管理过程及其结果的重要载体。通过对资产负债表和利润表披露的信息，进行适当的加工、处理，就可以获取企业偿债能力、营运能力和赢利能力的基本情况。

（一）偿债能力分析

企业偿债能力就是企业偿还到期债务（包括本息）的能力。评价企业偿债能力的财务指标主要有：

1. 资产负债率。资产负债率，又称举债经营比率，它是企业全部负债总额与全部资产总额的比率。它是衡量企业利用债权人提供的资金进行经营活动的能力，同时反映债权人发放贷款的安全程度。其计算公式为：

资产负债率＝负债总额÷资产总额

如果负债比率较大，从企业所有者来说，利用较少的自有资金，形成较多的生产经营用资产，不仅扩大了企业生产经营规模，在生产经营状况良好的情况下，还可以利用财务杠杆作用，得到较多的投资利润。但是，如果负债比率过大，超过企业的承受能力，则表明企业的债务负担过重，企业资金实力不强，不仅对债权人不利，而且会造成企业濒临倒闭的危险。

【例 11－3】 根据本章表 11－4 提供的南阳公司会计报表资料计算该公司 20×9 年末的负债比率如下：

资产负债率＝2 485 318÷6 465 318＝0. 3844

计算结果表明南阳公司的负债比率较低，企业资产对债权人权益的保障程度较高。

2. 流动比率。流动比率是企业流动资产与流动负债的比率。它是衡量企业流动资产在短期债务到期以前可以变为现金用于偿还流动负债的能力。其计算公式如下：

流动比率＝流动资产÷流动负债

流动比率是衡量企业短期偿债能力的一个重要财务指标，这个比率越高，说明企业偿还流动负债的能力越强，流动负债得到偿还的保障越大。但是，过高的流动比率也并非好现象。因为流动比率越高，可能是企业滞留在流动资产上的资金过多，未能有效加以利用，可能会影响企业的获利能力。经验表明，流动比率在 2∶1 左右比较合适。但是，对流动比率的分析应该结合不同的行业特点和企业流动资产结构等因素。有的行业流动比率较高，有的较低，不应用统一的标准来评价各企业流动比率合理与否。只有和同行业平均流动比率、本企业历史的流动比率进行比较，才能知道这个比率是高还是低。

【例 11－4】 根据本章表 11－4 提供的南阳公司会计报表资料计算该公司该年末的流动比率如下：

流动比率＝4 503 878÷2 085 318＝2. 1598

计算结果表明南阳公司的流动比率较高，偿还流动负债的能力较强。

3. 速动比率。速动比率是企业速动资产与流动负债的比率。它是企业流动资产中可以立即用于偿付流动负债的能力。因为流动比率在评价企业短期偿债能力时，存在一定的局限性，如果流动比率较高，但流动资产的流动性较差，则企业的短期偿债能力仍然不强。一般来说，流动资产扣除存货后称为速动资产。速动比率的计算公式为：

速动比率＝速动资产÷流动负债

速动资产＝流动资产－存货

通常认为正常的速动比率为1，低于1的速动比率被认为是短期偿债能力偏低。但这仅是一般的看法，因为行业不同速动比率会有很大差别，没有统一标准的速动比率。

【例11－5】 根据本章表11－4提供的南阳公司会计报表资料计算该公司该年末的速动比率如下：

速动比率＝(4 503 878－727 990)÷2 085 318＝1.8107

计算结果表明南阳公司的速动比率也较高，偿还流动负债的能力较强。

（二）赢利能力分析

企业赢利能力是指企业获取利润的能力。反映企业赢利能力的指标主要包括总资产报酬率、营业收入利润率、成本费用利润率等。

1. 总资产报酬率。总资产报酬率是企业息税前利润（即利润总额和利息支出总额之和）占平均资产总额的百分比，用于衡量企业运用全部资产获利的能力，也是衡量企业利用债权人和所有者的资本取得赢利的重要指标。其计算公式如下：

总资产报酬率＝息税前利润÷平均资产总额×100％

平均资产总额＝(期初资产总额＋期末资产总额)÷2

总资产报酬率越高，表明企业的资产利用效益越好，整个企业获利能力越强，经营管理水平越高。

2. 营业收入利润率。营业收入利润率是企业利润总额与营业收入净额的比率。其计算公式如下：

营业收入利润率＝利润总额÷营业收入净额×100％

营业收入利润率高，说明单位销售收入所实现的利润越多，因而其赢利能力就越强；反之，则赢利能力越弱。

3. 成本费用利润率。成本费用利润率是企业利润总额与全部成本费用的比率，它是衡量企业获利水平的指标。其计算公式如下：

成本费用利润率＝(利润总额÷成本费用总额)×100％

上式中的成本费用总额一般包括销货成本、销售费用、管理费用和财务费用。

成本费用利润率大，说明同样的成本费用能赚取更多的利润，企业的赢利能力越强；反之，企业的赢利能力越弱。

【例11－6】 根据本章表11－4和表11－8提供的南阳公司会计报表资料，计算该公司20×9年末的反映赢利能力的各项指标如下：

总资产报酬率＝(2 666 667＋83 000)÷6 342 509×100%＝43.35%

营业收入利润率＝2 666 667÷6 605 079×100%＝40.37%

成本费用利润率＝2 666 667÷(3 346 000＋109 500＋400 912＋83 000)×100%
＝67.69%

上述计算结果只能表明南阳公司的总资产报酬率为43.35%，营业收入利润率为40.37%，成本费用利润率为67.69%，这些结果说明什么问题，还需要通过比较进行深入分析才能得出结论。

（三）营运能力分析

企业营运能力是反映企业资金运用和经营管理水平的能力。通过对企业营运能力分析，可以了解企业的资金运用和经营管理水平的高低，从而评价企业的总体管理工作情况。评价企业营运能力的主要指标包括：总资产周转率、应收账款周转率、存货周转率等。

1. 总资产周转率。总资产周转率是企业营业收入净额与平均资产总额的比率，用来反映全部资产的利用效率。其计算公式为：

总资产周转率（次）＝营业收入净额÷平均资产总额

平均资产总额＝(期初资产总额＋期末资产总额)÷2

总资产周转率实际上是指全部资产在一定期间内的周转次数，还可以用周转一次需要多少天来表示全部资产的周转速度。

总资产周转天数＝计算期天数÷总资产周转次数

计算期天数一般用360天表示。对一个企业来说，在一定时期内总资产周转次数越多，或周转天数越短，则周转速度越快。总资产周转率越高，表明企业全部资产进行经营利用效率高；如果总资产周转率较低，将影响企业的获利能力。

【例11－7】 根据本章表11－4和表11－8提供的南阳公司的会计报表资料计算南阳公司该年的总资产周转率如下：

平均资产总额＝(6 219 700＋6 465 318)÷2＝6 342 509

总资产周转率＝6 605 079÷6 342 509＝1.04（次）

总资产周转天数＝360÷1.04＝346（天）

2. 应收账款周转率。应收账款周转率是营业收入净额与平均应收账款余额的比率，它反映应收账款资产的利用效率和变现速度。其计算公式为：

应收账款周转率（次）＝营业收入净额÷平均应收账款余额

平均应收账款余额＝（期初应收账款＋期末应收账款）÷2

公式中的应收账款余额是指未扣除“坏账准备”的应收账款金额。

应收账款周转天数＝计算期天数÷应收账款周转次数

对一个企业来说，若一年内应收账款周转次数越多或天数越少，说明应收账款收回，转变为现金的速度越快，企业的营运能力越强，资产管理水平越高。

【例11－8】 根据本章表11－4和表11－8提供的南阳公司的会计报表资料计算南阳公司该年的应收账款周转次数如下：

应收账款平均余额＝(987 000＋1 196 760)÷2 ＝1 091 880

应收账款周转率＝6 605 079÷1 091 880＝6.05（次）

应收账款周转天数＝360÷6.05＝59.50（天）

3. 存货周转率。存货周转率是指一定时期内的销货成本和平均存货余额的比率。它衡量企业销售能力和存货是否适当。计算公式为：

存货周转率（次）＝销货成本÷存货平均余额

式中：**存货平均余额＝（期初存货＋期末存货）÷2**

存货周转天数＝计算期天数÷存货周转次数

存货周转次数或天数是衡量企业的销货能力及存货是否过量的指标。一般来讲，存货周转次数越多或天数越少，表明其变现或变为应收账款的速度越快，资金利用效率越高，管理水平也越好。

【例 11－9】 根据本章表 11－4 和表 11－8 提供的南阳公司的会计报表资料计算南阳公司该年的存货周转次数如下：

存货平均余额＝(700 550＋727 990)÷2＝714 270

存货周转率＝3 346 000÷714 270＝4.68（次）

存货周转天数＝360÷4.68＝76.92（天）

上述评价企业营运能力的主要指标计算结果只能表明南阳公司在 20×9 年度总资产周转次数为 1.04 次，需要 346 天完成一次资产的周转；应收账款周转率为每年 6.05 次，周转一次需要 59.50 天；存货周转率为每年 4.68 次，周转一次需要 76.92 天。但是这些结果还需通过纵向、横向和连续若干年的比较，才能说明企业的应收账款、存货周转速度的快慢。

主要概念

资产负债表　利润表　企业偿债能力　企业营运能力　企业盈利能力

问题与思考

1. 如何编制资产负债表？
2. 如何编制利润表？
3. 会计报表分析的依据是什么？
4. 会计报表分析常用的方法有哪些？
5. 如何评价企业的赢利能力？
6. 如何评价企业的偿债能力？
7. 如何评价企业的营运能力？

第十二章 DISHIERZHANG

账务处理程序

【理论知识目标】

- □ 了解账务处理程序的种类及各种程序的区别
- □ 明确账务处理程序的基本原理
- □ 掌握几种主要账务处理程序的操作过程

【实务应用目标】

- □ 会根据企业的特点选择运用不同的账务处理程序
- □ 会编制科目汇总表和汇总记账凭证
- □ 会按照各种账务处理程序进行账务处理

第一节 记账凭证账务处理程序

一、理论知识

（一）记账凭证账务处理程序的特点

记账凭证账务处理程序是指对发生的经济业务事项，都要根据原始凭证或汇总原始凭证编制记账凭证，然后直接根据记账凭证逐笔登记总分类账的一种账务处理程序。由此可见，直接根据记账凭证逐笔登记总分类账，是记账凭证账务处理程序的主要特点。记账凭证账务处理程序是一种最基本的账务处理程序，它体现了会计核算的基本原理和基本程序，其他各种账务处理程序大多是在它的基础上进行改进、发展而派生出来的。

（二）记账凭证账务处理程序的基本内容

记账凭证账务处理程序的基本内容包括凭证账簿组织和账务处理程序两个方面。具体内容介绍如下：

1. 凭证和账簿组织。采用记账凭证账务处理程序时，记账凭证可以采用收款凭证、付款凭证和转账凭证等专用记账凭证的格式，也可采用通用记账凭证的格式。账簿一般设置库存现金日记账、银行存款日记账、各种明细分类账和总分类账，日记账和总分类账一般可以采用三栏式，明细分类账则可根据需要采用三栏式、多栏式、数量金额式或横线登记式等。

2. 账务处理程序。

（1）根据各种原始凭证编制原始凭证汇总表；

（2）根据各种审核无误的原始凭证或原始凭证汇总表编制记账凭证；

（3）根据收款凭证和付款凭证及所附的原始凭证逐笔顺序登记库存现金日记账和银行存款日记账；

（4）根据各种记账凭证及其所附的原始凭证或原始凭证汇总表逐笔登记各种明细分类账；

（5）根据记账凭证逐笔登记总分类账；

（6）按照对账的要求，定期将库存现金日记账、银行存款日记账和各种明细账的余额分别与其总分类账的余额相核对；

（7）月终，根据总分类账和明细分类账的资料编制会计报表；

（8）根据会计报表资料进行会计报表分析。

记账凭证账务处理程序如图 12－1 所示。

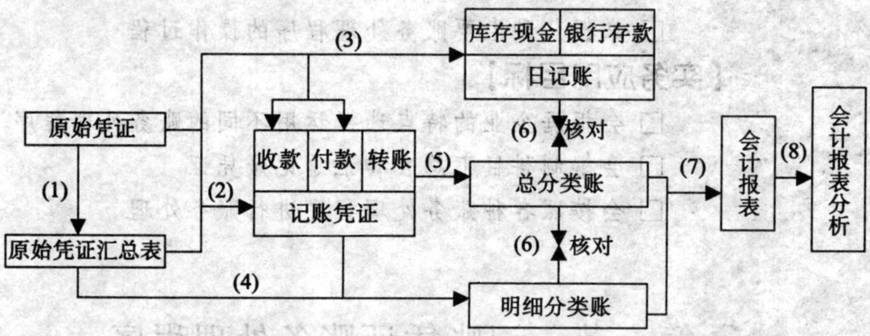

图 12－1　记账凭证账务处理程序

（三）记账凭证账务处理程序的评述

从记账凭证账务处理程序的基本内容可以看出，记账凭证账务处理程序的优点是：账务处理程序简单明了，易于理解，总分类账可以较详细地反映经济业务的发生情况。其缺点是：登记总分类账的工作量较大。因此该财务处理程序适用于规模较小、经济业务量较少的单位。

二、实务应用

为了更好地掌握记账凭证账务处理程序的内容，熟悉整个账务处理程序过程，根据前面第五章的例题资料，结合账务处理程序的要求，举例说明记账凭证账务处理程序的应用。

（一）案例资料

1. 月初余额资料：南阳公司 12 月 1 日总分类账及有关明细账的余额如表 12－1 所示。

2. 发生经济业务资料：南阳公司 12 月份发生的主要经济业务见例 5－1 至例 5－53。

（二）账务处理

1. 登记期初余额。根据月初余额资料登记有关总分类账户和明细分类账户，见表 12－4 至 12－52 所示。

2. 编制记账凭证。根据南阳公司 12 月份发生的经济业务编制记账凭证如表 12－2 所示。

表 12－1　　　总分类账户及明细分类账户余额表

××年 12 月 1 日　　　单位：元

总账科目	明细科目	借方金额	贷方金额
库存现金		5 000	
银行存款		1 275 300	
其他货币资金		168 000	
应收票据		45 240	
应收账款		800 000	
	红星工厂	700 000	
	南岸工厂	500 000	
	江南工厂		400 000
坏账准备			3 240
	应收账款		3 100
	其他应收款		140
预付账款		65 000	
	宏发公司	80 000	
	百畅公司		15 000
其他应收款		19 500	
在途物资		120 000	
	A 材料	40 000	
	B 材料	80 000	
原材料		141 200	
	A 材料	79 450	
	B 材料	61 750	
库存商品		440 000	
	甲产品	62 000	
	乙产品	378 000	
固定资产		1 200 000	
累计折旧			240 000
在建工程		250 000	
无形资产		300 000	
累计摊销			4 500
短期借款			500 000
应付利息			4 000
应付账款			160 000
	京东公司		170 000
	昌盛工厂	10 000	

续表

总账科目	明细科目	借方金额	贷方金额
应付票据			80 000
其他应付款			41 000
应交税费			49 856
长期借款			400 000
实收资本			1 300 000
资本公积			130 000
盈余公积			150 000
利润分配			50 000
	未分配利润		50 000
本年利润			1 716 644
合　计		4 829 240	4 829 240

其中：1 年内到期长期借款为 10 万元。

表 12－2　　　　记账凭证表　　　　单位：元

××年		凭证号数	摘　要	会计科目		借方金额	贷方金额
月	日			总账科目	明细科目		
12	1	5－1	收到 A 企业投入资本	银行存款		600 000	
				实收资本	法人资本（A 企业）		600 000
12	5	5－2	收到 B 企业投入不需安装设备	固定资产		150 000	
				实收资本	法人资本（B 企业）		150 000
12	6	5－3	收到 C 企业投入的专利权	无形资产	专利权	100 000	
				实收资本	法人资本（C 企业）		100 000
12	7	5－4	收到个人投入资本	银行存款		500 000	
				实收资本	个人资本（刘红）		400 000
				资本公积	资本溢价		100 000
12	31	5－8	还本付息	短期借款	本金	400 000	
				应付利息		4 000	
				财务费用		2 000	
				银行存款			406 000
12	10	5－9	购入不需安装设备	固定资产	设备	31 600	
				应交税费	应交增值税（进项税额）	5 100	
				银行存款			36 700

续表

××年		凭证号数	摘　　要	会计科目		借方金额	贷方金额
月	日			总账科目	明细科目		
12	11	5-10	购入需要安装设备	在建工程		101 000	
				应交税费	应交增值税（进项税额）	17 000	
				银行存款			118 000
12	15	5-11	支付安装费	在建工程		1 500	
				银行存款			1 500
12	16	5-12	结转安装工程成本	固定资产		102 500	
				在建工程			102 500
12	15	5-13	购入专利权	无形资产	专利权	100 000	
				银行存款			100 000
12	17	5-14	购入短期股票	交易性金融资产	短期股票	1 000 000	
				投资收益		2 000	
				银行存款			1 002 000
12	6	5-15	购入A材料入库	原材料	A材料	30 600	
				应交税费	应交增值税（进项税额）	5 100	
				银行存款			35 700
12	7	5-16	购入B材料	在途物资	B材料	105 000	
				应交税费	应交增值税（进项税额）	17 000	
				银行存款			122 000
			B材料入库	原材料	B材料	105 000	
				在途物资	B材料		105 000
12	10	5-17	购进B材料款未付	原材料	B材料	15 750	
				应交税费	应交增值税（进项税额）	2 550	
				应付账款	西水工厂		18 300
12	17	5-18	收到兴业公司发来B材料入库，款已付	原材料	B材料	209 500	
				应交税费	应交增值税（进项税额）	34 000	
				银行存款			243 500
12	20	5-19	预付货款	预付账款	五象公司	40 000	
				银行存款			40 000
			收到发来材料验收入库	原材料	A材料	84 800	
				应交税费	应交增值税（进项税额）	13 600	
				预付账款	五象公司		98 400
			补付所欠货款	预付账款	五象公司	58 400	
				银行存款			58 400

续表

××年		凭证号数	摘　　要	会计科目		借方金额	贷方金额
月	日			总账科目	明细科目		
12	30	5－20	消耗材料	生产成本	甲产品	123 000	
					乙产品	185 000	
				制造费用		12 600	
				管理费用		21 000	
				原材料	A材料		140 000
					B材料		201 600
	15	5－21	提现备发工资	库存现金		91 000	
				银行存款			91 000
	15	5－22	发放工资	应付职工薪酬	工资	91 000	
				库存现金			91 000
	31	5－23	分配结转工资	生产成本	甲产品	45 600	
					乙产品	22 800	
				制造费用		9 000	
				管理费用		13 600	
				应付职工薪酬	工资		91 000
	31	5－24	提取各种社会保险金	生产成本	甲产品	16 872	
					乙产品	8 436	
				制造费用		3 330	
				管理费用		5 032	
				应付职工薪酬	社会保险		33 670
	31	5－25	上缴社会保险	应付职工薪酬	社会保险	33 670	
				银行存款			33 670
	31	5－26	开支福利费	应付职工薪酬	职工福利	2 000	
				库存现金			2 000
			将福利费计入成本	生产成本	乙产品	2 000	
				应付职工薪酬	职工福利		2 000
	31	5－27	提取本月折旧	制造费用		15 680	
				管理费用		12 480	
				累计折旧			28 160
	25	5－28	支付修理费	制造费用		3 522	
				银行存款			3 522

续表

××年		凭证号数	摘　要	会计科目		借方金额	贷方金额
月	日			总账科目	明细科目		
	31	5－29	应付水电费	制造费用		22 600	
				管理费用		9 400	
				应付账款			32 000
	27	5－30	购买办公用品	制造费用		300	
				管理费用		500	
				库存现金			800
	31	5－31	分配制造费用	生产成本	甲产品	44 688	
					乙产品	22 344	
				制造费用			67 032
	31	5－32	结转完工产品成本	库存商品	甲产品	230 160	
				生产成本	甲产品		230 160
12	15	5－33	销售甲产品	银行存款		117 000	
				主营业务收入	甲产品		100 000
				应交税费	应交增值税（销项税额）		17 000
	16	5－34	赊销乙产品	应收账款	F公司	353 000	
				主营业务收入	乙产品		300 000
				应交税费	应交增值税（销项税额）		51 000
				银行存款			2 000
	17	5－35	销售产品收到商业汇票	应收票据	W公司	234 000	
				主营业务收入	甲产品		200 000
				应交税费	应交增值税（销项税额）		34 000
	18	5－36	应收账款改为商业汇票	应收票据	F公司	353 000	
				应收账款	F公司		353 000
	19	5－37	预收货款	银行存款		100 000	
				预收账款	红豆工厂		100 000
	28	5－38	发货给红豆工厂	预收账款	红豆工厂	351 000	
				主营业务收入	乙产品		300 000
				应交税费	应交增值税（销项税额）		51 000
	30	5－39	收到补付货款	银行存款		251 000	
				预收账款	红豆工厂		251 000
	31	5－40	结转销售成本	主营业务成本	甲产品	180 000	
					乙产品	360 000	
				库存商品	甲产品		180 000
					乙产品		360 000
	25	5－41	销售A材料	银行存款		9 360	
				其他业务收入			8 000
				应交税费	应交增值税（销项税额）		1 360
				其他业务成本		6 000	
			结转材料成本	原材料	A材料		6 000
	25	5－42	支付广告费	销售费用		15 500	
				银行存款			15 500

续表

××年		凭证号数	摘　要	会计科目		借方金额	贷方金额
月	日			总账科目	明细科目		
	31	5-43	结算本月税费	营业税金及附加		24 700	
				应交税费	应交消费税		15 000
					应交城建税		6 800
					应交教育费附加		2 900
	10	5-44	报销差旅费	管理费用		1 980	
				库存现金		20	
				其他应收款	刘鸣		2 000
	10	5-45	购买办公用品	管理费用		1 000	
				库存现金			1 000
	15	5-46	出售短期股票	银行存款		1 140 000	
				交易性金融资产	短期股票		1 000 000
				投资收益			140 000
	16	5-47	收购货违约金	银行存款		5 000	
				营业外收入			5 000
	20	5-48	向希望工程捐款	营业外支出		20 000	
				银行存款			20 000
	31	5-49	期末结转收入	主营业务收入		900 000	
				其他业务收入		8 000	
				投资收益		138 000	
				营业外收入		5 000	
				本年利润			1 051 000
			期末结转费用	本年利润		673 192	
				主营业务成本			540 000
				营业税金及附加			24 700
				其他业务成本			6 000
				管理费用			64 992
				财务费用			2 000
				销售费用			15 500
				营业外支出			20 000
	31	5-50	计算出应交所得税	所得税费用		94 452	
				应交税费	应交所得税		94 452
	31	5-51	结转所得税费用	本年利润		94 452	
				所得税费用			94 452
	31	5-52	结转实现净利润	本年利润		2 000 000	
				利润分配	未分配利润		2 000 000
	31	5-53	提取法定盈余公积	利润分配	提取法定盈余公积	200 000	
				盈余公积	法定盈余公积		200 000
	31	5-54	向投资者分配利润	利润分配	应付利润	1 000 000	
				应付利润	投资者		1 000 000
	31	5-55	结清利润分配有关明细账户	利润分配	未分配利润	1 200 000	
				利润分配	提取法定盈余公积		200 000
					应付利润		1 000 000

3. 登记日记账。根据经济业务和记账凭证登记银行存款日记账和库存现金日记账，如表 12－3、表 12－4 所示。

表 12－3　　银行存款日记账

账号：________　　　　　　　　　　　　　　　　　　第　页

××年		记账凭证		摘要	结算凭证		对方科目	借方	√	贷方	√	借或贷	余额	√
月	日	字	号		种类	号数		千百十万千百十元角分		千百十万千百十元角分			千百十万千百十元角分	
12	1			期初余额								借	127530000	
	1		1	收投入资本				60000000						
	7		4	收投入资本				50000000						
	31		8	还本付息						40600000				
	10		9	购设备						3670000				
	11		10	购设备						11800000				
	15		11	支付安装费						150000				
	15		13	购专利权						10000000				
	17		14	购短期股票						100200000				
	6		15	购 A 料						3570000				
	7		16	购 B 材料						12200000				
	17		18	购 B 材料						24350000				
	20		19	预付货款						4000000				
	20		19	补付货款						5840000				
	15		21	提现备发工资						9100000				
	31		25	上缴社会保险						3367000				
	25		28	支付修理费						352200				
	15		33	收销售货款				11700000						
	16		34	代垫运费						200000				
	19		37	预收货款				10000000						
	30		39	补收货款				25100000						
	25		41	收销售材料款				936000						
	25		42	支付广告费						1550000				
	15		46	出售短期股票				114000000						
	16		47	收购货违约金				500000						
	20		48	捐款希望工程						2000000				
				本月合计				272236000		232949200			166816800	

表 12－4 **库存现金日记账** 第 页

××年		记账凭证		摘要	对方科目	借方										√	贷方										√	借或贷	余额										√
月	日	字	号			千	百	十	万	千	百	十	元	角	分		千	百	十	万	千	百	十	元	角	分			千	百	十	万	千	百	十	元	角	分	
12	1			期初余额																								借					5	0	0	0	0	0	
	15		21	提现备发工资					9	1	0	0	0	0	0																								
	15		22	发放工资																9	1	0	0	0	0	0													
	31		26	开支福利费																	2	0	0	0	0	0													
	27		30	购买办公用品																		8	0	0	0	0													
	10		45	购买办公用品																	1	0	0	0	0	0													
	10		44	收未用旅差费								2	0	0	0																								
				本月合计					9	1	0	2	0	0	0					9	4	8	0	0	0	0							1	2	2	0	0	0	

4. 登记明细账。根据经济业务和记账凭证登记有关明细分类账（只设置了原材料明细账、生产成本明细账，其他明细账省略）如表 12－5 至 12－8 所示：

表 12－5 **原材料明细账**

材料名称：A 材料 规格： 计算单位： 千克 第 1 页

××年		凭证字号	摘要	借方											√	贷方											√	结余											√
月	日			单价	数量	金额										单价	数量	金额										单价	数量	金额									
						百	十	万	千	百	十	元	角	分				百	十	万	千	百	十	元	角	分				百	十	万	千	百	十	元	角	分	
12	1		期初余额																													7	9	4	5	0	0	0	
	6	15	购入					3	0	6	0	0	0	0																									
	20	19	购入					8	4	8	0	0	0	0																									
	30	20	领用																1	4	0	0	0	0	0	0													
	25	41	结转销售材料成本																		6	0	0	0	0	0													
			本月合计				1	1	5	4	0	0	0	0					1	4	6	0	0	0	0	0						4	8	8	5	0	0	0	

表 12－6 **原材料明细账**

材料名称：B 材料 规格： 计算单位： 千克 第 1 页

××年		凭证字号	摘要	借方											√	贷方											√	结余											√
月	日			单价	数量	金额										单价	数量	金额										单价	数量	金额									
						百	十	万	千	百	十	元	角	分				百	十	万	千	百	十	元	角	分				百	十	万	千	百	十	元	角	分	
12	1		期初余额																													6	1	7	5	0	0	0	
	7	16	购入 B 材料				1	0	5	0	0	0	0	0																									
	10	17	B 材料入库未付款					1	5	7	5	0	0	0																									
	17	18	购入 B 材料款				2	0	9	5	0	0	0	0																									
	30	20	生产领用材料																2	0	1	6	0	0	0	0													
			本月合计				3	3	0	2	5	0	0	0					2	0	1	6	0	0	0	0					1	9	0	4	0	0	0	0	

表 12－7 **生产成本明细账**

产品名称：甲产品 第 1 页

××年 月	××年 日	凭证类号	摘要	合计 金额	直接材料 金额	直接人工 金额	制造费用 金额	金额
12	30	20	领用材料	18500000	18500000			
	15	23	分配工资	2280000		2280000		
	31	24	提取社会保险金	843600		843600		
	31	26	列支福利费	200000		200000		
	31	31	分配制造费用	2234400			2234400	
			本月合计	24058000	18500000	3323600	2234400	

表 12－8 **产成本明细账**

产品名称：乙产品 第 1 页

××年 月	××年 日	凭证类号	摘要	合计 金额	直接材料 金额	直接人工 金额	制造费用 金额	金额
12	30	20	领用材料	12300000	12300000			
	15	23	分配工资	4560000		4560000		
	31	24	提取社会保险金	1687200		1687200		
	31	31	分配制造费用	4468800			4468800	
	31	32	转完工产品成本	23016000	12300000	6247200	4468800	
			本月合计	0	0	0	0	

5. 登记总分类账。根据记账凭证直接登记总分类账（银行存款、库存现金总分类账以日记账代替），如表 12－9 至表 12－52 所示。

表 12－9 **总分类账**

会计科目：实收资本 第 页

××年 月	××年 日	记账凭证 字	记账凭证 号	摘要	借方	√	贷方	√	借或贷	余额	√
12	1			期初余额					贷	130000000	
	1		1	A 企业投入资本			60000000				
	2		2	B 企业投入设备			15000000				
	6		3	C 企业投入专利权			10000000				
	7		4	刘红个人投入资本			40000000				
				本月合计			125000000			255000000	

表 12－10 **总分类账**

会计科目：固定资产 第　页

××年		记账凭证		摘要	借方										√	贷方										√	借或贷	余额										√
月	日	字	号		千	百	十	万	千	百	十	元	角	分		千	百	十	万	千	百	十	元	角	分			千	百	十	万	千	百	十	元	角	分	
12	1			期初余额																							借		1	2	0	0	0	0	0	0	0	
	2		2	B企业投入设备			1	5	0	0	0	0	0	0																								
	10		9	购买设备				3	1	6	0	0	0	0																								
	16		12	结转完工工程成本			1	0	2	5	0	0	0	0																								
				本月合计			2	8	4	1	0	0	0	0															1	4	8	4	1	0	0	0	0	

表 12－11 **总分类账**

会计科目：无形资产 第　页

××年		记账凭证		摘要	借方										√	贷方										√	借或贷	余额										√
月	日	字	号		千	百	十	万	千	百	十	元	角	分		千	百	十	万	千	百	十	元	角	分			千	百	十	万	千	百	十	元	角	分	
12	1			期初余额																							借			3	0	0	0	0	0	0	0	
	6		3	C企业投入专利权			1	0	0	0	0	0	0	0																								
	15		13	购买专利权			1	0	0	0	0	0	0	0																								
				本月合计			2	0	0	0	0	0	0	0																5	0	0	0	0	0	0	0	

表 12－12 **总分类账**

会计科目：资本公积 第　页

××年		记账凭证		摘要	借方										√	贷方										√	借或贷	余额										√
月	日	字	号		千	百	十	万	千	百	十	元	角	分		千	百	十	万	千	百	十	元	角	分			千	百	十	万	千	百	十	元	角	分	
12	1			期初余额																							贷			1	3	0	0	0	0	0	0	
	7		4	刘红投入资本溢价														1	0	0	0	0	0	0	0													
				本月合计														1	0	0	0	0	0	0	0					2	3	0	0	0	0	0	0	

表 12－13 **总分类账**

会计科目：短期借款 第　页

××年		记账凭证		摘要	借方										√	贷方										√	借或贷	余额										√
月	日	字	号		千	百	十	万	千	百	十	元	角	分		千	百	十	万	千	百	十	元	角	分			千	百	十	万	千	百	十	元	角	分	
12	1			期初余额																							贷			5	0	0	0	0	0	0	0	
	31		8	还本付息			4	0	0	0	0	0	0	0																								
				本月合计			4	0	0	0	0	0	0	0																1	0	0	0	0	0	0	0	

表 12－14 **总分类账**

会计科目：应付利息 第　页

××年		记账凭证		摘要	借方										√	贷方										√	借或贷	余额										√
月	日	字	号		千	百	十	万	千	百	十	元	角	分		千	百	十	万	千	百	十	元	角	分			千	百	十	万	千	百	十	元	角	分	
12	1			期初余额																							贷					4	0	0	0	0	0	
	31		8	还本付息					4	0	0	0	0	0																								
				本月合计					4	0	0	0	0	0																							0	

表 12－15　　　　**总分类账**

会计科目：财务费用　　　　第　页

××年		记账凭证		摘　要	借方	√	贷方	√	借或贷	余额	√
月	日	字	号		千百十万千百十元角分		千百十万千百十元角分			千百十万千百十元角分	
12	1			期初余额							
	31		8	还本付息	200000						
			49	结转本月成本费用			200000				
				本月合计	200000		200000			0	

表 12－16　　　　**总分类账**

会计科目：应交税费　　　　第　页

××年		记账凭证		摘　要	借方	√	贷方	√	借或贷	余额	√
月	日	字	号		千百十万千百十元角分		千百十万千百十元角分			千百十万千百十元角分	
12	1			期初余额					贷	4985600	
	10		9	购买设备	510000						
	11		10	购入需安装设备	1700000						
	6		15	购入 A 材料	510000						
	7		16	购入 B 材料	1700000						
	10		17	购入 B 材料	255000						
	17		18	购入 B 材料	3400000						
	20		19	收到预付款材料	1360000						
	15		33	销售甲产品			1700000				
	16		34	销售乙产品			5100000				
	17		35	销售甲产品			3400000				
	28		38	销售乙产品			5100000				
	25		41	销售 A 材料			136000				
	31		43	计算本月应交税费			2470000				
	31		50	计算应交所得税			9445200				
				本月合计	9435000		27351200			22901800	

表 12－17　　　　**总分类账**

会计科目：在建工程　　　　第　页

××年		记账凭证		摘　要	借方	√	贷方	√	借或贷	余额	√
月	日	字	号		千百十万千百十元角分		千百十万千百十元角分			千百十万千百十元角分	
12	11		10	购入需安装设备	10100000				借	25000000	
	15		11	支付安装费	150000						
	16		12	结转完工工程成本			10250000				
				本月合计	10250000		10250000			25000000	

表 12－18

总分类账

会计科目：交易性金融资产

第　页

××年 月	××年 日	记账凭证 字	记账凭证 号	摘要	借方（千百十万千百十元角分）	√	贷方（千百十万千百十元角分）	√	借或贷	余额（千百十万千百十元角分）	√
12	17		14	购买短期股票	100000000						
	15		46	出售短期股票			100000000				
				本月合计	100000000		100000000			0	

表 12－19

总分类账

会计科目：投资收益

第　页

××年 月	××年 日	记账凭证 字	记账凭证 号	摘要	借方（千百十万千百十元角分）	√	贷方（千百十万千百十元角分）	√	借或贷	余额（千百十万千百十元角分）	√
12	17		14	购买短期股票	200000						
	15		46	出售短期股票			14000000				
	31		49	结转本月收入	13800000						
				本月合计	14000000		14000000			0	

表 12－20

总分类账

会计科目：原材料

第　页

××年 月	××年 日	记账凭证 字	记账凭证 号	摘要	借方（千百十万千百十元角分）	√	贷方（千百十万千百十元角分）	√	借或贷	余额（千百十万千百十元角分）	√
12	1			期初余额					借	14120000	
	6		15	购入 A 材料	3060000						
	7		16	B 材料入库	10500000						
	10		17	购入 B 材料	1575000						
	17		18	收到 B 材料	20950000						
	20		19	收到预付款材料	8480000						
	30		20	发出材料			34160000				
				结转销售 A 材料成本			600000				
				本月合计	44565000		34760000			23925000	

表 12－21

总分类账

会计科目：在途物资

第　页

××年 月	××年 日	记账凭证 字	记账凭证 号	摘要	借方（千百十万千百十元角分）	√	贷方（千百十万千百十元角分）	√	借或贷	余额（千百十万千百十元角分）	√
12	1			期初余额					借	12000000	
	7		16	购买 B 材料	10500000						
	7		16	B 材料入库			10500000				
				本月合计	10500000		10500000			12000000	

表 12－22　　**总分类账**

会计科目：应付账款　　　　第　页

××年 月	××年 日	记账凭证 字	记账凭证 号	摘要	借方（千百十万千百十元角分）	贷方（千百十万千百十元角分）	借或贷	余额（千百十万千百十元角分）
12	1			期初余额			贷	16000000
	10		17	购入 B 材料未付款		1830000		
	31		29	应付水电费		3200000		
				本月合计		5030000		21030000

表 12－23　　**总分类账**

会计科目：预付账款　　　　第　页

××年 月	××年 日	记账凭证 字	记账凭证 号	摘要	借方（千百十万千百十元角分）	贷方（千百十万千百十元角分）	借或贷	余额（千百十万千百十元角分）
12	1			期初余额			借	6500000
	20		19	预付货款	4000000			
	20		19	收到材料		9840000		
	20		19	补付货款	5840000			
				本月合计	9840000	9840000		6500000

表 12－24　　**总分类账**

会计科目：生产成本　　　　第　页

××年 月	××年 日	记账凭证 字	记账凭证 号	摘要	借方（千百十万千百十元角分）	贷方（千百十万千百十元角分）	借或贷	余额（千百十万千百十元角分）
				期初余额			借	
			20	消耗材料	30800000			
			23	分配工资	6840000			
			24	提取社会保险金	2530800			
			26	困难补助列入成本	200000			
			31	分配制造费用	6703200			
			32	结转完工甲产品成本		23016000		
				本月合计	47074000	23016000		24058000

表 12－25　　**总分类账**

会计科目：制造费用　　　　第　页

××年 月	××年 日	记账凭证 字	记账凭证 号	摘要	借方（千百十万千百十元角分）	贷方（千百十万千百十元角分）	借或贷	余额（千百十万千百十元角分）
12	30		20	消耗材料	1260000			
	31		23	分配工资	900000			
	31		24	提取社会保险金	333000			
	31		27	提取本月折旧	1568000			
	25		28	支付修理费	352200			
	31		29	应付水电费	2260000			
	27		30	购买办公用品	30000			
	31		31	分配制造费用		6703200		
				本月合计	6703200	6703200		0

表 12-26

总分类账

会计科目：管理费用

第　页

××年		记账凭证		摘要	借方	√	贷方	√	借或贷	余额	√
月	日	字	号		千百十万千百十元角分		千百十万千百十元角分			千百十万千百十元角分	
12	30		20	消耗材料	2100000						
	31		23	分配工资	1360000						
	31		24	提取社会保险金	503200						
	31		27	提取本月折旧	1248000						
	31		29	应付水电费	940000						
	27		30	购买办公用品	50000						
	10		44	刘鸣报销差旅费	198000						
	10		45	购买办公用品	100000						
	31		49	期末结转成本费用			6499200				
				本月合计	6499200		6499200			0	

表 12-27

总分类账

会计科目：应付职工薪酬

第　页

××年		记账凭证		摘要	借方	√	贷方	√	借或贷	余额	√
月	日	字	号		千百十万千百十元角分		千百十万千百十元角分			千百十万千百十元角分	
			22	发放工资	9100000						
			23	分配工资			9100000				
			24	提取社会保险金	3367000						
			25	上缴社会保险金			3367000				
			26	支付职工困难补助	200000						
			26	困难补助列入成本			200000				
				本月合计	12667000		12667000			0	

表 12-28

总分类账

会计科目：累计折旧

第　页

××年		记账凭证		摘要	借方	√	贷方	√	借或贷	余额	√
月	日	字	号		千百十万千百十元角分		千百十万千百十元角分			千百十万千百十元角分	
				期初余额					贷	24000000	
			27	提取本月折旧			2816000				
				本月合计			2816000			26816000	

表 12-29

总分类账

会计科目：库存商品

第　页

××年		记账凭证		摘要	借方	√	贷方	√	借或贷	余额	√
月	日	字	号		千百十万千百十元角分		千百十万千百十元角分			千百十万千百十元角分	
				期初余额					借	44000000	
			32	完工甲产品入库	23016000						
			40	结转销售成本			54000000				
				本月合计	23016000		54000000			13016000	

表 12－30 **总分类账**

会计科目：主营业务收入　　　　第　页

××年		记账凭证		摘要	借方										√	贷方										√	借或贷	余额										√
月	日	字	号		千	百	十	万	千	百	十	元	角	分		千	百	十	万	千	百	十	元	角	分			千	百	十	万	千	百	十	元	角	分	
			33	销售甲产品														1	0	0	0	0	0	0	0													
			34	赊销乙产品														3	0	0	0	0	0	0	0													
			35	销售甲产品														2	0	0	0	0	0	0	0													
			38	发出乙产品														3	0	0	0	0	0	0	0													
			49	期末结转收入			9	0	0	0	0	0	0	0																								
				本月合计			9	0	0	0	0	0	0	0				9	0	0	0	0	0	0	0												0	

表 12－31 **总分类账**

会计科目：应收账款　　　　第　页

××年		记账凭证		摘要	借方										√	贷方										√	借或贷	余额										√
月	日	字	号		千	百	十	万	千	百	十	元	角	分		千	百	十	万	千	百	十	元	角	分			千	百	十	万	千	百	十	元	角	分	
				期初余额																							借			8	0	0	0	0	0	0	0	
			34	赊销乙产品			3	5	3	0	0	0	0	0																								
			36	应收账款转应收票据														3	5	3	0	0	0	0	0													
				本月合计			3	5	3	0	0	0	0	0				3	5	3	0	0	0	0	0					8	0	0	0	0	0	0	0	

表 12－32 **总分类账**

会计科目：应收票据　　　　第　页

××年		记账凭证		摘要	借方										√	贷方										√	借或贷	余额										√
月	日	字	号		千	百	十	万	千	百	十	元	角	分		千	百	十	万	千	百	十	元	角	分			千	百	十	万	千	百	十	元	角	分	
				期初余额																							借				4	5	2	4	0	0	0	
			35	销售甲产品			2	3	4	0	0	0	0	0																								
				应收账款转应收票据			3	5	3	0	0	0	0	0																								
				本月合计			5	8	7	0	0	0	0	0																6	3	2	2	4	0	0	0	

表 12－33 **总分类账**

会计科目：预收账款　　　　第　页

××年		记账凭证		摘要	借方										√	贷方										√	借或贷	余额										√
月	日	字	号		千	百	十	万	千	百	十	元	角	分		千	百	十	万	千	百	十	元	角	分			千	百	十	万	千	百	十	元	角	分	
			37	预收货款														1	0	0	0	0	0	0	0													
			38	发出乙产品			3	5	1	0	0	0	0	0																								
			39	补收货款														2	5	1	0	0	0	0	0													
				本月合计			3	5	1	0	0	0	0	0				3	5	1	0	0	0	0	0												0	

表 12－34 **总分类账**

会计科目：主营业务成本 第 页

××年 月	日	记账凭证 字	号	摘要	借方（千百十万千百十元角分）	√	贷方（千百十万千百十元角分）	√	借或贷	余额（千百十万千百十元角分）	√
			40	结转销售成本	54000000						
			49	期末结转成本费用			54000000				
				本月合计	54000000		54000000			0	

表 12－35 **总分类账**

会计科目：其他业务收入 第 页

××年 月	日	记账凭证 字	号	摘要	借方（千百十万千百十元角分）	√	贷方（千百十万千百十元角分）	√	借或贷	余额（千百十万千百十元角分）	√
			41	销售 A 材料			800000				
			49	期末结转收入	800000						
				本月合计	800000		800000			0	

表 12－36 **总分类账**

会计科目：其他业务成本 第 页

××年 月	日	记账凭证 字	号	摘要	借方（千百十万千百十元角分）	√	贷方（千百十万千百十元角分）	√	借或贷	余额（千百十万千百十元角分）	√
			41	结转 A 材料成本	600000						
			49	期末结转成本费用			600000				
				本月合计	600000		600000			0	

表 12－37 **总分类账**

会计科目：销售费用 第 页

××年 月	日	记账凭证 字	号	摘要	借方（千百十万千百十元角分）	√	贷方（千百十万千百十元角分）	√	借或贷	余额（千百十万千百十元角分）	√
			42	支付广告费	1550000						
			49	期末结转成本费用			1550000				
				本月合计	1550000		1550000			0	

表 12－38 **总分类账**

会计科目：营业税金及附加 第 页

××年 月	日	记账凭证 字	号	摘要	借方（千百十万千百十元角分）	√	贷方（千百十万千百十元角分）	√	借或贷	余额（千百十万千百十元角分）	√
			43	计算本月税费	2470000						
			49	期末结转成本费用			2470000				
				本月合计	2470000		2470000			0	

表 12－39　　　　　　　　　　**总分类账**

会计科目：其他应收款　　　　　　　　　　　　　　　　　　　　　第　页

××年 月	××年 日	记账凭证 字	记账凭证 号	摘要	借方（千百十万千百十元角分）	√	贷方（千百十万千百十元角分）	√	借或贷	余额（千百十万千百十元角分）	√
				期初余额					借	1950000	
			44	刘鸣报销差旅费			200000				
				本月合计			200000			1750000	

表 12－40　　　　　　　　　　**总分类账**

会计科目：营业外收入　　　　　　　　　　　　　　　　　　　　　第　页

××年 月	××年 日	记账凭证 字	记账凭证 号	摘要	借方（千百十万千百十元角分）	√	贷方（千百十万千百十元角分）	√	借或贷	余额（千百十万千百十元角分）	√
				期初余额							
			47	收到违约金			500000				
			49	期末结转收入	500000						
				本月合计	500000		500000			0	

表 12－41　　　　　　　　　　**总分类账**

会计科目：营业外支出　　　　　　　　　　　　　　　　　　　　　第　页

××年 月	××年 日	记账凭证 字	记账凭证 号	摘要	借方（千百十万千百十元角分）	√	贷方（千百十万千百十元角分）	√	借或贷	余额（千百十万千百十元角分）	√
				期初余额							
			48	向希望工程捐款	2000000						
			49	期末结转成本费用			2000000				
				本月合计	2000000		2000000			0	

表 12－42　　　　　　　　　　**总分类账**

会计科目：本年利润　　　　　　　　　　　　　　　　　　　　　　第　页

××年 月	××年 日	记账凭证 字	记账凭证 号	摘要	借方（千百十万千百十元角分）	√	贷方（千百十万千百十元角分）	√	借或贷	余额（千百十万千百十元角分）	√
				期初余额					贷	17166400	
			49	期末结转收入			105100000				
			49	期末结转成本费用	67319200						
			51	期末结转所得税费用	9445200						
			52	结转实现净利润	200000000						
				本月合计	276764400		105100000			0	

表 12-43

总分类账

会计科目：所得税费用

第　页

××年 月	××年 日	记账凭证 字	记账凭证 号	摘要	借方（千百十万千百十元角分）	√	贷方（千百十万千百十元角分）	√	借或贷	余额（千百十万千百十元角分）	√
			50	计算出应交所得税	9445200						
			51	期末结转所得税费用			9445200				
				本月合计	9445200		9445200			0	

表 12-44

总分类账

会计科目：利润分配

第　页

××年 月	××年 日	记账凭证 字	记账凭证 号	摘要	借方（千百十万千百十元角分）	√	贷方（千百十万千百十元角分）	√	借或贷	余额（千百十万千百十元角分）	√
				期初余额					贷	5000000	
			52	结转实现净利润			200000000				
			53	提取法定盈余公积	20000000						
			54	向投资者分配利润	100000000						
			55	结转已分配利润	120000000		120000000				
				本月合计	240000000		320000000			85000000	

表 12-45

总分类账

会计科目：盈余公积

第　页

××年 月	××年 日	记账凭证 字	记账凭证 号	摘要	借方（千百十万千百十元角分）	√	贷方（千百十万千百十元角分）	√	借或贷	余额（千百十万千百十元角分）	√
				期初余额					贷	15000000	
			53	提取法定盈余公积			20000000				
				本月合计			20000000			35000000	

表 12-46

总分类账

会计科目：应付利润

第　页

××年 月	××年 日	记账凭证 字	记账凭证 号	摘要	借方（千百十万千百十元角分）	√	贷方（千百十万千百十元角分）	√	借或贷	余额（千百十万千百十元角分）	√
			54	向投资者分配利润			100000000		贷		
				本月合计			100000000		贷	100000000	

表 12-47

总分类账

会计科目：其他货币资金

第　页

××年 月	××年 日	记账凭证 字	记账凭证 号	摘要	借方（千百十万千百十元角分）	√	贷方（千百十万千百十元角分）	√	借或贷	余额（千百十万千百十元角分）	√
				期初余额					借	16800000	
				本月合计	0		0			16800000	

表 12－48 **总分类账**

会计科目：坏账准备 第 页

××年 月	日	记账凭证 字	号	摘要	借方（千百十万千百十元角分）	√	贷方（千百十万千百十元角分）	√	借或贷	余额（千百十万千百十元角分）	√
				期初余额					贷	324000	
				本月合计	0		0			324000	

表 12－49 **总分类账**

会计科目：累计摊销 第 页

××年 月	日	记账凭证 字	号	摘要	借方（千百十万千百十元角分）	√	贷方（千百十万千百十元角分）	√	借或贷	余额（千百十万千百十元角分）	√
				期初余额					贷	450000	
				本月合计	0		0			450000	

表 12－50 **总分类账**

会计科目：其他应付款 第 页

××年 月	日	记账凭证 字	号	摘要	借方（千百十万千百十元角分）	√	贷方（千百十万千百十元角分）	√	借或贷	余额（千百十万千百十元角分）	√
				期初余额					贷	4100000	
				本月合计	0		0			4100000	

表 12－51 **总分类账**

会计科目：长期借款 第 页

××年 月	日	记账凭证 字	号	摘要	借方（千百十万千百十元角分）	√	贷方（千百十万千百十元角分）	√	借或贷	余额（千百十万千百十元角分）	√
				期初余额					贷	40000000	
				本月合计	0		0			40000000	

表 12－52 **总分类账**

会计科目：应付票据 第 页

××年 月	日	记账凭证 字	号	摘要	借方（千百十万千百十元角分）	√	贷方（千百十万千百十元角分）	√	借或贷	余额（千百十万千百十元角分）	√
				期初余额					贷	8000000	
				本月合计	0		0			8000000	

6. 对账。

（1）总分类账与明细分类账核对。将银行存款、库存现金总分类账余额与其日记账余额进行核对；将各总分类账余额与其所属的明细分类账余额进行核对。这里以“原材料”总分类账和“生产成本”总分类账为例说明其核对方法。如表 12－53 所示。

表 12－53　　总分类账与其所属明细分类账余额核对表　　单位：元

账户名称	总　账	明细账		总　账	明细账	
	原材料	A 材料	B 材料	生产成本	甲产品	乙产品
余 额		48 850	190 400		0	240 580
	239 250	239 250		240 580	240 580	

（2）总分类账之间核对。通过编制“总分类账户试算平衡表”进行核对。如表 12－54 所示。

表 12－54　　总分类账户试算平衡表

××年 12 月 31 日　　单位：元

会计科目	期初余额		本期发生额		期末余额	
	借　方	贷　方	借　方	贷　方	借　方	贷　方
库存现金	5 000		91 020	94 800	1 220	
银行存款	1 275 300		2 722 360	2 329 492	1 668 168	
其他货币资金	168 000				168 000	
交易性金融资产			1 000 000	1 000 000		
应收票据	45 240		587 000		632 240	
应收账款	800 000		353 000	353 000	800 000	
坏账准备		3 240				3 240
预付账款	65 000		98 400	98 400	65 000	
其他应收款	19 500			2 000	17 500	
在途物资	120 000		105 000	105 000	120 000	
原材料	141 200		445 650	347 600	239 250	
生产成本			470 740	230 160	240 580	
制造费用			67 032	67 032		
库存商品	440 000		230 160	540 000	130 160	
固定资产	1 200 000		284 100		1 484 100	
累计折旧		240 000		28 160		268 160
在建工程	250 000		102 500	102 500	250 000	
无形资产	300 000		200 000		500 000	
累计摊销		4 500				4 500
短期借款		500 000	400 000			100 000
应付利息		4 000	4 000			
应付账款		160 000		50 300		210 300
应付票据		80 000				80 000
应付职工薪酬			126 670	126 670		
其他应付款		41 000				41 000
预收账款			351 000	351 000		

续表

会计科目	期初余额		本期发生额		期末余额	
	借 方	贷 方	借 方	贷 方	借 方	贷 方
应交税费		49 856	94 350	273 512		229 018
应付利润				1 000 000		1 000 000
长期借款		400 000				400 000
主营业务收入			900 000	900 000		
其他业务收入			8 000	8 000		
投资收益			140 000	140 000		
营业外收入			5 000	5 000		
主营业务成本			540 000	540 000		
其他业务成本			6 000	6 000		
销售费用			15 500	15 500		
管理费用			64 992	64 992		
财务费用			2 000	2 000		
营业税金及附加			24 700	24 700		
营业外支出			20 000	20 000		
所得税费用			94 452	94 452		
实收资本		1 300 000		1 250 000		2 550 000
资本公积		130 000		100 000		230 000
盈余公积		150 000		200 000		350 000
利润分配		50 000	2 400 000	3 200 000		850 000
本年利润		1 716 644	2 767 644	1 051 000		
合 计	4 829 240	4 829 240	14 721 270	14 721 270	6 316 218	6 316 218

其中：1 年内到期长期借款为 100 000 元

7. 编制会计报表。根据各总分类账和有关明细分类账期末余额编制会计报表。

第二节 科目汇总表账务处理程序

一、理论知识

（一）科目汇总表账务处理程序的特点

科目汇总表又称记账凭证汇总表，它是一种汇总记账凭证。科目汇总表账务处理程序是将根据原始凭证或原始凭证汇总表编制出来的所有记账凭证，定期（10 天、半月或月末一次）进行汇总后编制科目汇总表，然后根据科目汇总表登记总分类账的一种账务处理程序。其特点是：定期根据记账凭证编制科目汇总表并据以登记总分类账。

（二）科目汇总表账务处理程序的基本内容

1. 记账凭证和账簿组织。在科目汇总表账务处理程序下，为了便于进行汇总，可以设置和使用收款凭证、付款凭证、转账凭证等专用记账凭证，也可以设置和使用通用记账凭证，除此之外，还需要增设“科目汇总表”这种具有汇总性质的记账凭证。科目汇总表是指根据记账凭证汇总编制，列示有关各总分类账户的本期发生额，据以登记总分类账的一种汇总记账凭证。这种程序使用的会计账簿与记账凭证账务处理程序相同。

2. 账务处理程序。

（1）根据各种原始凭证编制原始凭证汇总表；

（2）根据各种审核无误的原始凭证或原始凭证汇总表编制记账凭证；

（3）根据收款凭证和付款凭证及所附的原始凭证逐笔顺序登记库存现金日记账和银行存款日记账；

（4）根据各种记账凭证及其所附的原始凭证或原始凭证汇总表逐笔登记各种明细分类账；

（5）根据各种记账凭证定期编制科目汇总表；

（6）根据科目汇总表登记总分类账；

（7）按照对账的要求，定期将库存现金日记账、银行存款日记账和各种明细账的余额分别与其总分类账的余额相核对；

（8）月终，根据总分类账和明细分类账的资料编制会计报表；

（9）根据会计报表资料进行会计报表分析。

科目汇总表账务处理程序如图 12－2 所示。

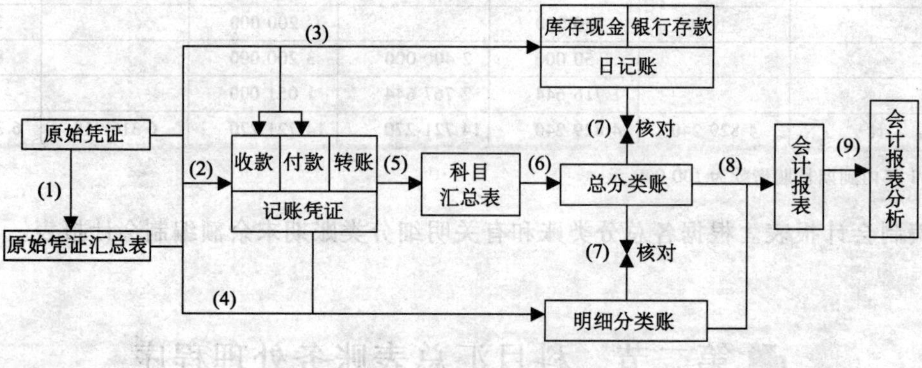

图 12－2　科目汇总表账务处理流程

（三）科目汇总表账务处理程序的评述

科目汇总表账务处理程序与记账凭证账务处理程序相比较，其优点主要是：一是减少了登记总分类账的工作量，因为这种账务处理程序是根据科目汇总表登记总分类账的，如果企业在每个月不止编制一次科目汇总表的话，则每个月只需要登记一次总分类账，这样就大大简化了登记总账的工作量；二是科目汇总表本身起到试算平衡的作用，通过科目汇总表的编制，可以将各科目本期借方、贷方发生额的合计数进行试算平衡，及时发现并纠正错误，保证记账工作的质量。其主要缺点是：一是记账凭证汇总工作较为复杂；二是汇总结果不能反映账户的对应关系，由于在汇总时不分对应科目进行汇总，因此在科目汇总表和总账中反映不出账户的对应关系，不便于分析经济业务的来龙去脉，不便于查账。这种账务处理程序一般适用于生产规模较大，经济业务较多的企业单位。

二、实务应用

由于科目汇总表账务处理程序的内容与记账凭证账务处理程序的内容基本相同，不同的是在这个程序中需要增加编制“科目汇总表”，才能根据其登记总分类账。因此，这里主要介绍说明“科目汇总表”的编制方法。

（一）编制科目汇总表工作底稿

在会计实务工作中，在编制“科目汇总表”之前，往往是先通过编制“科目汇总表工作底稿”取得各种数据后，才能填制“科目汇总表”。“科目汇总表工作底稿”的编制方法如下：

1. 对所涉及的每个总分类账户分别设计登记借方发生额和贷方发生额的T型总分类账户，以备记载该账户的经济业务；
2. 根据记账凭证按照发生的时间先后顺序逐笔登记各个总分类账户；
3. 计算出各个总分类账户的借方发生额合计和贷方发生额合计；
4. 将各个总分类账户的借方发生额合计和贷方发生额合计填入“科目汇总表”。

（二）科目汇总表的编制方法

科目汇总表账务处理程序的关键是要编制科目汇总表，因此科目汇总表的编制方法就成为了科目汇总表账务处理程序的核心内容。科目汇总表的一般编制方法是：将一定时期内全部记账凭证按照相同会计账户的借方和贷方归类，定期（每10天或15天，或每月一次）汇总每一个账户的借方本期发生额和贷方本期发生额，并将其填写到科目汇总表的相关栏目内，然后加总全部账户的借方本期发生额和贷方本期发生额，以达到两者的合计数额相等即可。

（三）科目汇总表账务处理程序举例

1. 根据表12－2的记账凭证表编制“科目汇总表工作底稿”（图12－3）。

库存现金

业21	91 000	业22	91 000
业44	20	业26	2 000
		业30	800
		业45	1 000
合计	91 020	合计	94 800

应交税费

业9	5 100	业33	17 000
业10	17 000	业34	51 000
业15	5 100	业35	34 000
业16	17 000	业38	51 000
业17	2 550	业41	1 360
业18	34 000	业43	24 700
业19	13 600	业50	94 452
合计	94 350	合计	273 512

银行存款

业1	600 000	业8	406 000
业4	500 000	业9	36 700
业33	117 000	业10	118 000
业37	100 000	业11	1 500
业39	251 000	业13	100 000
业41	9 360	业14	1 002 000
业46	1 140 000	业15	35 700
业47	5 000	业16	122 000
		业18	243 500
		业19	40 000
		业19	58 400
		业21	91 000
		业25	33 670
		业28	3 522
		业34	2 000
		业42	15 500
		业48	20 000
合计	2 722 360	合计	2 329 492

主营业务收入

业 49	900 000	业 33	100 000
		业 34	300 000
		业 35	200 000
		业 38	300 000
合计	900 000	合计	900 000

短期借款

业 8	400 000		
合计	400 000	合计	0

应收账款

业 34	353 000	业 36	353 000
合计	353 000	合计	353 000

生产成本

业 20	308 000	业 32	470 740
业 23	68 400		
业 24	25 308		
业 26	2 000		
业 31	67 032		
合计	470 740	合计	470 740

制造费用

业 20	12 600	业 31	67 032
业 23	9 000		
业 24	3 330		
业 27	15 680		
业 28	3 522		
业 29	22 600		
业 30	300		
合计	67 032	合计	67 032

固定资产

业 2	150 000		
业 9	31 600		
业 12	102 500		
合计	284 100	合计	0

在途物资

业 16	105 000	业 16	105 000
合计	105 000	合计	105 000

原材料

业 15	30 600	业 20	341 600
业 16	105 000	业 41	6 000
业 17	15 750		
业 18	209 500		
业 19	84 800		
合计	445 650	合计	347 600

销售费用

业 42	15 500	业 49	15 500
合计	15 500	合计	15 500

其他应收款

		业 44	2 000
合计	0	合计	2 000

管理费用

业 20	21 000	业 49	64 992
业 23	13 600		
业 24	5 032		
业 27	12 480		
业 29	9 400		
业 30	500		
业 44	1 980		
业 45	1 000		
合计	64 992	合计	64 992

交易性金融资产

业 14	1 000 000	业 46	1 000 000
合计	1 000 000	合计	1 000 000

库存商品

业 32	230 160	业 40	540 000
合计	230 160	合计	540 000

应付账款

		业 17	18 300
		业 29	32 000
合计	0	合计	50 300

预付账款

业 19	40 000	业 19	98 400
业 19	58 400		
合计	98 400	合计	98 400

应收票据

业 35	234 000		
业 36	353 000		
合计	587 000	合计	0

累计折旧

		业 27	28 160
合计	0	合计	28 160

在建工程

业 10	101 000	业 12	102 500
业 11	1 500		
合计	102 500	合计	102 500

应付利息

业 8	4 000		
合计	4 000	合计	0

应付利润

		业 54	1 000 000
合计	0	合计	1 000 000

其他业务收入

业 49	8 000	业 41	8 000
合计	8 000	合计	8 000

营业外收入

业 49	5 000	业 47	5 000
合计	5 000	合计	5 000

无形资产

业 3	100 000		
业 13	100 000		
合计	200 000	合计	0

应付职工薪酬

业 22	91 000	业 23	91 000
业 25	33 670	业 24	33 670
业 26	2 000	业 26	2 000
合计	126 670	合计	126 670

预收账款

业 38	351 000	业 37	100 000
		业 39	251 000
合计	351 000	合计	351 000

投资收益

业 14	2 000	业 46	140 000
业 49	138 000		
合计	140 000	合计	140 000

主营业务成本

业 40	540 000	业 49	540 000
合计	540 000	合计	540 000

其他业务成本

业 41	6 000	业 49	6 000
合计	6 000	合计	6 000

营业税金及附加

业 43	24 700	业 49	24 700
合计	24 700	合计	24 700

所得税费用

业 50	94 452	业 51	94 452
合计	94 452	合计	94 452

资本公积

		业 4	100 000
合计	0	合计	100 000

利润分配

业 53	200 000	业 52	2 000 000
业 54	1 000 000	业 55	1 200 000
业 55	1 200 000		
合计	2 400 000	合计	3 200 000

财务费用

业 8	2 000	业 49	2 000
合计	2 000	合计	2 000

营业外支出

业 48	20 000	业 49	20 000
合计	20 000	合计	20 000

实收资本

		业 1	600 000
		业 2	150 000
		业 3	100 000
		业 4	400 000
合计	0	合计	1 250 000

盈余公积

		业 53	200 000
合计	0	合计	200 000

本年利润

业 49	673 192	业 49	1 051 000
业 51	94 452		
业 52	2 000 000		
合计	2 767 644	合计	1 051 000

图 12－3　科目汇总表工作底稿

2. 根据“科目汇总表工作底稿”编制“科目汇总表”（表12－55）。

表12－55

科目汇总表

××年12月

单位：元

会计科目	借方发生额	贷方发生额
库存现金	91 020	94 800
银行存款	2 722 360	2 329 492
交易性金融资产	1 000 000	1 000 000
应收票据	587 000	
应收账款	353 000	353 000
预付账款	98 400	98 400
其他应收款		2 000
在途物资	105 000	105 000
原材料	445 650	347 600
生产成本	470 740	230 160
制造费用	67 032	67 032
库存商品	230 160	540 000
固定资产	284 100	
累计折旧		28 160
在建工程	102 500	102 500
无形资产	200 000	
短期借款	400 000	
应付利息	4 000	
应付账款		50 300
应付职工薪酬	126 670	126 670
预收账款	351 000	351 000
应交税费	94 350	273 512
应付利润		1 000 000
主营业务收入	900 000	900 000
其他业务收入	8 000	8 000
投资收益	140 000	140 000
营业外收入	5 000	5 000
主营业务成本	540 000	540 000
其他业务成本	6 000	6 000
销售费用	15 500	15 500
管理费用	64 992	64 992
财务费用	2 000	2 000
营业税金及附加	24 700	24 700
营业外支出	20 000	20 000
所得税费用	94 452	94 452
实收资本		1 250 000
资本公积		100 000
盈余公积		200 000
利润分配	2 400 000	3 200 000
本年利润	2 767 644	1 051 000
合　计	14 721 270	14 721 270

3. 根据“科目汇总表”登记总分类账（以库存现金、银行存款、应交税费、生产成本、实收资本等总分类账为例，其他总分类账省略），如表 12－56 至表 12－60 所示。

表 12－56　　**总分类账**

会计科目：库存现金　　第　页

××年		记账凭证		摘要	借方										√	贷方										√	借或贷	余额										√
月	日	字	号		千	百	十	万	千	百	十	元	角	分		千	百	十	万	千	百	十	元	角	分			千	百	十	万	千	百	十	元	角	分	
12	1			期初余额																							借					5	0	0	0	0	0	
12	31			科目汇总表				9	1	0	2	0	0	0					9	4	8	0	0	0	0													
				本月合计				9	1	0	2	0	0	0					9	4	8	0	0	0	0							1	2	2	0	0	0	

表 12－57　　**总分类账**

会计科目：银行存款　　第　页

××年		记账凭证		摘要	借方										√	贷方										√	借或贷	余额										√
月	日	字	号		千	百	十	万	千	百	十	元	角	分		千	百	十	万	千	百	十	元	角	分			千	百	十	万	千	百	十	元	角	分	
12	1			期初余额																							借		1	2	7	5	3	0	0	0	0	
12	31			科目汇总表		2	7	2	2	3	6	0	0	0			2	3	2	9	4	9	2	0	0													
				本月合计		2	7	2	2	3	6	0	0	0			2	3	2	9	4	9	2	0	0				1	6	6	8	1	6	8	0	0	

表 12－58　　**总分类账**

会计科目：应交税费　　第　页

××年		记账凭证		摘要	借方										√	贷方										√	借或贷	余额										√
月	日	字	号		千	百	十	万	千	百	十	元	角	分		千	百	十	万	千	百	十	元	角	分			千	百	十	万	千	百	十	元	角	分	
12	1			期初余额																							贷				4	9	8	5	6	0	0	
12	31			科目汇总表				9	4	3	5	0	0	0				2	7	3	5	1	2	0	0													
				本月合计				9	4	3	5	0	0	0				2	7	3	5	1	2	0	0					2	2	9	0	1	8	0	0	

表 12－59　　**总分类账**

会计科目：生产成本　　第　页

××年		记账凭证		摘要	借方										√	贷方										√	借或贷	余额										√
月	日	字	号		千	百	十	万	千	百	十	元	角	分		千	百	十	万	千	百	十	元	角	分			千	百	十	万	千	百	十	元	角	分	
12	31			科目汇总表			4	7	0	7	4	0	0	0				2	3	0	1	6	0	0	0													
				本月合计			4	7	0	7	4	0	0	0				2	3	0	1	6	0	0	0		借			2	4	0	5	8	0	0	0	

表 12－60　　**总分类账**

会计科目：实收资本　　第　页

××年		记账凭证		摘要	借方										√	贷方										√	借或贷	余额										√
月	日	字	号		千	百	十	万	千	百	十	元	角	分		千	百	十	万	千	百	十	元	角	分			千	百	十	万	千	百	十	元	角	分	
12	1			期初余额																							贷		1	3	0	0	0	0	0	0	0	
12	31			科目汇总表													1	2	5	0	0	0	0	0	0													
				本月合计													1	2	5	0	0	0	0	0	0				2	5	5	0	0	0	0	0	0	

第三节　汇总记账凭证账务处理程序

一、理论知识

（一）汇总记账凭证账务处理程序的特点

汇总记账凭证账务处理程序是根据审核无误的记账凭证定期编制汇总记账凭证，并根据汇总记账凭证登记总分类账的一种账务处理程序。其特点是：先根据记账凭证定期编制汇总记账凭证，再根据汇总记账凭证登记总账。

（二）汇总记账凭证账务处理程序的基本内容

1. 记账凭证和账簿组织。在汇总记账凭证账务处理程序下，除了应设置收款凭证、付款凭证和转账凭证外，还要据以编制汇总收款凭证、汇总付款凭证和汇总转账凭证。从记账凭证角度看，使用汇总记账凭证是该账务处理程序的独特之处。其账簿体系与记账凭证账务处理程序没有什么差别，账簿仍须设库存现金日记账、银行存款日记账、一定种类的明细账及三栏式总分类账。

2. 账务处理程序。

（1）根据各种原始凭证编制原始凭证汇总表；

（2）根据各种审核无误的原始凭证或原始凭证汇总表编制记账凭证；

（3）根据收款凭证和付款凭证及所附的原始凭证逐笔顺序登记库存现金日记账和银行存款日记账；

（4）根据各种记账凭证及其所附的原始凭证或原始凭证汇总表逐笔登记各种明细分类账；

（5）根据各种记账凭证定期编制汇总记账凭证；

（6）根据汇总记账凭证登记总分类账；

（7）按照对账的要求，定期将库存现金日记账、银行存款日记账和各种明细账的余额分别与其总分类账的余额相核对；

（8）月终，根据总分类账和明细分类账的资料编制会计报表；

（9）根据会计报表资料进行会计报表分析。

汇总记账凭证账务处理程序如图 12－4 所示。

（三）汇总记账凭证账务处理程序的评述

汇总记账凭证账务处理程序的优点：一是可减轻登记总账的工作量。由于在汇总记账凭证账务处理程序下，是定期根据记账凭证编制汇总记账凭证，并将汇总记账凭证作为登记总分类账的依据，因此登记总分类账的工作量就会大大减少；二是汇总记账凭证可以反映账户之间的对应关系。因为汇总记账凭证是按照每个科目分别设置，将对应科目进行汇总编制的，所以汇总记账凭证的账户对应关系比较清晰，便于分析经济业务的来龙去脉。其缺点：一是加大了汇总记账凭证的工作量，由于要定期编制汇总记账凭证，因此增加了编制汇总记账凭证的工作量；二是汇总记账凭证按每一贷方科目设置，将对应科目归类汇总，不考虑经

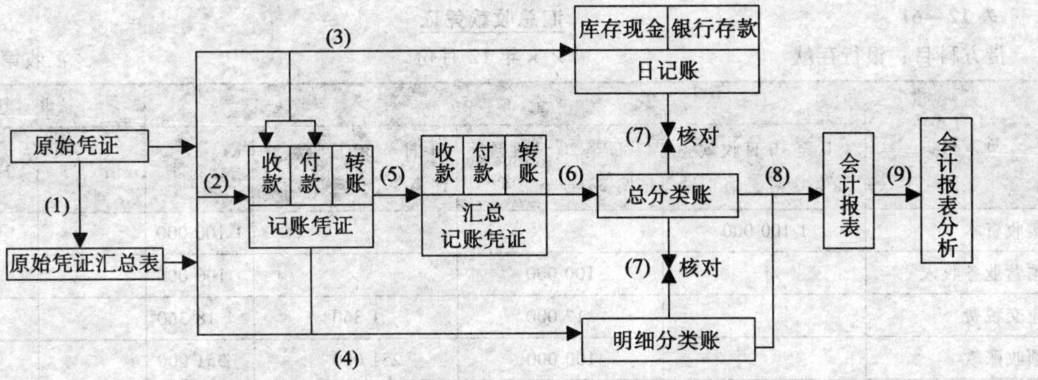

图 12－4　汇总记账凭证账务处理程序

济业务的性质，不利于会计核算的日常分工。因而这种程序一般适用于规模较大、经济业务量比较多、财会工作较细的企事业单位。

二、实务应用

由于汇总记账凭证账务处理程序的内容与记账凭证账务处理程序的内容基本相同，不同的是在这个程序中需要在编制出“汇总记账凭证”以后才能根据其登记总分类账。因此，这里主要介绍说明“汇总记账凭证”的编制方法。

汇总记账凭证分为汇总收款凭证、汇总付款凭证和汇总转账凭证三种，下面分别说明其编制方法：

（一）汇总收款凭证的编制

1. 编制方法：汇总收款凭证是根据库存现金和银行存款收款凭证汇总编制而成的。编制时，汇总收款凭证应按库存现金账户、银行存款账户的借方设置，并按其相对应的贷方账户进行归类汇总，一般 5 天或 10 天汇总填制一次，也可以每月编制一张。月末，根据汇总收款凭证的合计数，分别记入库存现金、银行存款总分类账户的借方以及与其相对应各个总账户的贷方。

根据表 12－2 的记账凭证表编制得到的“汇总收款凭证”如表 12－61、表 12－62 所示。

2. 注意事项：为了便于编制汇总收款凭证，在日常编制收款凭证时，会计分录的形式最好是一借一贷、一借多贷，不宜多借一贷或多借多贷。这是由于汇总收款凭证是按借方科目设置的，多借一贷或多借多贷的会计分录都会给编制汇总收款凭证带来一定的不便，或者会造成收款凭证在汇总过程中由于被多次重复使用而产生汇总错误。

（二）汇总付款凭证的编制

1. 编制方法：汇总付款凭证是根据库存现金和银行存款的付款凭证汇总编制而成的。编制时，汇总付款凭证应按库存现金、银行存款总账的贷方设置，并按其相对应的借方账户进行归类汇总，一般 5 天或 10 天汇总填制一次，也可以每月编制一张。月末，根据汇总付款凭证的合计数，分别记入库存现金、银行存款总分类账户的贷方以及与其相对应各个总分类账户的借方。

根据表 12－2 的记账凭证表编制得到的“汇总付款凭证”如表 12－63、表 12－64 所示。

表 12－61

汇总收款凭证

借方科目：银行存款　　××年12月份　　汇收第1号

贷方科目	金额				总账页数	
	1日至10日收款凭证第1号至第4号	11日至20日收款凭证第33号至第47号	21日至30日收款凭证第39号至第41号	合计	借方	贷方
实收资本	1 100 000			1 100 000		
主营业务收入		100 000		100 000		
应交税费		17 000	1 360	18 360		
预收账款		100 000	251 000	351 000		
交易性金融资产		1 000 000		1 000 000		
投资收益		140 000		140 000		
其他业务收入			8 000	8 000		
营业外收入		5 000		5 000		
合　计	1 100 000	1 362 000	260 360	2 722 360		

表 12－62

汇总收款凭证

借方科目：库存现金　　××年12月份　　汇收第2号

贷方科目	金额				总账页数	
	1日至10日收款凭证第　号至第　号	11日至20日收款凭证第44号至第　号	21日至30日收款凭证第　号至第　号	合计	借方	贷方
其他应收款		20		20		
合　计		20		20		

表 12－63

汇总付款凭证

贷方科目：银行存款　　××年12月份　　汇付第1号

借方科目	金额				总账页数	
	1日至10日付款凭证第1号至第4号	11日至20日付款凭证第　号至第　号	21日至30日付款凭证第　号至第　号	合计	借方	贷方
短期借款			400 000	400 000		
应付利息			4 000	4 000		
财务费用			2 000	2 000		
固定资产	31 600			31 600		
应交税费	27 200	51 000		78 200		
在建工程		102 500		102 500		
无形资产		100 000		100 000		
交易性金融资产		1 000 000		1 000 000		

续表

借方科目	金　额				总账页数	
	1 日至 10 日付款凭证第 1 号至第 4 号	11 日至 20 日付款凭证第　号至第　号	21 日至 30 日付款凭证第　号至第　号	合　计	借　方	贷　方
投资收益		2 000		2 000		
原材料	30 600	209 500		240 100		
在途物资	105 000			105 000		
预付账款		98 400		98 400		
库存现金		91 000		91 000		
应付职工薪酬			33 670	33 670		
制造费用			3 522	3 522		
应收账款		2 000		2 000		
销售费用			15 500	15 500		
营业外支出		20 000		20 000		
合　计	194 400	1 676 400	458 692	2 329 492		

表 12－64　　汇总付款凭证

贷方科目：库存现金　　××年 12 月份　　汇付第 2 号

借方科目	金　额				总账页数	
	1 日至 10 日付款凭证第 45 号至第　号	11 日至 20 日付款凭证第 22 号至第　号	21 日至 30 日付款凭证第 26 号至第 30 号	合　计	借　方	贷　方
应付职工薪酬		91 000	2 000	93 000		
制造费用			300	300		
管理费用	1 000		500	1 500		
合　计	1 000	91 000	2 800	94 800		

2. 注意事项：为了避免汇总的重复，对于银行存款与库存现金之间的划转业务，以支付方（即贷方）为主，编制汇总付款凭证。

（三）汇总转账凭证的编制

1. 编制方法：汇总转账凭证是根据转账凭证汇总编制而成的。编制时，汇总转账凭证通常是按照转账凭证每一贷方科目分别设置，并按其相对应的借方账户进行归类汇总，一般 5 天或 10 天汇总填制一次，也可以每月编制一张。月末根据汇总转账凭证的合计数，分别记入总分类账户中各个应借账户的借方，以及该汇总转账凭证所开设的应贷账户的贷方。

根据表 12－2 的记账凭证表编制得到的原材料账户“汇总转账凭证”如表 12－65 所示。

2. 注意事项：为便于进行汇总转账凭证的编制，在平时编制转账凭证时，会计分录的形式最好是一借一贷、一贷多借，不宜一借多贷或多借多贷。这是由于汇总转账凭证是按贷方科目设置的，一借多贷或多借多贷的会计分录会给编制汇总转账凭证带来一定的不便。

表 12－65

汇总转账凭证

贷方科目：原材料　　××年 12 月份　　汇转第 16 号

借方科目	金额				总账页数	
	1 日至 10 日转款凭证第　号至第　号	11 日至 20 日转款凭证第　号至第　号	21 日至 30 日转款凭证第 6 号至第 18 号	合　计	借　方	贷　方
生产成本			308 000	308 000		
制造费用			12 600	12 600		
管理费用			21 000	21 000		
其他业务成本			6 000	6 000		
合　计			347 600	347 600		

知识链接

多栏式日记账账务处理程序

多栏式日记账账务处理程序是根据多栏式日记账登记总分类账的一种账务处理程序。其特点是根据收款凭证、付款凭证逐笔登记多栏式库存现金日记账和多栏式银行存款日记账，月末根据多栏式库存现金日记账、多栏式银行存款日记账登记总分类账。对于不涉及收付款的转账业务，可以根据转账凭证逐笔登记总分类账，也可以根据转账凭证先编制“汇总转账凭证”或“转账凭证科目汇总表”，再据以登记总分类账。

日记总账账务处理程序

日记总账账务处理程序是指专门设置日记总账，然后根据审核无误的记账凭证直接逐笔登记日记总账的账务处理程序。其特点是：把日记账和总分类账结合起来，设置一本联合账簿，即日记总账；在日记总账内按各个总分类账户设置“借、贷”专栏，以代替总分类账；所有的经济业务都根据记账凭证直接登记日记总账，因此，在登记日记账的同时，也完成了登记总账的工作。

主要概念

账务处理程序　科目汇总表　汇总记账凭证

问题与思考

1. 试述记账凭证账务处理程序的过程。
2. 试述科目汇总表账务处理程序的过程。
3. 试述汇总记账凭证账务处理程序的过程。
4. 简述科目汇总表的编制方法。
5. 简述汇总记账凭证的编制方法。

参 考 文 献

[1] 中华人民共和国财政部：《企业会计准则——应用指南2006》，中国财政经济出版社2006年版。

[2]《中华人民共和国公司法》，法律出版社2005年版。

[3] 李伯兴：《初级会计学》，接力出版社2004年版。

[4] 金跃武：《基础会计（第二版）》，高等教育出版社2007年版。

[5] 郭慧云：《基础会计（第二版）》，东北财经大学出版社2005年版。

[6] 朱继民、魏朱宝：《会计学基础》，安徽大学出版社2009年版。

[7] 朱小平：《初级会计学》，中国人民大学出版社2005年版。

[8] 李萍：《会计学原理》，中国金融出版社2004年版。

[9] 李伯兴：《会计学》，中国财政经济出版社2006年版。

[10] 李家瑗、潘云标：《会计学》，中国财政经济出版社2008年版。

[11] 潘云标：《会计学基础》，上海财经大学出版社2009年版。